国際教育開発の再検討

途上国の基礎教育普及に向けて

Rethinking International Educational Development
Towards Education for All in Developing Countries

小川啓一・西村幹子・北村友人

［編著］

東信堂

はじめに

■なぜ「国際教育開発の再検討」か

　基礎的な学習のニーズ (basic learning needs) を満たすための教育機会が保障されることは、すべての人にとっての基本的な権利である。そして、「万人のための教育 (Education for All: EFA)」のスローガンのもとに開発途上国 (以下、途上国) を中心に基礎教育 (basic education) の普及を図ることは、途上国各国家の課題であるのみならず、国際社会全体にとっての重要な責務であると広く合意されている。こうした合意が国際的に形成された大きな契機が、1990年に国連教育科学文化機関 (UNESCO)、国連児童基金 (UNICEF)、国連開発計画 (UNDP)、世界銀行がタイのジョムティエンで共催した「万人のための教育世界会議 (The World Conference on Education for All)」であった。この会議で合意されたEFAの理念において基礎教育は、公的な初等・中等教育の普及を途上国における教育開発の基本的条件としつつも、それと同時にノンフォーマルな識字教育や職業訓練、成人教育などを含めた幅広い領域にわたるものであると定義されている (UNESCO, 1990)。

　ジョムティエン会議でEFAの理念が打ち出されて以来、途上国の基礎教育分野を発展させるための国際的な支援が活発に行われてきた。その背景には、1995年の「社会開発サミット」開催、1996年の経済協力開発機構・開発援助委員会 (OECD/DAC) による「新開発戦略 (The New Development Strategy)」の策定、2000年にセネガルのダカールで開かれた「世界教育フォーラム (The World Education Forum)」を経て、基礎教育開発が、国際機関や二国間援助機関が途上国に対して行う国際協力の主要な対象分野となってきたことがある。また、2000年に合意された「ミレニアム開発目標 (Millennium Development Goals:

MDGs）」においても、8つのMDGsのうち2つの目標（「初等教育の完全普及」と「男女格差の解消」）がEFA目標と重複している。

　こうした国際社会における一連の合意に支えられ、多くの途上国で基礎教育を普及させるための努力が積み重ねられている。その結果、1990年代を通して、世界中の教育をめぐる状況にはある程度の改善が見られるようになった。

　たとえば、初等教育への就学者数は世界中で毎年平均して約1,000万人ずつ増加しており、これは80年代に較べて2倍のペースであった。また、非識字者の数が、1990年の8億9,500万人から2000年には8億5,000万人にまで減少した。その間にも世界中の人口が増加している事実を併せて考えると、この非識字者数の減少は非常に大きな意味をもっていると言えるだろう。さらには、いくつかの最貧国では子どもたちの就学状況に関してとくに目覚しい改善が見られ、たとえばマラウィやウガンダでは初等教育への就学者数が10年間で約2倍に増加している（UNESCO, 2002）。

　このように1990年のジョムティエン会議以降、とくに途上国における教育状況の改善に関して一定の成果が認められた。しかしながら、それらの要素を踏まえたうえでも、いまだに世界中の多くの国が基礎教育の普及という観点から危機的な状況にある現実は否めない。たとえば、一般的な初等教育への就学年齢（6-11歳）にある子どもたちのうち約7,700万人（約60％が女子）が学校に通うことができずにいる。また、先述のように世界中で8億人以上いる成人非識字者たちの間でも、深刻な男女間格差が認められる（非識字者の60％以上が女性である）。こうした状況は、とくにサハラ以南アフリカと南アジアにおいて深刻であり、サハラ以南アフリカの3分の1の国では初等教育への純就学率が50％前後（サハラ以南アフリカ全体の平均も65％）に過ぎず、南アジアには4,000万人以上もの子どもたちが初等教育への就学をすることができずにいる（UNESCO, 2006）。

　このような状況のなかで、多くの途上国では基礎教育の普及を通してEFA目標を実現することが政策上の大きな課題となっており、途上国政府、ドナー国（援助供与）の援助機関、国際機関、市民社会といったさまざまな立場のス

テークホルダーたちの協調関係にもとづく国際教育協力が展開されている。

　深化するグローバリゼーションやネオ・リベラリズム思想などの影響を強く受ける多くの途上国では、教育行財政の地方分権化や、市場原理にもとづく規制緩和・競争原理の導入などが教育分野においても進んでいる。また、援助国と被援助国間の対等なパートナーシップの形成、市民社会の形成と参加、途上国内におけるガバナンスのあり方や制度的・組織的・人的な能力（キャパシティ）の問題など、EFA達成に向けた取り組みを実施していくうえで、さまざまな政治的あるいは組織・制度的な課題も多い。

　さらに、EFA目標のなかで示されているように、基礎教育機会へのアクセスを保障することのみならず、教育の内容面や教育環境などに関する質の問題を考えることが必要である。その際、しばしば多様な民族から構成される途上国社会においては、言語や慣習、宗教、生活様式の違いなどによって、教育内容の妥当性が必ずしも容易に合意できるものではない、といった文化的な課題も根深く存在している。

　これらの問題に加えて、教育を取り巻くさまざまな社会問題（貧困、HIV／エイズ、障害者に対するケアなど）にも目を向ける必要がある。したがって、EFA目標を実現していく過程では、こうした途上国の政治、経済、社会、文化などを含めた条件や環境も踏まえたうえで、より効果的な教育開発政策を改めて考えていくことが欠かせない。

　こうした国際教育開発の現状に対して、近年、日本でもさまざまな学問領域において活発な研究が行われるようになってきた[1]。しかしながら、それらの研究の多くは、途上国社会が直面する諸課題や国際教育協力のあり方などに対して、いまだに十分な方向性を提示しえてはいない。

　そこで、本書は、国際教育開発に研究者や実務家の立場でかかわっている執筆者たちが、それぞれの専門領域からEFA目標の達成という大きな課題について分析的な視点で考察を加えた。それぞれの国際教育開発における経験や専門性は多様であり、すべての執筆者が、UNESCO、UNICEF、世界銀行、アジア開発銀行、米州開発銀行、国際協力機構（JICA）、国際協力銀行（JBIC）、開発コンサルタント会社、国際NGOなどでの実務経験を有している。この

ような執筆陣を擁する本書は、国際教育開発分野を専門とする学生や研究者のみならず、国際教育協力の実践に携わる専門家の方々にもさまざまな知見を提供することを目指している。

■ **本書の構成**

本書は、大きく分けて3部から構成されている。3つの章からなる第1部「EFAをめぐる国際的な動きと課題」では、EFAに関する課題を包括的に提示することを目的としている。そのため、多くの途上国で展開されているEFA目標の実現へ向けた試みを概観するとともに、そうした努力を支えるステークホルダー間のパートナーシップや教育行財政にかかわる諸課題について論じる。

第1章（北村論文）は、国際目標としてのEFAが合意されるようになった歴史的背景などを振り返るとともに、途上国の基礎教育を普及させるためにいかなる国際教育協力が展開されているのかを概観する。とくに、官（政府や公的援助機関）と民（市民社会）の相互補完関係なしには、今日の国際教育協力を推進することが難しい現状を指摘し、国際教育協力を推進するためのグローバル・ガバナンスのメカニズムが構築されている様子を詳述している。

また、国際機関の主導によるグローバル・レベルでのガバナンスを分析するとともに、近年、政府や国際機関のパートナーとして重視されている市民社会の役割について明らかにするなかで、国際教育協力をめぐる公共性と政治性の問題について論じている。

第1章でのグローバル・ガバナンスに関する議論を踏まえたうえで、第2章（西村論文）は、パートナーシップの実態が実際にどのように機能しているのか（あるいは、しうるのか）について、アクター別ならびに分野間の関係を形態別に考察している。とくに1990年代以降、開発援助において繰り返し聞かれるようになった「パートナーシップ」の概念とEFAの達成を目指した国際教育協力におけるパートナーシップの実態との間に潜むギャップについて、理論的な側面からの整理を行っている。パートナーシップには、被援助国と援助機関、援助機関間、被援助国内、各機関と個人といったさまざまな

レベルが存在するが、これらの多くは政治的・組織的な制約のもとにある。そのため、EFA達成のためにも重視されているこれらのパートナーシップが多様な政治的・経済的な地位を有する各アクターにとって、どのような意味をもつのか、またその限界と可能性はどこにあるのか、といった問題を考えるうえでの鍵となる視点を提供している。

第3章（小川論文）は、EFA目標と密接な関連があるミレニアム開発目標（とくに初等教育の完全普及）を途上国が達成するうえで、いかなる問題を解決する必要があるのかということを公共財政管理の視点から検討している。とくに初等教育の完全普及へ向けて、途上国における教育へのアクセスと質に関する現状を把握するとともに、近年の国際教育協力において大きな注目を浴びているEFAファスト・トラック・イニシアティブ（FTI）で導入されたインディカティブ・フレームワークについて概説することで、途上国の教育財政におけるさまざまな問題点を指摘している。

また、FTI対象国であるイエメンの教育財政を事例として取り上げ、実際の途上国政府において資金不足などの問題がどのように起こっているのかを検証している。さらに、さまざまな途上国が取り組んでいる中期支出枠組み（Mid-term Expenditure Framework）と中期教育結果枠組み（Mid-term Results Framework）の例などを取り上げ、公共教育支出管理における便益到達分析と公共支出トラッキング調査分析について概説している。

第2部「EFA達成のための教育改革と実践的な課題」は3つの章から構成されており、第1部で概観したようなEFA推進のための国際的な取り組みや教育行財政上の課題などを踏まえたうえで、実際の途上国においてどのような改革が進められており、いかなる実践的な課題があるのかといったことについて論じている。

第4章（廣里論文）では、質の高いEFA目標達成の手段として教育「セクター・プログラム支援」が導入されているインドシナ諸国を事例として、地方分権化と最大の制約要因とされている能力開発に焦点を当てた考察を行っている。まず、インドシナ諸国でEFA目標を達成するうえでの大きな課題である、基礎教育普及における地域・集団間の格差を検討している。そして、教育「セ

クター・プログラム支援」の策定・実施プロセスのなかから教育改革の動向を抽出するとともに、地方分権化の文脈における地方レベル（州／県・郡・コミュニティ）の計画、財政、運営、実施、モニタリング・評価を支える個人・組織・制度にかかわる能力開発の重要性について論じている。

　第1部で概観したEFAをめぐる国際的な動きを、特定の途上国の政策形成、さらには実際に学校へ生徒を送り出している家庭やコミュニティの視点から再構築することを試みているのが、第5章（山田論文）である。政府の代表が国際会議でEFAを批准することと、それが国内で政策のなかに取り込まれ、実施されることはまったく別のプロセスであり、国内では、しばしば、国際的な認識とは異なる事情によってEFAが進捗している。そうした状況をよりよく理解するため、同章では、エチオピアを事例として取り上げ、EFA目標（とくに初等教育の完全普及）がエチオピアの教育セクターのなかに位置づけ、実施される様子を、国際的な要因とともに国内的動機や教育省の組織メカニズムといった観点から考察している。そのうえで、エチオピアにおける急速な就学率の拡大が保護者やコミュニティに与える影響を分析している。

　EFA政策と学校現場で起こっている現実との間に見られる緊張関係に焦点を当てている第6章（澤村論文）は、中央政府で決められた政策が期待通りに学校現場で実践されるものではないということを、アフリカ諸国（とくにケニア）の現状にもとづき論じている。その際、EFAをはじめとする教育開発目標や政策が、個々の子どもたちにどのような影響を及ぼしているのかを検証するために、ケニアの学校現場を事例として取り上げている。この章では、誰のための、何のためのEFAなのか、予断をもたずもう少し謙虚に問い直してみる必要があるのではないかと問題提起されている。

　4つの章からなる第3部「EFAに向けた取り組みに関する分野横断的な課題」は、EFA目標の実現を目指すうえで、多くの途上国が乗り越えなければならない主要な課題について論じている。

　第7章（齋藤論文）では、EFA目標を達成するうえでの重要な課題として広く認識されている教育の質的な向上に焦点を当て、国際的に受け入れられている教育の質に関する定義を提示するとともに、教育の質を測定するうえで

の諸課題について論じている。これらの分析を通して、多くの国が教育の質に関するデータを集めているにもかかわらず、それらが必ずしも十分に教育政策へとフィードバックされているわけではないことを指摘し、研究と政策を有機的に結びつける必要性を強調している。

　途上国における識字の現状と国際社会の取り組みを批判的に捉えている第8章（青木論文）は、主にノンフォーマル基礎教育の形態を通した識字教育の効果と実践方法を探り、識字および基礎教育達成へ向けた諸課題について考察している。その際、これまでに行われてきた識字教育の経済的効果や識字プログラムの社会開発効果について概説するとともに、多様なプログラムへのアプローチ、学習成果と識字アセスメントに関する問題、プログラム評価、パートナーシップの構築などについて論じている。

　途上国において児童の就学を妨げる、おそらく最も深刻な要因の一つである障害児の問題に焦点を当てる第9章（黒田論文）は、1994年のサラマンカ宣言以降、世界的な潮流となりつつあるインクルーシブ教育の可能性と課題を検証している。インクルーシブ教育に関する理論的・実践的なアプローチを整理するなかで、人権・政治的アプローチと教育・機能的アプローチの並存と相克によってインクルーシブ教育が特徴づけられていることを明らかにしている。そして、この2つのアプローチの併存をEFAのコンテクストで達成していくことが、今後、多くの途上国において必要であると論じている。

　健康教育という課題を中心に取り上げている第10章（勝間論文）では、教育と健康に関するグローバルな課題におけるライフスキルの意義について論じている。とくにHIV／エイズに焦点を当てながら、教育と健康をめぐって行われてきたこれまでの議論を整理している。そして、国際社会がEFA目標とも深く結びついているミレニアム開発目標の達成を目指すなかで、国際教育の目標と国際保健の目標との双方をつなぐ概念として、ライフスキルが重要な役割を果たすことを指摘している。

　以上のように本書は、EFA目標の実現という今日の国際教育開発の中心的なテーマに関して、グローバルな視点からローカルな視点までを含む多層的

な分析アプローチを試みるとともに、途上国の基礎教育分野における幅広い課題を取り上げて論じている。もちろん、本書で扱いきれなかった問題が多々あることは否めないが、できるだけ包括的な議論を提示するように努めたつもりである。また、各章は執筆者たちがそれぞれ有するフィールド調査や実務現場での経験にもとづき執筆されており、各執筆者は教育開発研究に対する学術的な寄与を目指すとともに、政策的な判断基準や知見を示すという実務的・応用的な面での貢献も強く意識している。こうした意図がどの程度達成できたかは、読者諸賢のご判断に委ねたいと思う。

2007年12月

編者一同

注
1 日本人研究者たちによる国際教育開発分野の研究の蓄積については、廣里恭史「日本における教育開発研究の系譜─過去、現在、そして未来への展望─」『国際開発研究』第14巻第1号（2005年6月、91-106頁）を参照のこと。

参考文献
OECD/DAC (1996). *Shaping the 21st Century: The Contribution of Development Co-operation* (OECDのウェブサイト http://www.oecd.org/dataoecd/23/35/2508761.pdf ［2007年5月1日］).
UNESCO (1990). *World Declaration on Education for All and Framework for Action to Meet Basic Learning Needs.* Paris: UNESCO.
UNESCO (2002). *EFA Global Monitoring Report 2002: Is the World on Track?* Paris: UNESCO.
UNESCO (2006). *EFA Global Monitoring Report 2007: Strong Foundations—Early Childhood Care and Education.* Paris: UNESCO.

国際教育開発の再検討——途上国の基礎教育普及に向けて——／目次

はじめに ……………………………………………………………………… i
図表一覧 ……………………………………………………………………… xiii

第1部　EFAをめぐる国際的な動きと課題 …………………… 3

第1章　EFA推進のためのグローバル・メカニズム
　　　　——国際教育協力をめぐる公共性と政治性……………北村友人… 5
　　はじめに ………………………………………………………… 5
　　1. 基本的人権としての教育 …………………………………… 5
　　2. 国際教育協力におけるグローバル・ガバナンス ………… 9
　　3. 市民社会の役割 …………………………………………… 20
　　おわりに ………………………………………………………… 23

第2章　EFAをめぐるパートナーシップの課題
　　　　——組織間・アクター間の政治的力学………………西村幹子…28
　　はじめに ………………………………………………………… 28
　　1. パートナーシップとは何か ………………………………… 29
　　2. EFA達成のためのパートナーシップの歴史的背景 ……… 35
　　3. パートナーシップの類型と実際的な諸問題 ……………… 39
　　おわりに——結論・問題提起 ………………………………… 49

第3章　ミレニアム開発目標達成に向けての問題点
　　　　——教育財政支出と財政管理の視点から …………小川啓一…54
　　はじめに ………………………………………………………… 54
　　1. UPC達成に向けた途上国の現状 …………………………… 55
　　2. MDGs目標達成に向けて …………………………………… 63
　　3. 中期支出枠組みと中期教育結果枠組み …………………… 70
　　4. 公共教育支出管理 …………………………………………… 72
　　おわりに ………………………………………………………… 75

第2部　EFA 達成のための教育改革と実践的な課題……………77

第4章　地方分権化における EFA 目標達成と能力開発
　　　　――インドシナ諸国における教育「セクター・プログラム
　　　　　支援」を事例として ………………………**廣里恭史**…79

　はじめに………………………………………………………………79
　1．インドシナ諸国における EFA 目標達成の現状と計画 ………80
　2．教育分野における地方分権化の導入と EFA 目標達成 ………85
　3．教育「セクター・プログラム支援」の展開と
　　　EFA 目標達成のための能力開発 ………………………………91
　4．EFA 目標達成と地域的教育協力の可能性
　　　―― GMS プログラムを中心に ………………………………98
　おわりに――「自立発展的」な EFA 目標達成へ向けて……………100

第5章　EFA 推進の国際的、国内的動機と学校、
　　　　家庭へのインパクト――エチオピアの事例…………**山田肖子**…108

　はじめに ………………………………………………………………108
　1．国家教育政策への国際的影響 ……………………………………111
　2．教育機会拡大への国内的動機
　　　――エチオピアの教育史からの示唆 …………………………115
　3．1994年民主化以降のエチオピアの教育セクター概況 …………118
　4．草の根から見た UPE 政策 ………………………………………123
　おわりに ………………………………………………………………131

第6章　EFA 政策の推進と教育の質
　　　　――ケニアの学校現場から………………………**澤村信英**…137

　はじめに ………………………………………………………………137
　1．アフリカの教育開発経験 …………………………………………139
　2．EFA 政策の妥当性 ………………………………………………141
　3．初等教育無償化の功罪 ……………………………………………145
　4．ケニアの学校現場における無償化のインパクト ………………150
　おわりに ………………………………………………………………154

第3部　EFAに向けた取り組みに関する分野横断的な課題…159

第7章　教育の質に関する課題
　　　　── EFA達成に向けての質の重要性と質の測定法……**齋藤みを子**…161
　はじめに …………………………………………………………………161
　1．なぜ教育の質が大切か ………………………………………………162
　2．教育の質の概念と定義 ………………………………………………165
　3．教育の質の調査における研究デザイン ……………………………169
　おわりに …………………………………………………………………185

第8章　EFAに向けた識字への取り組み
　　　　──その課題と可能性 …………………………………**青木亜矢**…191
　はじめに──識字と「万人のための教育（Education for All: EFA）」………191
　1．識字の定義と状況 ……………………………………………………191
　2．なぜ識字教育か？ ……………………………………………………196
　3．識字教育へのアプローチと評価 ……………………………………198
　4．識字教育の学習成果と開発効果──ガーナの事例 ………………202
　5．識字教育におけるパートナーシップの実践
　　　　──バングラデシュの事例 ………………………………………207
　6．おわりに──今後の取り組みへの可能性 …………………………210

第9章　障害児とEFA
　　　　──インクルーシブ教育の課題と可能性 ……………**黒田一雄**…214
　はじめに …………………………………………………………………214
　1．途上国における障害児の就学状況 …………………………………214
　2．障害児教育をめぐる国際的潮流
　　　　──インクルーシブ教育とEFA …………………………………216
　3．インクルーシブ教育とは何か ………………………………………220
　4．なぜインクルーシブ教育なのか ……………………………………223
　5．人権・政治的アプローチと教育・機能的アプローチの相克…225
　6．再度、インクルーシブ教育とEFA …………………………………228

第10章　EFAにおけるライフスキルの意義 ……………**勝間　靖**…231

はじめに――教育と健康 ………………………………………231
　　1. HIV／エイズの教育に対する影響 ……………………………232
　　2. 学校保健への国際的なアプローチ ……………………………235
　　3. HIV／エイズと健康教育 ………………………………………239
　　おわりに …………………………………………………………245

おわりに――今後の基礎教育開発の展望 ………………………………249

事項索引 ………………………………………………………………255
人名索引 ………………………………………………………………261
組織名索引 ……………………………………………………………262
執筆者紹介 ……………………………………………………………263

図表一覧

- 表1-1　これまでに合意された EFA 目標 (7)
- 表1-2　フラッグシップ・イニシアティブ（2006年8月現在）(16)
- 表2-1　パートナーシップの定義 (30)
- 表2-2　パートナーシップの利益とリスク (32)
- 図2-1　パートナーシップの概念枠組み (40)
- 図3-1　学年別に見た就学状況 (57)
- 表3-1　アフリカ地域における初等教育粗就学率と修了率（2005年）(59)
- 表3-2　アジア地域における初等教育純就学率と修了率 (61)
- 図3-2　初等教育修了率（1990～2015年）(64)
- 表3-3　MDGs 達成に向けた財政ギャップ (66)
- 表3-4　イエメンにおけるインディカティブ・フレームワーク目標指標 (67)
- 表3-5　イエメンにおける資金不足 (68)
- 図3-3　イエメンにおける便益到達率（2005年）(72)
- 図3-4　生徒1人当たりに使われている公共教育資金（2007年）(73)
- 表4-1　東南アジア地域における EFA 目標達成の現状 (81)
- 表4-2　インドシナ諸国における2015年までの EFA 目標 (83)
- 表5-1　エチオピア国の援助依存度の変遷 (114)
- 表5-2　エチオピア国の教育支出の変遷 (114)
- 図5-1　1967年から2002年までの基礎教育（1～12学年）の就学率の変遷 (116)
- 図5-2　教育指標の変遷（1993～2005年）(121)
- 図5-3　主な教育指標の州比較 (123)
- 表6-1　地域別初等教育純就学率と非就学児童数（2004年）(139)
- 表6-2　アフリカ3カ国の教育援助への依存度と関連の援助国・機関 (144)
- 表6-3　アフリカ5カ国初等教育総就学率の推移（1991～2005年）と無償化のインパクト (146)
- 表6-4　ケニアにおける1990年代の教育発展阻害要因と無償化による改善レベル (148)
- 表6-5　ケニアの地域別初等教育総就学率と無償化後の増加率（2003年）(151)
- 表6-6　ケニアの小学校数（公立・私立別）の年次推移 (153)
- 表7-1　SACMEQ の読解力および算数のプロフィール (174)
- 図7-1　SACMEQ-II 諸国の読解力の能力別分布（2000年）(175)
- 図7-2　第2回 SACMEQ 調査における小学校6年生の生徒と教師の読解力能力別分布（2000年）(176)
- 図7-3　ベトナム小学校5年生の生徒と教師の読解力平均点の相関関係（2001年）(177)
- 図7-4　ベトナム小学校5年生の生徒と教師の算数平均点の相関関係（2001年）(177)
- 表7-2　SACMEQ メンバーのアクセス、質、平等性の比較 (181)

図7-5 アクセス、質、平等性のパターン——4教育省の例 (182)
表8-1 地域別15歳以上非識字人口および非識字率の推移 (1990〜2004年) (193)
図8-1 地域および男女別15歳以上非識字率 (2000〜2004年) (193)
表8-2 識字に関する主な国際協力目標と取り組み (195)
図8-2 成人非識字率と1人当たりGNP (197)
表8-3 17カ国の成人識字・基礎教育の開発効果 (197)
表8-4 成人識字・基礎教育プログラムの考慮・推奨事項 (199)
表9-1 インクルージョンの定義 (221)
表9-2 伝統的なあり方とインクルーシブなあり方 (222)
表9-3 分離教育システムとインクルーシブ教育システム (222)
表10-1 ライフスキルとそのHIV／エイズへの応用 (242)
図10-1 「Child-to-Child」モデルの6段階 (244)

国際教育開発の再検討
──途上国の基礎教育普及に向けて──

第1部
EFA をめぐる国際的な動きと課題

第1章　EFA 推進のためのグローバル・メカニズム
──国際教育協力をめぐる公共性と政治性

北村　友人

はじめに

　グローバル化した今日の世界において、「万人のための教育 (Education for All: EFA)」の普及が国際社会全体にとっての重要な責務であるということは、国際的な目標や条約などを通して広く合意されてきた。そして、途上国政府、先進国（援助供与国）の援助機関、国際機関、市民社会といったさまざまな立場のアクターたちの協調関係にもとづき、多くの途上国において国際教育協力が展開されている。その背景として、官（政府や公的援助機関）と民（市民社会）の相互補完関係なしには、今日の国際教育協力を推進することが難しい現状を指摘することができる。そのため、とくに国際機関を中心にして、国際教育協力を推進するためのグローバル・ガバナンスのメカニズムが構築されている。

　本章は、国際機関の主導によるグローバル・レベルでのガバナンスの仕組みを分析するとともに、近年、政府や国際機関のパートナーとして重視されている市民社会の役割について明らかにするなかで、国際教育協力をめぐる公共性と政治性の問題について考える。こうした問題を考えることは、異なる立場にあるアクターたちが相互補完的な協力関係の構築を通して、いかなる課題に直面しているのかを理解するうえで重要な意義をもつであろう。

1. 基本的人権としての教育

　教育を受けることは、すべての人にとって基本的な権利である。こうした考え方が国際社会において広く認められ、その実現へ向けた各国政府を中心

とする試みが活発に展開されるようになったのは、とくに第二次世界大戦の終結以後のことである。その端緒を開いたのが、1948年10月の国際連合 (以下、国連) の総会において採択された「世界人権宣言 (The Universal Declaration of Human Rights)」であった[1]。同宣言第26条は「すべて人は、教育を受ける権利を有する」という原則を示し、同条第1項において「教育は、少なくとも初等の及び基礎的な段階においては、無償でなければならない。初等教育は義務的でなければならない」という初等教育の義務制ならびに無償制を謳っている。さらには同条第2項で「教育は、人格の完全な発展並びに人権及び基本的自由の尊重の強化を目的としなければならない」として、教育の果たすべき役割に言及している。

また、1966年12月の国連総会で採択された「経済的、社会的及び文化的権利に関する国際規約 (The International Covenant on Economic, Social and Cultural Rights)」の第13条では、同規約の締約国は「教育についてのすべての者の権利を認める」と明記されている。こうした権利の実現を目指して各締約国は、初等・中等・高等の各教育段階において無償教育の導入を進めることにより、すべての人に対して均等な教育の機会を与えるべきであると指摘している。

その後、とりわけ社会的に弱い立場にある子どもたちの権利を守るため、1989年11月の国連総会において「子どもの権利条約 (The Convention on the Rights of Child)」が採択された。同条約の第28条は、教育についての子どもの権利を認めるとともに、「この権利を漸進的にかつ機会の平等を基礎として達成するため」に、締約国は義務・無償の初等教育をはじめ多様な教育機会を提供しなければならないとしている。この条約は、子どもを単に受動的に保護される存在としてではなく、自らの権利を積極的に行使する主体として捉えている。また同条約は、教育の普及においてとくに途上国のニーズを考慮し、そのための国際協力を促進すべきであると指摘している。

また、国連人権委員会「教育への権利」特別報告者 (Special Rapporteur on the right to education of the United Nations Commission on Human Rights) である Tomasevski (2003) は、教育への権利として4つのA (4-As：利用可能性 [Availability]、アクセス [Access]、受容可能性 [Acceptability]、適応可能性 [Adaptability]) がすべての人に対して保障さ

れるべきであると指摘している[2]。この4つの領域における権利とは、単に教育機会へのアクセスが保障されるだけでなく、それとともに各人のニーズに適した教育が提供されなければならないことを示している。つまり、基本的人権としての教育を考えるうえでは、教育の量的拡大の側面のみならず、教育の質的向上に対しても注意を払う必要があるということである。

こうした「基本的人権としての教育」という考え方にもとづき、とりわけ途上国を中心として国際協力による教育の普及が積極的に進められてきた。それを象徴するのが、1990年3月にタイのジョムティエンで開かれた「万人のための教育世界会議 (The World Conference on Education for All)」と2000年4月にセネガルのダカールで開かれた「世界教育フォーラム (The World Education Forum)」であった。それぞれの会議において、国家元首や閣僚レベルを含む150カ国以上の政府代表団、30以上の国際機関、100を超えるNGOの代表者たちが一同に会し、国際教育協力をいかに推進すべきかを議論し合い、多岐にわたる国際的な到達目標を設定した (**表1-1を参照**)[3]。これらの会議は、教育の普及というテーマで開催された国際会議としては過去に例のない規模であり、国際社会全体として取り組まねばならない課題として国際教育協力を

表1-1 これまでに合意されたEFA目標

万人のための教育世界会議 (1990年)	世界教育フォーラム (2000年)
1. とくに貧しい子どもたちや不利な立場に置かれた子どもたち、障害をもつ子どもたちに対する、早期幼児ケア・発達活動の拡張。	1. とくに最も不利な立場に置かれた子どもたちや障害をもつ子どもたちに対する、早期幼児教育・就学前教育の拡充。
2. 2000年までに、初等教育 (あるいは各国が「基礎」と見なすレベル以上の教育) へのアクセスと修了を普遍化。	2. 2015年までに、すべての子どもたちに無償・義務制の良質な初等教育へのアクセスを保障。
3. 一定の年齢層の一定の比率の者に必要とされるレベルまで、学習到達度を向上。	3. 適切な学習・生活技能 (learning and life-skills) プログラムへの公正なアクセスを保障。
4. 2000年までに、とくに女性を中心として、成人の非識字率を1990年の水準の半分に削減。	4. 2015年までに、とくに女性を中心として、成人識字率を2000年の水準から50％改善。
5. 若者と成人のために、基礎教育ならびに基本的な技能 (essential skills) の訓練の機会を拡充。	5. 2005年までに、初等・中等教育での男女間格差を解消し、2015年までに、教育におけるジェンダーの平等を達成。
6. 個人や家族が、より良い生活や健全かつ持続可能な開発に必要とされる知識・技能・価値観を獲得する機会の拡大。	6. あらゆる側面における教育の質 (quality of education) を改善。

出所:UNESCO, 1990, 2000より、筆者が要約して訳出。

捉え直したという意味でも、歴史的に意義深いものであったと言える。

とりわけ、ジョムティエン会議は「万人のための教育 (EFA)」という理念を提示し、基礎教育 (Basic Education) の概念を幅広く解釈することを通して、その後の国際教育協力の潮流を支える思想の基盤が国際社会において共有された、重要な転換点であった。すなわち、基礎的な学習のニーズ (basic learning needs) を満たすための教育機会の保障はすべての子ども・青年・成人にとっての基本的な権利であることを踏まえ、基礎教育の普及が国家的・国際的な義務であることが確認された[4]。また、EFA の理念的な特徴として、公的な初等教育の普及を途上国における教育開発の基本的条件としながらも、それと同時にノンフォーマル教育や職業教育、成人教育などをも含めた幅広い領域にわたって基礎教育を捉えようとしている点が挙げられる。こうした基礎教育の解釈は、それまでに宣言や条約として築き上げられてきたさまざまな国際的合意を反映している。

たとえば、2000年9月の国連ミレニアム・サミットを経て合意された「ミレニアム開発目標 (Millennium Development Goals: MDGs)」の8つの目標のうち、2つが EFA 目標（「初等教育の完全普及」と「教育における男女間格差の解消」）と重複していることからも、基礎教育の充実が開発における重要なアジェンダであると国際社会において広く認識されていることが理解できる。さらに言えば、MDGs の8つの目標のいずれを達成するうえでも、途上国における社会的基盤としての教育の普及が不可欠であることを指摘しておきたい。つまり、貧困や飢餓の撲滅、乳幼児死亡率の削減、妊産婦の健康改善、感染症などの予防、環境の持続可能性など、MDGs のもとに取り組まれているさまざまな問題を解決していくには、教育（とくに基礎教育）を通して人々が知識や技能（スキル）を身につけることが必要である。もとより、教育セクターの開発のみでは MDGs 達成のための十分条件にはならないが、MDGs が射程とする各領域に関して隣接セクターと協調しながら教育開発を進める必要があるということについては、論を俟たないであろう。

ただし、ここで振り返ったような宣言や条約に込められた教育の社会的役割に対する理想が、必ずしも多くの国で具現化されているわけではないこと

も忘れてはならない。とりわけ、今日の国際社会において、教育へのアクセスを保障されている人々と、そうしたアクセスの機会をもちえない人々との間の格差は、ますます広がりつつある。たとえば、冷戦構造の崩壊後、国家間や地域間における貧富の格差が拡大するとともに、民族的な衝突の拡散などに伴う難民の数も増大している。こうした状況は、政治的に不安定な地域に暮らす人々へ多大な影響を与え、就学機会の喪失をはじめ教育の普及を阻害する要因となっている。

2. 国際教育協力におけるグローバル・ガバナンス

　グローバル化した今日の国際社会における教育協力について考えるにあたり、本章でのグローバル・ガバナンスは「社会の構成メンバー（以後、アクターとする）によって合意された法規範や、民主主義あるいは人権などの価値によって産み出される一定の秩序が存在し、基本的には物理的力による強制なしである程度は遵守されている状況」（渡部, 2004, 66頁）のことを指すと理解しておく[5]。ただし、グローバル・ガバナンスの諸理論は、国際機構論、国際法学、国際政治学など、それぞれ異なる立場から行われる研究を通して追究されてきている。したがって、地球規模の秩序を研究するという点においては一致していても、それらの研究の対象になる主体や分析の手法などは多様である。しかしながら、以下の諸点において一連のグローバル・ガバナンス理論に共通する性格が見られることを、庄司真理子 (2004) は指摘している。①ガバメントではなくガバナンスという概念を用いることで国際政治と国内政治の壁を低くしている、②秩序を形成・維持する主体として、国家以外のあらゆるアクターにも目を向けている、③ルールの総体である秩序の静態的側面だけでなく、アクターが積極的に社会に働きかける活動や意思など、秩序の動態的側面にも目を向けている。こうしたグローバル・ガバナンス理論の特徴を本章でも踏まえながら、国際教育協力においてどのようなガバナンスのメカニズムが構築されているかを分析する。

　国際教育協力の現場では、EFA の実現というグローバルな目標へ向けて、

国際的に合意された規範（すなわち宣言や条約）や基本的人権としての教育機会の保障という価値観によって生み出された一定の「秩序」にもとづく国際的な協力体制が、国際機関の主導により構築されてきた。ちなみに、国際 (international) あるいは国家間 (interstate) の機構は、近代的な国民国家 (nation-state) の成立に伴い創設されてきた（最上, 1996）。したがって、国際機関は、常に国民国家の枠組みにもとづいていると考えられるが、それと同時にある一定の範囲内においては組織としての自律を保ってもいる。こうした国際機関の位置づけを考えるうえで、国際機関の役割に対する「理想主義」と「現実主義」（あるいは「リベラリスト」と「リアリスト」）という2つの立場を理解することが欠かせない。すなわち、平和、人権、開発といった分野における国際的な理想を実現するための主体として国際機関を位置づける立場と、各国の外交政策上の単なる手段に過ぎないと見なす立場である。

こうした見方に対して星野俊也 (2001) は、「リアリストやリベラリストのように、国家間の権力構造や利益構造に注目する合理主義的アプローチに対し、コンストラクティビストは、国家の利益やアイデンティティは所与の前提ではなく、主体間で言わば『社会的に構成される』と考える」(172頁) と指摘し、国際機構に体現される規範の形成や変化に対するコンストラクティビスト的アプローチからの理解の可能性を示唆している。ここにおいては、こうしたアプローチを意識しながら、国際社会にグローバル・ガバナンスをもたらすエージェントとしての国際機関を中心に、国際教育協力を通してどのような規範が形成されようとしているのかを検証する。

(1) 国際機関の主導による EFA の推進

国際教育協力は、さまざまなアクターたちの協調関係にもとづき推進されているが、とくに EFA のコーディネーターである国連教育科学文化機関 (UNESCO) をはじめとする国際機関が主導してきた。1990年のジョムティエン会議は、UNESCO、国連児童基金 (UNICEF)、国連開発計画 (UNDP)、世界銀行の共催によって開かれた。また、2000年のダカール・フォーラムは、上述の4機関に国連人口基金 (UNFPA) を加えた5つの国際機関によって開催された。こう

した複数の国際機関が教育分野での協調関係を強化するようになった背景には、開発分野全般の傾向として社会開発（さらには人間開発）への関心が、1980年代以降に高まったことが挙げられる[6]。

ジョムティエン会議の後も、国際機関の間の協調関係は、1990年代を通して継続された。たとえば、1996年6月にヨルダンのアンマンにおいて「万人のための教育に関する国際協議フォーラムの中間会議 (The Mid-Decade Meeting of the International Consultative Forum on Education for All)」が、ジョムティエン会議を共催した他の国際機関の協力を得ながらUNESCO事務局長の主催で開かれ、各国政府、国際機関、NGO（非政府組織）から約250人の政策立案者および関係者が集まった[7]。この会議では、1995年に行われた各国のEFA推進に関する中間評価の結果について議論が交わされ、ジョムティエンで掲げた2000年までに達成するというEFA目標の実現にはさらに何が必要であるかが話し合われた[8]。

しかしながら、もともとEFA目標そのものが楽観的な見通しにもとづいて策定されたという実情とともに、1996年に行われた中間会議での議論が具体的な取り組みへと積極的に反映されることが少なかったこともあり、1990年代にEFAを実現することは叶わなかった。そのため、ダカール・フォーラムで合意された目標（表1-1）が示すように、ジョムティエン会議から10年後のダカールにおいてEFA目標を改めて設定し直さなければならなかった。その際、基本的な目標（「初等教育の完全普及」と「識字率の向上」）に関しては2000年から2015年に期限を延ばすとともに、「学習・生活技能 (learning and life-skills)」と「教育の質 (quality of education)」に関しては新しい概念的な発展を試みた。つまり、ジョムティエンの時点では「学習到達度 (learning achievement)」や「基本的な技能 (essential skills)」の向上、「より良い生活や健全かつ持続可能な開発に必要とされる知識・技能・価値観 (the knowledge, skills and values required for better living and sound and sustainable development)」の獲得という表現で示そうとした基礎教育の領域を、ダカールでは技能の習得と、その技能を修得するための教育（教育内容や教育環境など）の質の向上に関する問題とに分けることで、概念的な整理をしたと言える。また、ジェンダーの問題をより明確

に取り上げた点も、ジョムティエンからの発展として理解できるに違いない。

2000年のダカール・フォーラムでは、このようなEFA目標の再設定が行われたが、それと同時に、1990年代に行われたEFA推進のための国際社会の取り組みに見られた問題点について議論された。とくに、①パートナーシップの構築が不十分、②継続的なモニタリングの欠如、③包括的な財政支援の枠組みの欠如、といった課題が指摘された[9]。いずれの課題も、国際教育協力がグローバルな協調関係なしには推進し難いことを示している。

(2) パートナーシップの構築
1. 協調のためのメカニズム

EFAパートナーたちの間の協調関係（パートナーシップ）は、国際社会としてのグローバルな公共政策（すなわち国際教育協力政策）の立案、策定、実施の過程を通して構築されている。そうした過程を国内あるいは地域レベルでコーディネートするためのメカニズムとして、EFAフォーラムが開催されている。このEFAフォーラムは、途上国政府の関係省庁[10]、ドナー国、国際機関、NGOなどの教育援助の関係者が定期的に集まり、情報や意見の交換を行う場として機能している[11]。国内レベルで開かれるにしても、周辺国との合同で行う地域レベルで開かれるにしても、これらのEFAフォーラムにおいて目指されていることは、途上国政府のオーナーシップを十分に保障するために、異なる立場のアクターたちの間にパートナーシップを確立することである。そうしたパートナーシップの構築が、政策の実施過程に対するモニタリングや評価の充実や、教育分野における包括的な財政支援の枠組みづくりなどにつながると考えられている。

また、グローバル・レベルでのコーディネーションとしては、EFAハイレベル・グループ会合 (The EFA High-Level Group Meeting: HLG) とEFAワーキング・グループ会合 (The Working Group Meeting on EFA: WGEFA) が開かれている[12]。HLGは、ダカール・フォーラムで採択された『ダカール行動のための枠組み (*The Dakar Framework for Action*)』において、UNESCO事務局長が年に1度「政治的コミットメントと技術的・財政的な資源の動員に対するてこ入れとしての役割

を果たす、(中略)ハイレベルであり少人数かつ柔軟なグループによる会合を開くこと」(UNESCO, 2000, p.10) という合意にもとづき、2001年10月の第1回会合(於・UNESCOパリ本部)を皮切りに毎年、秋に会合が開かれている[13]。HLGには国家元首、途上国の教育大臣、ドナー国の開発担当大臣、国際機関の代表、国際的なNGOの代表が出席し、EFA目標の実現へ向けた国際教育協力の方向性について議論を交わしている。このHLG会合は政治的な意味合いが強く、ここでの議論の成果は会議の最後にコミュニケとして採択され、その内容を各EFAパートナーがそれぞれの政策に反映させることが期待されている。たとえば、第1回会合で採択されたコミュニケでは、EFAを推進するための財源が多くの途上国で不足している現状を指摘するなかで、世界銀行を中心にして国連機関などとも協力しながら「すべてのパートナーたちは資金ギャップを埋めるための新しくかつ創造的な方法を見つけるべきである」(UNESCO, 2002d, p.29) と訴えている。これを受けて、翌2003年の春からEFAファスト・トラック・イニシアティブ (EFA Fast-Track Initiative: EFA-FTI) と名づけられた基礎教育分野への新しい資金援助の試みが、世界銀行の主導で始められている[14]。

　このように政治的な場としてのHLGに対して、WGEFAはより実務的な論議をする場として機能している[15]。したがって、UNESCO事務局長補(教育担当)が議長を務めるWGEFA会合の出席者は、途上国教育省の幹部職員、ドナー国の教育省や開発担当省庁の国際教育協力担当官、国際機関の幹部職員(教育分野担当)、国際的あるいは地域的なNGOの代表者たちといった実務者たちである。WGEFAは、そうした実務者たちの国際的なネットワークを形成する場として位置づけられており、いわゆる「良い実践 (good practice)」などを学び合ったり、それぞれの国が抱える問題などを共有し合ったりしている。また、なかなか国際社会において「声」を発することのできない人々の意見を訊くために、普段は国際会議に参加する機会が少ない途上国のNGOなどを積極的に招いている。

　これらの会議は、国際教育協力を推進するためのグローバルなメカニズムのなかにそれぞれ位置づけられている。つまり、HLGにおいて国際教育協

力を推進するためのグローバルな枠組みが決定され、それにもとづきドナー諸国側が技術的・財政的な資源の動員を図る。そして、この枠組みのなかで具体的な政策を立案、策定、実施するために、WGEFAにおいて世界各地から集まった実務者たちが情報や意見の交換を行う。そこでの情報は国内あるいは地域レベルのEFAフォーラムでの議論にも反映され、それぞれの国や地域の文脈に沿った政策としてさらに具体化されることになる。しかしながら、こうしたメカニズムが、必ずしもスムーズに機能しているわけではない。むしろ、これらの会議の位置づけが曖昧であったり、それぞれの会議の間の連関が希薄であったりといった批判が、とりわけEFAのコーディネーターであるUNESCOに対して、異なる立場のアクターたちからしばしば指摘されている。

2. 連携の強化

先述のような会合（HLGとWGEFA）とならび、パートナーシップの構築に関して近年の国際教育協力において重視されていることとして、国際機関間の連携の強化が挙げられる。たとえば、それぞれの国際機関が有する専門性を活かしながら特定の分野に対する集中的な支援を提供するメカニズムとして、ダカール・フォーラム後に「フラッグシップ・イニシアティブ（Flagship Initiatives）」が立ち上げられた。多くの国際機関にとって、従来の連携は基本的に個別のプロジェクトをベースとする単発的なものが多かったのに対して、このプログラムは「開かれたパートナーシップ（open partnership）」を基礎としながら、複数の国際機関（さらには当該分野の関連組織）がプログラム単位で協調関係を築いていくことが特徴的である。こうした連携の仕方は、プログラムやセクター・レベルに対する支援が主流となっている今日の国際協力の流れとも合致し、中・長期的な支援体制を築くうえでも有効なアプローチであると言える。

これまでに、識字（UNESCOを中心に国連システム全体が協調：本書の第8章も参照のこと）、女子教育（UNICEFを中心に国連女子教育イニシアティブ [United Nations Girls' Education Initiative] を構築）、学校保健（UNESCO, UNICEF, WHO, 世界銀行：本書

の第10章も参照のこと)、幼児教育(国際機関によるコンソーシアムが結成)、教員養成(UNESCO, ILO, Education International[教員組織の連合])、紛争後の教育(UNESCO, UNICEF, UNHCR, 緊急時の教育のための国際機関ネットワーク[Inter-agency Network for Education in Emergencies (INEE)])、インクルーシブ教育(UNESCO、オスロ大学[ノルウェー])などの分野で、フラッグシップ・イニシアティブが立ち上げられてきた(現在までに立ち上げられているフラッグシップ・イニシアティブについては、**表1-2を参照のこと**)[16]。ただし、すべてのプログラムが効果的に機能しているわけではなく、プログラムによっては各機関の間の連携が十分にとられていなかったり、プログラムの名が掲げられているにもかかわらず、包括的な支援を実施する代わりに従来通りのプロジェクト単位での支援を繰り返すに過ぎなかったりと、解決していかなければならない課題が多い。

　また、2005年10月に開かれたUNESCOの第33回総会において、150カ国以上の教育大臣(あるいは副大臣や大臣代理)が出席した「EFAに関する大臣級ラウンド・テーブル(Ministerial Round Table on Education for All)」が開かれ、ラウンド・テーブルでの議論の結論として、EFA推進のためにはさらなるパートナーシップの強化が不可欠であると指摘された。そして、より効果的なパートナーシップを構築するために、「明確な成果重視の実施戦略(a clear results-based implementation strategy)」をUNESCOが打ち出すべきであるということが合意された(UNESCO, 2006a)。

　こうした教育大臣たちからの勧告を受け、2006年の春にUNESCOは『グローバル行動計画——EFA目標の実現に向けた各国に対する支援の改善(*Global Action Plan: improving support to countries in achieving the EFA Goals*)』をまとめ、同年7月に開かれたWGEFAに提出した(UNESCO, 2006b)。この『行動計画』は、とくにEFAの呼びかけ役である5つの国際機関(UNESCO、UNICEF、世界銀行、UNDP、UNFPA)が果たすべき役割を具体的に提示している点で、踏み込んだ内容のものになっている。しかしながら、当初の意図とは異なり、それらの国際機関、さらには他のステークホルダーたちが、どのようなパートナーシップを構築すべきであるかという点に関しては具体性を欠くものになってしまっている。また、WGEFAの議論のなかで、とくに途上国への財政支援

表1-2　フラッグシップ・イニシアティブ（2006年8月現在）

フラッグシップ・イニシアティブ	主導機関(リード・エージェンシー)	パートナー
国連識字の10年 (Literacy in the Framework of the United Nations Literacy Decade)	UNESCO	UNICEF, 世界銀行, FAO, UNAIDS, UNDP, UNFPA, UNHCR, WFP, WHO
国連女子教育イニシアティブ (The United Nations Girls' Education Initiative (UNGEI))	UNICEF	すべての国連機関ならびにNGOs（African Women Educationalists (FAWE) など）。タスクフォース (DAW/DESA/UN, DGO, ILO, OCHA, UNAIDS, UNDP, UNESCO, UNFPA, UNHCR, UNICEF, UNIFEM, WFP, WHO, 世界銀行)
教員と教育の質 (Teachers and the Quality of Education)	——＊	ILO, UNESCO, Education International
効果的学校保健への資源の集中 (Focusing Resources on Effective School Health (FRESH))	——＊	UNESCO, UNICEF, WHO, 世界銀行, Education International
緊急時・危機の状況における教育 (Education in Situations of Emergency and Crisis)	——＊	INEE 運営グループ（アメリカ, the International Save the Children Alliance, the International Rescue Committee, the Norwegian Refugee Council, UNESCO, UNHCR, UNICEF, 世界銀行）
農村部の人々のための教育 (Education for Rural People)	FAO	UNESCO/IIEP
教育に対するエイズの影響 (The Initiative on the Impact of HIV/AIDS on Education)	——＊	ILO, UNESCO, UNAIDS Secretariat, UNICEF, UNDP, UNFPA, UNODC, 世界銀行
障害をもつ人たちの教育への権利 (The Right to Education for Persons with Disabilities: Towards Inclusion)	UNESCO オスロ大学 （ノルウェー）	運営委員会 (International Disability Organizations (IDO), UNICEF, 世界銀行, OECD, UNESCO 国内委員会（フィンランド、スウェーデン、ノルウェー）)
幼児期のケアと教育 (Early Childhood Care and Education)	——＊	The Academy for Educational Development, Aga Khan Foundation, Bernard van Leer Foundation, Christian Children's Fund, オランダ外務省 [The Association for the Development of Education in Africa (ADEA) を通して], The Working Group on Early Childhood Development, Plan International, High Scope Foundation, Pan-American Health Organization, Pueblito Canada, UNICEF, UNESCO, USAID, 世界銀行

＊「主導機関 (lead agency)」が空欄のプログラムは、とくに主導する機関は特定されておらず、パートナー機関による協調によってプログラムが運営されている。
出所：UNESCO 教育局 EFA ウェブサイトの「フラッグシップ・イニシアティブ (Flagship Initiatives)」(www.unesco.org/education/efa/know_sharing/flagship_initiatives/index.shtml) [2006 年 8 月] より筆者作成。

に関する積極的な提言が不足していると、NGO の代表などから強く批判された[17]。

このように、EFA 推進のためのパートナーシップの強化を目指して、さまざまな取り組みが行われているが、それぞれにおいて課題や改善点がいまだ

に多く見られる。しかし、少なくとも EFA 目標のもとに、多くの国際機関(とりわけ WHO や ILO、UNHCR といった、これまで教育分野における他の国際機関との連携が十分にとれていなかった機関)が協調関係を強化しつつあることは、これからの国際教育協力がよりダイナミックなネットワークのなかで実施されていくことを期待させる。

(3) モニタリングの体制

2000年のダカール・フォーラムで指摘された問題の一つが、EFA の進展状況に対する継続的なモニタリングの欠如であった。ジョムティエン会議の後、UNESCO を中心として「万人のための教育に関する国際協議フォーラム (The International Consultative Forum on Education for All)」が立ち上げられ、先述のように1996年にはアンマンで EFA 目標へ向けての到達度に関する中間評価を行った。しかしながら、この国際協議フォーラムは、不定期な会合を開くのみであり、継続的に毎年の進展状況をモニターしていたわけではなかった。そのため、約180カ国によって実施された自国の教育状況に関する調査である『EFA2000年評価 (*EFA 2000 Assessment*)』[18]がダカール・フォーラムの基礎資料として UNESCO に提出されるまで、果たして1990年代にそれぞれの国においてどれほどの状況の改善が見られたのかを国際社会が把握することは困難であった。

そこで、1990年代の反省を踏まえた「ダカール行動のための枠組み」のなかで、UNESCO の関連研究所や地域あるいはサブ地域レベルの EFA フォーラムとの協調にもとづき、UNESCO を中心とするグローバルなモニタリングの体制を構築することが合意された。そして、第1回目の HLG 会合において、UNESCO が中心的なパートナーたちとともに、「国内レベルの質的ならびに量的なデータを集め、各国と国際社会とがダカールにおいて行ったコミットメントに対してどれだけ約束を果たそうとしているのかを評価するための、信頼に足り、分析的な、年刊の『EFA モニタリング報告書』を出版すべきである」(UNESCO, 2002c: 29) と強調された。これを受け、イギリスの国際開発庁 (Department for International Development: DfID) が中心になり、オランダや

デンマークなどのドナー諸国が人的あるいは財政的な支援を実施し、2002年に UNESCO 教育局ダカール・フォローアップ・ユニット (2004年4月より EFA 国際コーディネーション部に改編) のなかに「グローバル・モニタリング報告書・チーム (Global Monitoring Report Team)」が結成された[19]。このチームによって、2002年以来、毎年『EFA グローバル・モニタリング報告書 (*EFA Global Monitoring Report*)』が刊行されている[20]。

また、EFA の進展状況を測るための統計資料は、UNESCO 統計研究所 (UNESCO Institute for Statistics: UIS) によって各国の教育省における統計の専門家たちの協力を得ながら収集され、そして分析されている。そのために、UIS のなかに EFA オブザーバトリー (EFA Observatory) と呼ばれる専門家チームが結成され、単に統計資料を集めるだけでなく、とくに途上国の教育統計専門家たちを対象にワークショップを開き、EFA 指標の開発や統計資料の収集や分析などに関する手法の標準化を図っている (UIS, 2002)。

こうしたモニタリングの体制においても中軸となるのが、HLG や WGEFA を中心にするグローバルなメカニズムである。つまり、WGEFA において共有される情報が『EFA グローバル・モニタリング報告書』に反映されたり、各国の教育省のみならず関係省庁・機関や NGO などに対して統計資料の収集や分析への協力を広く呼びかけたりしている。とくに、『モニタリング報告書』は、毎年、HLG 会合の前に刊行され、HLG における議論の基礎資料としての役割を果たしてもいる。

(4) 包括的な財政支援

このように、グローバルなメカニズムが構築されつつあるとはいえ、国際教育協力の効果的かつ効率的な促進にあたっては、さまざまな問題が山積している。そのなかでも、財政支援に関して、国際社会はとりわけ難しい問題に直面している。たとえば、すべての国において2015年までに義務・無償制の初等教育を完全普及させるということが、EFA の目標としてダカールで合意されたが、そのためには現在の水準からさらに毎年32億米ドルから37億米ドルもの追加的な財政支援が必要であると推計されている (World Bank,

2002, 2003）。しかし、途上国の教育分野に対しての財政支援を計画するにあたり、いったいどれだけの援助額を積み上げればよいのか、正確に予測することは非常に困難である。

　ここでの試算が示すように、途上国の教育普及に対する政府開発援助（Official Development Assistance: ODA）の増額が求められているにもかかわらず、二国間あるいは多国間の援助において、教育分野への財政的支援は開発援助全体の1割程度に過ぎないのが現状である[21]。したがって、今後、ODAに占める教育分野への援助を高めるとともに、ODAそのものをさらに充実させていくことが求められている[22]。

　たとえば2002年3月には「国連開発資金国際会議（International Conference on Financing for Development）」がメキシコのモンテレーで開かれ、アメリカや欧州連合（EU）といった大口のドナー国が開発援助資金の増額を表明した[23]。また、毎年開かれるG8サミットの場においても、途上国支援のための包括的な枠組み作りが継続的に話し合われている。とりわけ、2001年のジェノバ・サミット（イタリア）の後に「G8教育タスクフォース（G8 Education Task Force）」が立ち上げられ、ダカールで合意されたEFA目標の実現へ向けた技術的・財政的な支援のさらなる具体化へ向けて、G8諸国がどのような対応をとるべきかが検討された。

　2002年のカナナスキス・サミット（カナダ）に提出されたタスクフォースの報告書は、モンテレーでの合意を早急に具体化する必要があると訴え、まずは先述のEFA-FTIを中心とした途上国への財政支援を実施し、国際社会に対してG8諸国が積極的な関与の姿勢を示していくことが重要であると提言した（G8 Education Task Force, 2002）。ただし、EFA-FTIを軸に据えた財政支援のアプローチは、UNESCOがまとめた『グローバル行動計画』（2006年）にも引き継がれているが、EFA-FTI以外の具体的な財政支援策を提案するまでには至っておらず、より包括的な支援を考える必要があると主張するNGOなどからの批判を受けている（UNESCO, 2006b）。

　こうした財政支援においては、途上国の立場に立った効率的で効果的な支援を包括的に実施していくことが求められている。しかしながら、途上国自

体にも、国内での政策決定過程が不透明であったり、政策の実施が不十分であったりと、支援を受けるための体制が整っていないことも問題を複雑にしている。これらの課題に対しては、途上国におけるキャパシティー・デベロップメント（制度や人材の能力開発）への支援を強化することが欠かせない（こうした教育改革を進めるための能力開発に関する議論は、第4章を参照のこと）。

3. 市民社会の役割

　ここまで概観してきた通り、途上国政府、政府援助機関、国際機関、市民社会といったさまざまな立場のアクターたちの協調関係にもとづき、EFAを推進するための国際教育協力が展開されている。そのなかでも、市民社会と呼ばれる組織や個人が、近年とみに重要な役割を果たすようになっている。

　これまで市民社会は国家の枠内にあり、政治社会として国家と同じ境界をもつと考えられていた。それに対して、今日の市民社会は国際的に広く開かれ、超国家的な共同社会を形成しつつある。佐藤誠(2000)は、「公的」領域と「私的」領域に対する第三の領域として、市民社会を構成している組織や個人が活動する「共同」領域があるという考え方を提示している。この「共同」領域は、私的な主体が公的な責任を果たすための媒介項として捉えられている。ここで重要なことが、市民社会が活動するうえでの公的な制約は、国家による規制だけでなく、市民社会を構成する組織相互の合意にもとづく規制も含むことである。こうした自発的な制約を設けることにより、私的な利益の追求に歯止めがかかり、秩序が構築されるのである。

　また、マイケル・ウォルツァー(2001)によれば、市民社会を単に政治的な領域としてのみではなく、むしろ経済・社会関係の場として捉えることで、その多義性がより深まる。たとえば、第46回国際教育会議 (The 46${}^{\text{th}}$ Session of the International Conference on Education) (於・ジュネーブ、2001年9月) においてアフリカからの代表団が、「賢人たち、第三世代、伝統的な専門職組合といったものたちは、（中略）国際社会のパートナーたちの目には現代的なNGOと同様のものとして見ることができないかもしれないが、アフリカの市民社会に

おける重要な構成者たちである」(UNESCO, 2001 : 5) と強調している。

近年の国際教育協力において、こうした市民社会を構成する組織や個人といった多様なアクターたちは、ネットワーク化を通して「共同」領域を形成している。たとえば、ダカール・フォーラム後に、Education International、OXFAM、Action Aid Alliance といった国際的な NGO などによる積極的な連帯の呼びかけに応じて「教育のためのグローバル・キャンペーン (Global Campaign for Education: GCE)」が結成された。GCE は、さまざまな国の教員組合や NGO による連合体であり、教育を受ける権利を求めるアドボカシー活動やロビー活動を展開している。構成メンバーの自由意思により参加が決まる GCE では、理念的にはすべてのメンバーが対等な関係にあるため、組織の長を置くことはしていない。その代わりに、運営理事会の議長が、GCE を代表して国際会議などに参加している。

また、国際教育協力への市民社会の参加を容易にし、政府や国際機関の政策へ市民社会の声を反映させるためのメカニズムとして、ダカール・フォーラムの後、UNESCO によって「EFA のための NGO 合同協議会 (The Collective Consultation of NGOs on EFA: CCNGO/EFA)」が設立された。CCNGO/EFA には、およそ 600 の国際的 (international)・地域的 (regional)・国内的 (national) な NGO たちが登録をしており、EFA を推進するためのネットワークを形成し、UNESCO を中心とする国際機関との意見や情報の交換を定期的に行っている。これは、市民社会のネットワークが政府や国際機関のパートナーとして明確に位置づけられていることを示している。

これらのネットワークに表象されるように、市民社会はさまざまな領域・分野で途上国政府やドナー国、国際機関と協調関係を結んできている。そのなかで、市民社会に期待される役割は、以下の４点に集約することができる。すなわち、①サービスの代替的な供給者・実施者、②革新的なアイデアの試験者、③政府や公的機関に対する監視者ならびに大衆の代弁者、④コミュニティを基礎とするガバナンスのエージェント (agents in community-based governance)、としての役割である[24]。これらは市民社会に求められる伝統的な役割であると言えるが、今日では、さらに「政策パートナー (policy partners)」

としての役割が期待されている。こうした期待は、ダカール・フォーラムに参加した各国政府や国際機関の代表者たちが「教育開発戦略の策定・実施・モニタリングにおいて、市民社会の関与と参加を保障する」（UNESCO, 2000: 8）ことを約束し、EFA 推進のための国家計画を「とくに人々の代表者たち、コミュニティのリーダーたち、親たち、学習者たち、NGO、そして市民社会といったステークホルダーたちを巻き込む、より透明かつ民主的なプロセスを通して作成する」（Ibid.: 9）ことを支持したことからも明らかである。

このように、より多様な役割を期待されるようになっている市民社会において、GCE や CCNGO/EFA といったネットワークの重要性は、今後ますます増していくことに違いない。とりわけ、ネットワークにおける多様性がさらに深められていくことが求められている。そのため、これらのネットワークは、組織相互の合意にもとづく自発的な規制や秩序を構築し、緩やかな連帯を尊重するなかで、OXFAM や Action Aid Alliance に代表される大規模な国際的 NGO だけでなく、途上国のローカルな NGO の積極的な参加を促している。しかし、ローカルな NGO にとっては、国際的な論議の場における共通言語となっている英語（あるいはフランス語）をある程度理解する必要があるなど、こうした国際的なネットワークに実質的な参加をすることは、必ずしも容易ではない。

さらには、それぞれのネットワークにおいて「草の根レベルの声」を拾い上げようと努めているが、それにもかかわらず、NGO の間にある種のハイアラーキーが構築されつつあることも現実である。そのような階層構造のなかでは、国際的な NGO とローカルな NGO との間の乖離が起こっている。つまり、国際的な NGO には、欧米の大学院で教育を受けたり国際機関などでの勤務経験を有したりするスタッフが増えており、それらの NGO の業務の質や競争力が高まっているがために、国際的な NGO によって行われる議論や主張が、ローカルな NGO よりもむしろ国際機関などによってより理解されるという、ある意味で皮肉な現象がしばしば見られる。このような状況を踏まえながら、市民社会と国際機関や各国政府との協調関係における公共性のあり方について、今後さらなる考察を加えることが必要である[25]（NGO

間の政治力学などに関する議論は、第2章を参照のこと)。

おわりに

　グローバル・ガバナンスを推進する主体は、基本的に今日の国際関係のなかでは各国政府が表象する国民国家 (nation-state) であると言わざるをえない。本章で概観したように、国際機関や市民社会として範疇化されるアクターたちの役割が多様化してきているが、それらを基本的に支える枠組みは国民国家である。たとえば、国際機関は、それぞれが関係し合いながらもなおかつ独自の立場を保持しようとする異なるアクターたちを仲介する役割をもつが、それは国民国家の間にある程度の合意を得るときにのみ機能する役割でもある。また、ジョン・エーレンベルク (2001) は市民社会のアクターたちが国家権力と対峙することによってもたらされる民主主義への貢献を評価しつつも、「いかなる市民社会もそれに対応するあらゆる国家によって形成され・支持され・操作され・抑圧される (傍点は原文のママ)」(323頁) と指摘している。こうした前提を踏まえながら、国際教育協力における政治性と公共性の問題を考えるにあたっては、本章でも指摘した通り、「途上国のオーナーシップ」と「幅広いパートナーシップ」をどのようにして構築していくかが問われている。

　開発の現場でしばしば用いられる言葉に、「主流化する (mainstreaming)」という表現がある。教育を受けることは人間にとっての基本的権利であると言うとき、社会において抑圧されたり疎外されたりした状態にある人々が、その社会の主流へと入っていくためにも教育を受けることが欠かせないという認識がある。国際教育協力におけるグローバル・ガバナンスが、さまざまな異なるアクターたちにとって国際社会や国内の教育セクターの主流で行われている議論への参加が可能となるようなメカニズムの構築と結びつくとき、そこに新たな公共空間が生まれるに違いない。

　本章では、EFA を推進するための国際教育協力のメカニズムについて概観するなかで、グローバルなガバナンスのあり方の一例を浮かび上げることを試みた。しかしながら、あくまでもグローバルなメカニズムの表層を概観し

たに過ぎず、さまざまな異なるアクターたちによって実際のガバナンスがいかにして営まれているのかを描くまでには至っていない[26]。したがって、個々のアクターの役割にまで踏み込んで国際教育協力におけるグローバル・ガバナンスのあり方について検証することが、今後の課題として残されている。

＊本章は、北村友人「国際教育協力をめぐる公共性と政治性―グローバル・ガヴァナンスのメカニズムに関する考察―」『インターカルチュラル：日本国際文化学会年報』第3号（日本国際文化学会，2005年4月，58-79頁）に加筆修正を行った。

注

1 次の国際的な宣言や条約は、国連の Human Rights ウェブサイト（www.un.org/rights/）[2006年8月] と外務省の「人権」ウェブサイト（www.mofa.go.jp/mofaj/gaiko/jinken.html）[2006年8月] を参照した。
2 詳細は Tomasevski（2003）Ch.4 を参照のこと。
3 それぞれの会議において合意された目標などの詳細については、UNESCO（1990）と UNESCO（2000）を参照のこと。
4 EFA の理念については、UNESCO（1990）を参照のこと。
5 グローバル・ガバナンスの定義に関しては、渡辺・土山（2001）や日本国際政治学会編『国際政治』第137号（「グローバルな公共秩序の理論を目指して―国連・国家・市民社会―」）（2004年6月）に所収の諸論文などを参照のこと。
6 援助機関による社会開発分野（とりわけ教育）に対する関心の高まりを象徴する現象として、世界銀行による教育融資の規模の拡大と全融資額に占める割合の増加を挙げることができる。詳細は、廣里（2001）を参照のこと。
7 この中間会議に先立ち、後にダカール・フォーラムの呼びかけ人になる5つの国際機関（UNESCO, UNICEF, UNDP, UNFPA, 世界銀行）のトップたちが連名で『インターナショナル・ヘラルド・トリビューン（IHT）』紙に寄稿しており、その論評の中で2000年までに初等教育の完全普及化を行うためには毎年60億米ドル程度がさらに必要になると指摘している（*The International Herald Tribune*, 7 June 1996）。こうした国際機関のトップたちによる連名の寄稿は、IHT などの国際的なメディアに対して、その後もダカール・フォーラム後やG8サミット（カナナスキス）前などの節目ごとに行われている。国際教育協力において国際機関が議論の方向性を提示していくうえで、こうしたマス・メディアを活用する試みも積極的に行われている。
8 この会議で交わされた議論の詳細については、UNESCO（1996）を参照のこと。
9 1990年代の国際教育協力が抱えた諸問題については、UNESCO（2002a）を参照のこと。
10 これらの教育援助関係者のなかでも重要な役割を果たしているのが、各途上国の教育省内で任命されている EFA コーディネーターの存在である。EFA コーディネーター

は、通常、当該国の教育省の幹部官僚が務めている。このEFAコーディネーターが中心になり、EFAフォーラムの開催を呼びかけたり、各国で開かれるドナー・コーディネーション会合の準備を進めたりする。

11　教育分野のドナー・コーディネーション会合をEFAフォーラムの代替とする国もある。

12　HLGとWGEFAの詳細については、UNESCO（2002b）を参照のこと。

13　第2回会合は2002年11月にナイジェリアのアブジャ、第3回会合は2003年11月にインドのニューデリー、第4回会合は2004年11月にブラジルのブラジリア、第5回会合は2005年11月に中国の北京、第6回会合は2006年11月にエジプトのカイロで、それぞれ開催された。

14　EFA-FTI導入の背景や過程などについては、北村（2004）を参照のこと。

15　WGEFAの会場は、基本的にUNESCOパリ本部である。2000年11月に第1回会合が開かれ、それ以降は毎年、夏（7月ごろ）に開催されている。

16　これらは、2006年8月現在のプログラムである。フラッグシップ・イニシアティブの詳細については、UNESCO（2002b）やUNESCO教育局のEFAウェブサイト（www.unesco.org/education/efa/）［2006年8月］などを参照のこと。

17　2006年7月に開かれた第7回WGEFAの議論については、UNESCO教育局のEFAウェブサイトを参照のこと。

18　各国のEFA 2000 Assessmentは、UNESCO教育局のEFAウェブサイトから入手可能である。

19　チーム・リーダー兼編集長として教育経済学の権威であるクリストファー・コルクロフ（Christopher Colclough）英国サセックス大学開発研究所（Institute of Development Studies: IDS）教授が招かれ、各国の開発援助機関からの出向者たちとUNESCO職員によってチームは構成された（コルクロフ教授は、2004年春までリーダー兼編集長を務めた後、ケンブリッジ大学に移った）。

20　この『EFAグローバル・モニタリング報告書』を発刊するにあたっては、まず教育開発分野における著名な学者や実務者による国際編集委員会（International Editorial Board）が、インドの元教育大臣であるアニル・ボーディア（Anil Bordia）を委員長として立ち上げられた。この編集委員会によって、各年の報告書のテーマを含む編集方針が決定される。2002年の創刊号は国際的なEFAの進展状況を概観し、2003/4年号は教育におけるジェンダーの問題、2005年号は教育の質に関する問題、2006年号は識字の問題が取り扱われた。

21　ただし、各ドナー国のODAに占める教育援助は1割程度でほぼ固定化されているが、基礎教育分野への支援を見ると増額傾向にあり、EFA目標の実現を支援しようとするドナー諸国の積極的な姿勢を確認することができる。基礎教育分野への支援の傾向については、北村（2004）を参照のこと。

22　この点については、国際政治経済の複雑な文脈における開発援助の位置づけを改めて検討しなければならないが、それは本章の目的を超えることになる。したがって、

26　第1部　EFAをめぐる国際的な動きと課題

近年のテロ対策や天然資源確保などといったドナー各国の安全保障や外交戦略から受ける影響が一方にあり、他方には日本のODA削減などのようにドナー各国を取り巻く経済状況への対応などがあることを、ここでは指摘するに留めておく。

23　1990年にはDAC諸国全体のGNIに占めるODAの割合が0.34％であったにもかかわらず、2001年には0.22％へと減少していた。しかし、モンテレーの合意を契機に、2002年には0.23％へと上昇し、DAC諸国が同レベルのコミットを継続した場合、2006年までには0.29％まで向上することが期待されている（World Bank, 2004：304）。

24　これらの役割について、2001年の第46回国際教育会議に参集したNGO・政府・国際機関などの代表者たちが活発な意見を交わしている。同会議における議論の詳細については、UNESCO（2001）を参照のこと。

25　「草の根レベルの声」を拾い上げるための姿勢として、世界銀行東アジア・太平洋地域人的資源開発局長のエマニュエル・ヒメネス（Emmanuel Jimenes）は、すべての人に発信の場を提供するための「ハーモナイゼーション（hamonization）」という考え方の必要性を指摘している。そうした場を途上国政府が準備するよう、世界銀行が呼びかけ役を務めることも可能であると言及している（広島大学教育開発国際協力研究センター, 2004）。

26　たとえば、EFA全体のコーディネーターであるUNESCOにしても、国際社会において期待される役割の大きさに比して資金面などの裏づけがあまりにも乏しいため、実効力のある役割を果たすことが難しい側面などを指摘できる。

参考文献

マイケル・ウォルツァー編著（石田淳他訳）(2001)『グローバルな市民社会に向かって』日本経済評論社.

ジョン・エーレンベルク（吉田傑俊監訳）(2001)『市民社会論―歴史的・批判的考察―』青木書店.

北村友人 (2004)「基礎教育への国際的な資金援助の試み―EFAファスト・トラック・イニシアティブ導入の背景と課題―」『国際協力研究』Vol.20, No.1, 53-63頁.

エレン・ケイ（小野寺信・小野寺百合子訳）(1979)『児童の世紀』冨山房.

佐藤誠 (2000)「第三領域としての市民社会と途上国研究」小林誠・遠藤誠治編『グローバル・ポリティクス―世界の再構造化と新しい政治学―』有信堂高文社, 179-196頁.

庄司真理子 (2004)「グローバルな公共秩序の理論をめざして―国連・国家・市民社会―」日本国際政治学会編『国際政治』第137号, 1-11頁.

廣里恭史 (2001)「世界銀行の教育協力理念と政策―開発理論と現実の狭間に漂う政策変遷の回顧と展望―」江原裕美編『開発と教育』新評論, 161-180頁.

広島大学教育開発国際協力研究センター (2004)『国際教育協力日本フォーラム報告書―自立的教育開発に向けた国際協力―』広島大学教育開発国際協力研究センター.

星野俊也 (2001)「国際機構―ガヴァナンスのエージェント―」渡辺昭夫・土山寛男編『グ

ローバル・ガヴァナンス―政府なき秩序の模索―』東京大学出版会.
最上敏樹 (1996)『国際機構論』東京大学出版会.
渡辺昭夫・土山寛男編 (2001)『グローバル・ガヴァナンス―政府なき秩序の模索―』東京大学出版会.
渡部茂巳 (2004)「国際機構システムによるグローバルな秩序形成過程の民主化―グローバル・ガバナンスの民主化の一位相―」日本国際政治学会編『国際政治』第137号,66-82頁.
G8 Education Task Force (2002). *Report of the G8 Education Task Force.* Prepared for the G8 Summit in Kananaskis, Canada, on 26-27 June 2003.
Tomasevski, K. (2003). *Education Denied: Costs and Remedies.* London: Zed Books.
UIS (2002). *Report on the meeting and proposals for the future development of EFA indicators.* Montreal: UNESCO Institute for Statistics.
UNESCO (1990). *World Declaration on Education for All and Framework for Action to Meet Basic Learning Needs.* Paris: UNESCO.
――― (1996). *Education for All: Achieving the Goal (Final Report of the Mid-Decade Meeting of the International Consultative Forum on Education for All).* Paris: UNESCO.
――― (2000). *The Dakar Framework for Action (Education for All: Meeting our Collective Commitments).* Paris: UNESCO.
――― (2001). *Synthesis Report: Special Session on the Involvement of Civil Society in Education for All, 8 September 2001.* Paris: UNESCO.
――― (2002a). *EFA Global Monitoring Report: Is the World on Track?* Paris: UNESCO.
――― (2002b). *An international strategy to put the Dakar Framework Action on Education for All into operation.* Paris: UNESCO.
――― (2002c). *High-Level Group on Education for All (First Meeting, UNESCO, Paris, 29-30 October 2001): Report 2001.* Paris: UNESCO.
――― (2006a). *Report of the Ministerial Round Table on Education for All: 33rd Session of the General Conference (UNESCO, Paris, 7-8 October 2005).* Paris: UNESCO.
――― (2006b). *Global Action Plan: improving support to countries in achieving the EFA Goals* (Edition of 10 July 2006). Paris: UNESCO.
World Bank (2002). *EFA Financing: Estimating Internal and External Financing Requirements for 47 Low-Income Countries.* Paper prepared for the Accelerating Action Toward EFA Conference, Amsterdam, April 2002.
――― (2003). *Progress Report and Critical Next Steps in Scaling Up: Education for All, Health, HIV/AIDS, Water and Sanitation.* A synthesis report prepared for the Development Committee, DC2003-0004/Add.1, April 3, 2003.
――― (2004). *World Development Indicators 2004.* Washington, D.C.: The World Bank.

第2章　EFA をめぐるパートナーシップの課題
―― 組織間・アクター間の政治的力学

西村　幹子

はじめに

　本章では、1990年代からの国際教育協力と同時期の有力な開発援助理念である「パートナーシップ」との関係について考察したい。2005年のパリ宣言[1]に見られるような援助効果の向上を目的とした、援助機関、被援助国政府、民間セクター、非政府組織(NGOs)、市民社会といったさまざまなアクター間のパートナーシップの必要性は今や国際的な規範となりつつある。この傾向は、万人のための教育(Education for All: EFA) 世界会議が開催された1990年頃を起点として形成された認識枠組みであり、多くの国際的な政策文書において強調されてきた考え方である (WCEFA Secretariat, 1990; DAC/OECD, 1996; World Bank, 2000; DFID, 2003; USAID, 2003)。

　しかし、この「パートナーシップ」は政策論としては多く登場するものの、具体的な形成・実施方法や形態については明示されていない場合が多い。そのため、その効果や政策的な含意を含めて分析的考察は未だ十分になされていない段階である。政府とのパートナーシップという意味において NGO セクターの活性化に資する国際援助や市民参加の役割といった分野に関する著作は多くあるが、より多くのアクターを含む広義のパートナーシップに関して分析した文献はあまり存在していない (Arnove with Christina, 1998; Ratcliffe and Macrae, 1999; Moulton and Mundy eds., 2002)。

　第1章で述べられているように、EFA という概念と目標については、少なくとも道義的な意味での国際的合意は得られている。しかし、そもそも社会的、経済的、政治的地位が異なるさまざまなアクターが活動する国際教育協力において、仮に全員が同意する EFA という目標があったとしても、それ

を達成するために平等なパートナーシップを確立させるということは可能なのであろうか。あるいは、EFAをめぐるパートナーシップとは各々のアクターにとってどのような意味を持ち、どのような場合に成立するのであろうか。

本章では、EFAをめぐる国際教育協力の中で、パートナーシップを形成・実施するにあたって課題として出てくる諸問題について批判的な視点から考察することにより、「パートナーシップ・パラダイム」の限界を指摘し、今後の展望として持つべき視座を提供することを目的とする。まず、次節では、そもそも一般的にパートナーシップとは何を意味するのかという問いに対し、これまで試みられてきた定義とEFAにおける特徴を考察する。第2節では、このパラダイムの歴史的背景を概観する。第3節では、多様なアクターの間で繰り広げられるパートナーシップの課題について、援助機関と被援助国間、援助機関間、被援助国内、組織対個人、という点から類型化し、各形態の問題点について理論的、実践的な視点から分析する。以上を踏まえ、最後にEFA達成のためにパートナーシップのあり方をどう見直していけばよいのか、について暫定的な提言を行うこととする。

1. パートナーシップとは何か

(1) 学際的な定義

パートナーシップの概念は、組織論の「社会的パートナーシップ」に起源があると言われ、複数の異なったセクターで活動する組織が共通の目標を達成するために相互にかかわる協同的な行為であると定義されている（Waddock, 1991）。パートナーシップとは何か、という問いは一般に教育、保健・社会サービス、ビジネスなどの学際的な領域において投げかけられ、定義づけられてきた。その定義の傾向としては、「協力」や「協同」よりもさらに一歩進んだ行為であると言われる（Mullinix, 2001）。**表2-1**はパートナーシップの定義について、代表的な分野でどのような定義づけが行われてきたのかを示したものである。

パートナーシップの定義は多岐に及んでいるが、共通点としては、第一に、

表2-1 パートナーシップの定義

分野	定義	定義の特徴	出所
教育	相互の信頼、率直なコミュニケーション、共通の目標、柔軟なガバナンス、積極的な緊張感、相互に問いかける文化が必要なもの。	パートナーシップの厳密な定義よりも、その効果を高めるための諸要素に注目。	Patterson, Machelli, and Pacheco (1999)
保健・社会サービス	1人、1グループ、1組織では達成できない目標をともに達成するための2人以上の人、グループ、あるいは組織による提携で、共同会員としての権利、民主的参加、責任分担を特徴とするもの。	努力、投資、労働、スキル等がすべてのアクターに要求されるとする点、対立、反対、連帯のための変化を受容する点において、委員などの選出、協力、協同とは異なると主張。	Poole (1995)
ビジネス	利益のためにビジネスの共同経営者としての関係を続けることを合意する諸個人の提携。官民の場合は、表面的な友好関係以上の相互尊重の育成を必要とするもの。	正式な文書を交わすことが前提。官民間の場合には、官と民が平等なパートナーである場合とどちらかが主導権を握る場合の多様性を認める。	Winicur (1993) および Larkin (1994)
その他一般	痛みと利益を伴い、コミットメントと投資が要求されるもの。考え、知識、財源を出し合うことにより、サービスの供給により一貫性を持たせ、効果的な実施を可能とするもの。	柔軟性と説明責任との間、リーダーシップ、専門性、参加の間、合意と多様性の間でいかにバランスを取るかに注目。	Balloch and Taylor eds. (2001)

出所：表中の出所に示す文献より筆者作成。

　パートナーシップとは、基本的には共通の目標にしたがって、互いの利点を認め合いながら労力、資金の側面において負担し合う関係であるという点が挙げられる。共通の目標を持つだけでなく、一定の負担が必要であるということは、協力や協同よりも相互依存性が強いということを表している。第二に、パートナーシップは合意や共同作業だけでなく、時に対立や反駁する場合があるという点が挙げられる。つまり、同等の負担と発言権を持って対立する場合には、相互の調整が必要であり、時と場合により主導権争いや不均衡な責任や権利のシェアが行われることもある。

(2) パートナーシップの理論的根拠

　パートナーシップを形成するにあたり、さまざまな利害関心を持つアクターはさまざまな動機を持つと考えられる。先述したような一般的な集団と

してのパートナーシップは、開発努力の効果や効率性を強めたいという願望のもとにその構築が目指されるものである。この意味でパートナーシップは、意思決定過程を公開することで持続的に公共の利益を追求することができる唯一の手段とも言われる (Brinkerhoff, 2002)。しかし、おそらく最も現実的かつ強力なパートナーシップの動機は、そこから自分が得られるものは何か、という自己の利益であろう (Bray, 1999)。

表2–2は、開発援助という視点から、各アクターにとってのパートナーシップの利益とリスクについてブリンカーホフ (2002) が提示したものをまとめたものである。これによると、各アクターは潜在的に補完的であるが対立しうる異なった期待を持っている。

援助機関は援助効果を高めるために現地への適応性、社会関係資本、そして専門性を高めることによってパートナーシップを強化しようとする。またそれによって政治的な環境の中で善良な意図を創造しようとする。他方、リスクとしては、パートナーシップのために必要な自らの組織改革のための能力構築にかかる投資とパートナーシップにまつわるさまざまな交渉の結果として、満足のいく結果が得られない場合があるということが挙げられる。被援助国政府は、情報や技術の共有、費用の節約といったパートナーシップの利点を活かして開発目標を達成し、政府自らの正当性と政治的利益をさらに強化することが可能であると考える。その一方で、敵対する組織や援助機関との対立、またそれらからの圧力にさらされるリスクやよりオープンで民主的になった公共サービスの運営方法を通して、あらゆる意味で膨大な要求が寄せられるというリスクがある。また、たとえばEFA達成のための効率的、効果的なオペレーションのためには、教育省、財務省、保健省などの連携が必要であるが、組織間の参加に対する消極性、いわゆる「縄張り意識」もマイナスに作用する場合がある。

市民社会から見た場合のパートナーシップの利益とリスクについては、別の意味でのトレードオフの状態が存在する。まずNGOsとしては、一方で能力と資源を拡大するという意味では利益があるが、他方で住民からの距離ができ、元来持っていた使命や柔軟性を失い、官僚化や汚職といった芳しくな

表2-2 パートナーシップの利益とリスク

アクター	利益	リスク
援助機関	○ 現地の条件にプログラムを合わせ、資源を調整し、より有意義なインパクトを得る可能性 ○ 社会関係資本の創造 ○ コミュニティと接触し、問題を提示できること ○ 援助機関の技術的な専門能力と応用方法の理解の促進 ○ 政治的しがらみの中における善意の創造	○ 組織の能力構築における多大な投資 ○ 長期にわたる交渉の必要性 ○ 結実することは少なく、ステークホルダーの批判にさらされる可能性
政府	○ 開発目標を効果的に達成し、市民の生活を改善することができる潜在的な可能性 ○ 情報と技術の享受および費用の節約による効率性と効果の促進 ○ 選挙のための宣伝効果と税収額の最大化 ○ 正直な政府としての信頼度の上昇と制度的能力の向上	○ 自らの正当性に対する政治的脅威となる敵との協同作業 ○ 要求の程度や多様性に対応できない可能性 ○ 資源をNGOに取られる可能性 ○ NGOを通した援助機関からの圧力に対応する必要性 ○ 意思決定に他の組織が参加することに対する自らの消極性／無気力感
非営利組織（NGO）	○ 援助効果、影響力の増大 ○ 活動量とその範囲の拡大 ○ 権力を持つ個人とのコンタクトを構築する機会の拡大 ○ 財源および情報源へのアクセスの拡大 ○ 各種の能力強化に関する利益の享受	○ 自らの組織の官僚化 ○ 利他主義や情熱から先端技術や経営手法への組織の性質の転換 ○ 援助機関への財政依存 ○ 短期的な計画や努力とNGO本来の住民に対する長期的コミットメントの間の対立（リスクを嫌うあまり住民たちの意見を聞かなくなる可能性） ○ 財源過多による汚職、浪費 ○ 他のパートナーに起因する財政支援、実施の遅延
コミュニティに基盤をおく組織（CBO）	○ 個人、家族、グループ全体の生活の質の改善 ○ マンパワー、技術、組織的な対外関係の発展 ○ 協同作業できるパートナーの開拓	○ 住民からの距離の拡大 ○ 社会的、政治的抑圧
民間セクター	○ 政府および財団等のキープレイヤーへのアクセスおよび交渉能力 ○ 企業に対して批判的なグループとのコミュニケーション、関係の改善、対立の解決 ○ 新たな市場への参入、投入、業務処理費の削減とそれらの過程における効率性の向上 ○ 製品とサービスの質の改善 ○ 組織的な学習 ○ 善良な意思の強化	○ 慈善事業から利益を上げていることに対する批判 ○ 企業の評判を落とすようなパートナー機関の言動 ○ 長期的投資の必要性 ○ 他のパートナー機関の都合による事業実施の遅延

出所：Brinkerhoff, 2002, pp.47-71 より筆者作成。

い組織的な特質を持つようになるかもしれないというリスクがある。コミュニティに基盤を置く組織（Community-Based Organizations: CBO）は、さまざまな組織とのパートナーシップによって人員の能力開発や技術、組織的な対外関係を発展させることにより、自らの目標を達成し、人々の生活水準を改善することができるかもしれない。しかし、他方でパートナーである協力組織の意図により影響されることとなり、住民からの距離が広がり、場合によってはパートナー機関からの抑圧を受けるというリスクを負う可能性がある。

　最後に民間セクターがパートナーシップから得られる利益としては、新たな事業への参入、新たなネットワークの獲得、そして自らのサービスの改善と評判の上昇が挙げられる。他方、長期にわたる投資に伴うリスク、パートナーの非効率性あるいは能力不足により市場での企業自体の評判を下げるかもしれないというリスクがある。

　このようなアクターごとの利益とリスク分析は初期のパートナーシップに対する動機を説明するのには役立つが、パートナーシップの相互作用的な性質を見逃しているという意味で限界もある。援助機関と被援助国の関係、被援助国内、援助機関間という文脈における政治的な次元を巻き込むパートナーシップのあり方については、国なら国、援助機関なら機関同士の中でもさまざまな取引と行動の選択が行われている。たとえば、援助国と被援助国、そして援助機関間のパートナーシップについてより詳しく見てみると、政治的な動機は特に重要であることが分かる。援助機関は利他的な意図だけで資金や技術を提供しているのではなく、彼らのイデオロギーを移転しようと試みる傾向がある。あるいは特定の政治的アクターの権力や地位を強化する、軍事的な同盟を守る等の政治的な理由のために特定の支援を行うことは珍しくない。被援助国側から見れば、パートナーシップに向かう動機は市場あるいは資源へのアクセスや政治的な安定を確保するという意味では集団として現れる場合もあるが、他の集団に対する権力と地位を確立するためといった政治的なアクターの個人的な関心がパートナーシップに向かわせる場合もある。また、コラプション（汚職よりも広義）の問題は、パートナーシップの形成の上で最も深刻な問題のひとつである。教育分野においては教科書を購

入する過程や教員の給与を送金する過程で組織的にも個人的にも起こりやすい。パートナーシップをめぐる関心は組織レベルと同時に個人レベルにおいて、援助機関と被援助国内、そしてその間にあるものとして捉えることの重要性を示唆するものである。

(3) 国際教育協力におけるパートナーシップの特徴

開発援助において、教育分野は新しい取り組みを試す実験台として最も利用される分野である。これは、第1章で述べられたような人権としての教育の価値を幅広い国際的なアクターが見出しやすいこと、国内においても教育に対する需要や要求は高く、政治的にも利用されやすいこと、構造上も参加するアクターが学校を中心として比較的特定しやすいこと、などの複合的な要因によるものであると考えられる。したがって、本章においては、パイオニア的な取り組みが展開される教育分野におけるパートナーシップの実態を考察するために、EFA をめぐるパートナーシップを事例として取り上げる。

国際協力に特有のパートナーシップは、組織的および政治的な影響を受けやすく、理想的な平等なパートナーシップは実際的ではないと言われている (Bray, 1999; Brinkerhoff, 2002)。政策等で謳われているパートナーシップと実際に行われている援助協調の実態が一致し難い状況にあるというのである。確かに、国際教育協力という文脈においては、組織的あるいは政治的な制約が多く、不平等な力がパートナーシップの性質や形態を規定することがある。このためパートナーシップの定義によって理想とされる対等な関係という前提は、有用な分析の枠組みとはなりにくい。つまり、比較的平等な権限を持ったアクターが共通の目標を達成する、あるいは自らの利益に直結するものに対して投資するという積極的な参加の形態としてのパートナーシップという意味合いは、援助機関と被援助国という関係や被援助国におけるさまざまなステークホルダー、さまざまな援助機関間における政治的な関心を見落としているのである。

このような点を踏まえ、ブリンカーホフ (2002) は、相互性と組織のアイデンティティというパートナーシップを成功に導く2つの次元を提示している。

相互性とは相互理解や信頼だけでなく、相互の権利と責任という意味において互いに依存している関係にあるかどうかである。組織のアイデンティティとは、組織が一貫してそのミッションや価値観、有権者や顧客にコミットし、組織としての特徴を維持しているかどうかを問うものである。この2点において揺らいでいるパートナーシップは実態としては成立し難いという。国際教育協力においては、さまざまな国のさまざまなレベルの組織や人を含むパートナーシップが想定されるため、その実際的な運用はより多くの困難を伴う。こうした多様性の中で、バロックとテイラー（2001）が言うように、柔軟性と説明責任との間、リーダーシップ、専門性、参加の間、合意と多様性の間でいかにバランスを取るかが重要になってくる。

2. EFA達成のためのパートナーシップの歴史的背景

一般に、国際援助におけるパートナーシップは30年以上の歴史を持っていると言われる（DFID, 2003）。しかし、なぜ1990年代からパートナーシップという言葉がより頻繁に強調されるようになってきたのであろうか。それを理解するためには、1990年代からのポスト冷戦の状況の中で開発途上国（以下、途上国）で政治的民主化が推進された経緯、さらに対語のように使われるオーナーシップの用語を理解するとともに、開発援助の歴史的背景を顧みる必要がある。

第二次世界大戦後から1960年代までの途上国の独立期は、戦後の世界秩序や新たに独立した国家の発展をどのように導いていくのかを考える上で、開発援助の勃興期としても期待と希望に満ちた時代であった。この時期は概ね西欧諸国をモデルとする近代化、政府中心の公共政策、経済成長を柱とした開発政策が採られた時期でもある。しかし、1970年代の石油ショックとそれに続いた世界的な経済成長の停滞、1980年代の開発の「失われた10年」を経る中で、多くの途上国においてそれまで取られてきた開発政策が問われることになった。教育においても、1980年代にはサブサハラアフリカ諸国を中心とする途上国の多くで初等教育の就学率が実質低下し、財政難のため

学校教育システムそのものが混乱に陥った。こうした現状に直面し、援助機関もそれまで行ってきた支援に対する成果が現れないことに対して苛立ち、いわゆる「援助疲れ」に陥っていた (Clark, 1990; Salamon, 1994; Buchert, 2002)。また、先進国内においても、そもそも途上国であれ、先進国であれ政府に国内の社会サービスを拡大し続けるだけの能力があるのか、という疑問が投げかけられていた (Mundy and Murphy, 2001)。これらの苦難と問いが、途上国の経済発展と援助効果のためのより良い代替案を再考する契機となっていったのである。

　こうした背景を受けて1980年代後半から現れたそれまでの開発のアプローチへの代替案のひとつが「自助努力への援助」や「参加型開発」という概念である (Salamon, 1994)。なかでも1990年代に入って市民社会や非政府組織 (NGO) の役割が関心を集め、地球規模のネットワークの構築、より現場に近い経験、柔軟性、メディアへのアクセス、非営利という性質等の NGO の特徴が社会サービスの提供において優れていると認識されるようになった (Clark, 1990)。また、開発援助機関が途上国のガバナンス（国内の統治）[2]の状態を改善するために援助を供与する方針を定めたことで、グッド・ガバナンス（良い統治）に関心が集まるとともに、1990年代のケニアのように政府のガバナンスの状態が悪いときには市民社会や NGO に支援対象をスイッチする作戦も取られた。

　もうひとつの開発の代替案は、「オーナーシップ」と「パートナーシップ」という考え方である。これは、途上国政府と援助機関、援助機関同士などに当てはまる概念として出てきたものである。冷戦時の援助は、援助がどこまでいっても手段であったのに対し、1990年代に入ってからは援助が貧困削減を実現する目的に位置づけられたことがこの関係の変化に影響した。オーナーシップとパートナーシップという概念は、それまで一般的であった援助する側あるいは受益者と依頼人あるいは顧客という関係を超えて、共通の目標をシェアするという発想の転換を意図したものであった (DFID, 2003)。

　1990年の EFA 世界会議は、まさにこうした国際的なパートナーシップ・イニシアティブのマイルストーンである[3]。1990年からの EFA アプローチ

は第1章で述べられたような教育を人権として捉える視点が普及し、まさにEFAのためのパートナーシップが可能となったことの象徴である。実際、国連教育科学文化機関(UNESCO)、国連児童基金(UNICEF)、国連開発計画(UNDP)、世界銀行の各国際機関の共同主催により開催された同会議には、165カ国の政府代表ばかりでなく、137のNGO代表などが参加し、質の高い基礎教育を受ける機会を世界のすべての子どもたちに提供するという共通の目標に対してコミットすることを確認した。より良い開発アプローチを求めるという国際社会の動機が、援助機関、被援助国政府、先進国および途上国の市民社会の多面的なパートナーシップという考え方につながっていったのである。

しかしながら、EFAを中心とした国際教育協力におけるパートナーシップは、現実味を帯びたものというよりも実際には非常に曖昧な理想として描かれている。国際機関や援助国政府の文書を見ると、パートナーシップという政策についての記述は、各アクターの参加の度合いや権限委譲の程度、各アクターに与えられた権限については曖昧なものに留まっている (UNESCO, 2000; DAC/OECD, 1996; Ratcliffe and Macrae, 1999; World Bank, 2000, 2001; CDF Secretariat; DFID, 2003; USAID, 2003)。被援助国のオーナーシップや民間／非政府セクターに対する支援は、援助の構造的な変革を意味するものとしてよりも「善良な意図」として記述されている。存在する政策文書はみな、民間や非営利セクターの参加が増加することで誰が権限を失い、誰が権限を得ることになるのか、あるいはパートナーシップにより援助機関と被援助国あるいは被援助国内のさまざまなアクターの相互関係がどのように「変化」するのかといった核心に迫った示唆を打ち出す文書とはなっていない。

EFAに関して言えば、2000年に採択されたダカール行動枠組みでは、EFAのためのアドボカシー、モニタリング、知識の形成と共有に関して参加型のメカニズムの必要性が強調されているが、具体的になぜそうしたメカニズムが必要なのか、またどのように形成される必要があるのか、についての記述が不足している(UNESCO, 2000)。また、近年、EFAを達成するためのアプローチとして多くの途上国において取り入れられている教育改革・計画に対するセクター・ワイド・アプローチ (Sector-Wide Approaches: SWAPs) は、過去の国際

教育協力の失敗を認めた上で、効果的なパートナーシップが不可欠であるという姿勢を貫いているが、実際の実施過程における効果はほとんど報告されていなかった (Ratcliffe and Macrae, 1999; Mundy, 2002)。

その他の国際教育協力における政策文書や学術論文においては、パートナーシップの必要性は、国際教育協力における財政支援の政治的な次元において強調されている。つまり、パートナーシップは、ニーズや財政と開発課題のギャップを埋めるためだけではなく、むしろ教育協力を効果的に行うための政策的な環境としてその必要性が訴えられている。たとえば、ウィンドハム (1994) は債務救済、援助のファンジビリティ（資金の流用可能性）、コンディショナリティ（借款の政策付帯条件）、冷戦後の政治的環境の変化といった深刻な問題に対処するため、国際教育財政のための新たな構造として、①国際レベル、地域レベル、国レベルにおいて教育プロジェクトあるいはプログラムの構造、デザイン、評価の改善のためのNGOとの効果的なパートナーシップ、②援助機関と被援助国の平等な関係、③地域的な教育関連組織の協力、の3つが必要であると説いている。また、リッツェン (2003) は、国レベルにおける強固なコミットメントやオーナーシップのためのニーズを際立たせるため、政策的ギャップという概念を用いて国の教育の状況を分析することを提案している。しかしながら、これらの議論もまたアドボカシーのレベルに留まっており、パートナーシップの概念が実際にどのように各パートナーや国際教育援助の政策や実践に影響するのかについての実証的な根拠は示されていない。

以上のように、EFAをめぐる国際的な政策文書は、過去の援助の失敗という反省に基づき新たにパートナーシップ・パラダイムに移行することを提案しているが、こうしたパートナーシップに関する政策的な議論は教育セクター内部の実証的な根拠や賢固な理論的背景に裏づけされたものとは言えないのである。だからこそ、教育プロジェクトあるいはプログラム、教育改革の実施過程においてパートナーシップがどのような意味を持つのかを示せずにいる。さらに、これらの政策文書は援助機関の見解を代弁したものである場合がほとんどであり、各アクターの見解について平等に記したものではな

い。したがって、異なる利害関心を持つ各アクターによってパートナーシップがどのように捉えられうるのかをより詳細に分析することが必須である。

3. パートナーシップの類型と実際的な諸問題

(1) 類型の視角

先述した通り、パートナーシップに関する既存の文献は、EFAをめぐるパートナーシップを分析するにあたり十分な視角を提示していない。なぜなら、それらは各組織の政治的側面と組織的側面を見落としているからである。

EFAにかかわる組織は多様である。それらは、途上国政府（教育省、財務省、保健省等）、援助機関（多国間援助機関、二国間援助機関、非政府援助機関）、途上国における非政府組織、民間組織、一般市民などを含む。これらの組織は、お互いに交換関係に基づいてパートナーシップを形成する。交換理論では、人々あるいは組織は、お互いの利益になるという信念に基づいて交換関係に参加するとする（Baldwin, 1990; Chadwik-Jones, 1976; Huston and Burgess eds., 1979）。したがって各組織について分析する場合には、必ずパートナーシップを組む相手の行動についても分析する必要がある。その際には、実際の交換関係においてどのような相互関係のダイナミックスがあるのかを観察する視点（機能的視点）、交換行為に関する文化的な性質や規定がどれだけ行為そのものに影響しているのかを分析する視点（規範的視点）、社会的な関係がどれだけ交換行為に影響しているかを測る視点（構造的視点）に注目する。

政治的には、すべてのアクターについて、①想定される費用でどの程度の政策あるいは報酬を欲しているか、②交換して得られるものを手に入れるためにどの程度自らを犠牲にしようという意思があるか、を分析する必要がある（Curry and Wade, 1968）。そして、ある目標を達成する場合に、目標を達成するために必要なサービスを得るために特定の人々が他の人々に極端に依存するようになると不平等な権力構造が生まれるとする（Homan, 1961; Blau, 1964）[4]。

EFAに参加する組織は、さまざまな特徴を持っており、構成員もさまざまである。この点において組織論が提案するように、組織の目標と個人の動

図中:

国際教育協力における交換関係としてのパートナーシップ—相互依存、平等、不平等
- 援助機関間
- 援助機関と被援助国
- 被援助国内
- 組織対個人

- 社会文化的、経済的、政治的文脈
- 組織文化規範・信念
- 組織の意思決定メカニズム

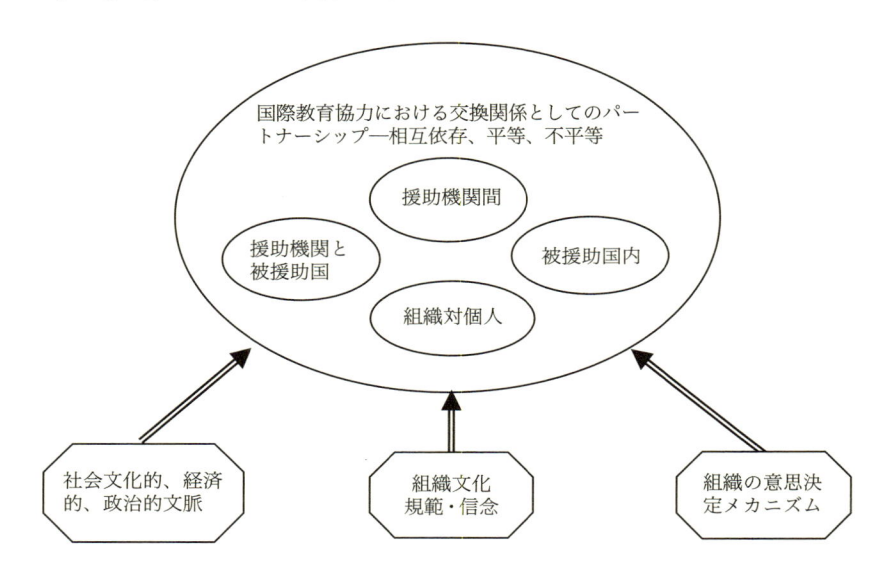

図2-1　パートナーシップの概念枠組み
出所：筆者作成。

機を区別し、異なった組織の機能について分析することが肝要である（Scott, 1987）。また、組織の内部化された信念や規範を含む組織文化や組織を取り囲む社会文化的環境も重要な分析的視角となる（Scott, 1987; Meyer and Scott, 1992; Scott and Christensen eds., 1995）。

以上のような視点に立つと、国際教育協力におけるパートナーシップに関する分析枠組みは図2-1のように構成することができる。一見一元的なパートナーシップの概念は、実は援助機関と被援助国間、援助機関間、被援助国内、組織対個人といった各レベルの関係という多次元の交換関係により成り立っていること、そしてそれらの異なった性質をつかむことが重要である。また、各々の関係はそれを取り囲む社会文化的、経済的、政治的文脈や組織文化、組織の意思決定メカニズムに影響されると考えられる。

(2) 援助機関と被援助国の関係

援助機関と被援助国の交換関係については、多くの文献が援助機関側に

より権力が集中した不平等な関係について記述している。批判論の多くは、1990年以降も国際援助における構造的な政治的文脈に変化がないため、パートナーシップはおよそレトリックに留まっており、過去の不平等な交換関係と何ら変わりはないとする。たとえば、マックギン(2000)は、パートナーシップという概念そのものは植民地時代から脱却した新たな若いリーダーや為政者たちの平等な世界観を反映したものであるという側面と、被援助国政府とリーダーシップを共有することにより1980年代の構造調整の批判を緩和するという二国間援助機関および国際機関の意図により生まれたものであるとする。しかし、パートナーシップという新たな援助形態の実態は、植民地時代の標準化された教育システムと根本的にはなんら変わりはないとする。また、クリース(2001)も、パートナーシップの実際について、根本的に不平等、不公平、抑圧的な関係を「相互性のあるパートナーシップ」に変革するために必要と考えられる意見の対立、葛藤、団結した行動が不足した関係となっていると指摘する。実際のパートナーシップは、「皆ですべて一緒にやろう」と言いながら「犠牲者を責める態度」になっているという(Ibid.: 7)。サモフ(1999)は1990年代に行われたサブサハラアフリカの教育セクター分析報告書を分析し、これらが複数の国にわたって画一的になっている背景には、これらが援助国と被援助国の一部のエリートによって作られたものであるためであると批判する。そして、こうした背景には国民的な参加、権限の行使やオーナーシップを抑制する力が働いているのではないかという。

1990年代において実施された22の教育セクタープログラムを分析した実証的な研究においても、EFA世界会議で言われたパートナーシップは、実際には被援助国政府には実質的な影響力がない一方通行の形式になっていることが指摘されている(Foster, 2000; Brown et al., 2001)。フォスター(2000)によれば、援助機関と被援助国政府が合意する場合、あるいは政府がより援助機関に主導権を取ってもらおうとする場合には、ともに作業するという協力的な関係が生まれるが、双方の意見が対立した場合、その調整には援助機関の意向がより強く反映され、政策や優先分野についての政府の見解を修正することになるという。この意味で、構造調整時代のコンディショナリティとオーナー

シップとパートナーシップという新しいスタイルの違いは実際には非常に希薄になっていると指摘されている。

　援助機関と被援助国内におけるNGOsや民間セクターとの交換関係としてのパートナーシップにはより理論的な説明が可能である。1990年代初頭に「新たな政策議題(New Policy Agenda)」と呼ばれた新自由主義経済理論(neo-liberal economic theory)と自由民主主義理論(liberal democratic theory)は、経済成長を達成し、人々に最良のサービスを提供するためには市場と民間の主導が最も効率的であること、そしてNGOsや草の根組織による民主化と市民社会の形成がこうした経済的な成功には不可欠であることを唱えた。つまり、援助機関は非効率、困難かつ腐敗した被援助国政府を避け、NGOsや草の根組織という代替の経路を通して援助機関のアジェンダとイデオロギーを移転することに利益を見出したのである。しかしながら、実際には、途上国政府による汚職は後を絶たなかった。

　このように、既存の文献においては、援助機関と被援助国との交換関係は、援助機関の政治的、イデオロギー的な関心と被援助国エリートの政治的経済的利益によって特徴づけられていることが示唆されている。被援助国政府は援助機関との合意に達しない場合、発言力を失う傾向があることも指摘されている。この意味において、EFAをめぐるパートナーシップの議論は、既存の援助の構造的、政治的、財政的文脈に規定されており、交換関係を変えるには至っていないことが読み取れる。

(3) 援助機関間の関係

　援助機関間の政治的に微妙な性質を反映してか、援助機関の交換関係に関する文献は数少ない(笹岡・西村, 2006)。フォスター (2000)は、パートナーシップの政策のもとではグローバルなレベルから現場のプロジェクトレベルまで随所で援助協調が行われており、援助機関は各プロジェクトを運営することよりも、教育セクターの政策の全体的な方向性に関して発言するようになったため、援助機関間の交換関係がより鮮明になったという。他方、クリース (2001)はパートナーシップの名のもとにおけるセクタープログラムに関する

合意を強制することにより、援助機関の力をより強く、また単一化したものにしていると分析する。また、こうした環境下においては、援助機関で構成するコミュニティの中でも調整が難しく、不均衡な力の配分が行われているとする。

実際、セクター・ワイド・アプローチ（SWAPs）に関するケーススタディは教育援助の現場で起きている援助機関間のパートナーシップの問題点を指摘している。たとえば、ブルキナファソ、ガーナ、およびモザンビークに関する実証的な比較分析によれば、パートナーシップの運営にあたっては、援助機関間の関心やイデオロギーに裏打ちされたさまざまな構造的な障害があり、共通の努力に結びつかないことが多いと報告されている（Buchert, 2002）。そこでは、イギリスの国際開発庁（Department for International Development: DFID）などの欧州の大規模な二国間援助機関や世界銀行等の主要な国際機関は、目標や意図を大々的に表明し、他の援助機関のアイデンティティや優先事項には応じず、ピアプレッシャーを創り出すという行動を取っている（Foster, 2000）。したがって、パートナーシップという政策においては、援助機関間のプレゼンスや影響力という意味での不平等な交換関係があり、その関係の中ではよりマイナーな援助機関が組織的、政治的な葛藤を強いられることとなっていることが指摘されている。

(4) 被援助国内の関係

被援助国内における国際教育協力のパートナーシップという交換関係に関しては、既存の文献は市民社会にとっては利益よりも損失の方が大きいことを示唆している。以下は、理論的、実証的な文献に見るパートナーシップの根拠と実際的な関係である。

1. 理論的根拠

政府と民間あるいは非営利団体との等しく補完的な関係を是とする論者たちは、双方の弱点を克服するためには交換関係を通して各々の利益を追求することが不可欠であると主張している（Salamon, 1995; Arnove with Christina, 1998;

Brinkerhoff, 1999）。政府には市民社会からの投入に応えるだけの意思と能力が必要であるが、民間のアクターたちも効果的な公共セクターのパートナーを求めているという。現実には非営利セクターは政府に対して時と場合に応じて補充的、補完的、敵対的な役割を果たしており、それらは相互に矛盾するものではないとされる（Young, 1999 in Boris and Steuerle eds.: Brinkerhoff, 1999）。

　こうした視点は、理論的にもボランティアの失敗理論（voluntary failure theory）や教育財政の需要過多・需要分化モデル（excess demand and differentiated demand model）によって支持されている。まず、ボランティアの失敗理論においては、非営利セクターを従来からある、いわゆる「市場の失敗（market failure）」や「政府の失敗（government failure）」を補完する役割と位置づけることは間違っていると指摘する（Salamon, 1995）。むしろ、「ボランティアの失敗（voluntary failure）」もありうることを視野に、三者の関係を優劣ではなく相互依存の関係として捉えることが重要であるという。

　教育財政の理論では、公共セクターと民間セクターのパートナーシップについて2つのモデルが示される（James, 1995）。一つは公共セクターのサービスデリバリー能力が小さい場合に、民間セクターがそのギャップを埋める役割を果たすという需要過多モデルである。もう一つは、民間セクターは、人々のさまざまな教育ニーズを満たし、教育の選択肢を広げる役割を果たすとする需要分化モデルである。これらは、民間セクターの役割に注目しながらも、公共と民間の両セクターが相互補完的にサービスを提供することができることを提案している。

　これらの議論とは反対に、政府と民間あるいは非営利セクターの交換関係は構造的に不平等、あるいは潜在的に非常に政治的であるというのが契約理論（contracting theory）である（Smith and Lipsky, 1993）。この議論の論点は、契約行為が行われると、政府はその関係に対して支配的になるとする点である。これは、政府の安定性は非営利団体との契約に脅かされるものではないが、非営利団体の存続は公共セクターとの契約に依存するという状況が生まれるためである。契約理論によれば、こうした交換関係により、非営利団体は自治権や設立の趣旨を犠牲にして契約を得ることになる一方で、政府はコスト削

減や自らの責任を非営利団体に押しつけることによって利益を得るという。

　こうした批判的な視点は、国際教育協力の分野においても指摘されている。1990年代から強調されてきたパートナーシップは、新自由主義政策に影響され、公共セクターの役割を軽視し、政治的な意思決定過程においても不平等な発言力を認めることになったとする視点は珍しくない。その結果、そのようなパートナーシップは多くのNGOsや市民社会組織の重要な発言力を弱めるに至ったという (Klees, 2001)。また、NGOsや市民社会組織は、政府や援助機関と契約を結ぶことにより、政府や援助機関に対する説明責任 (Accountability) と自らが働く目的となる人々に対する説明責任の両方を抱えるという多重説明責任 (Multiple Accountability) に悩まされることになる (Edwards and Hulme eds., 1996)。国際教育協力の場合には、特に多くの国にわたる機関を巻き込むことになり、実際に受益者と資金提供者が同じ国に拠点を置かないことも多く、説明責任の多重性は複雑を極めるため、その機能はさらに複雑かつ困難な局面に直面することが示唆されている。

2. 実証研究に見る関係

　実証的な調査結果は、国際教育協力の場において根本的な制度的な変化を伴わないパートナーシップ政策の結果は、その意図に反して曖昧な実施と民間あるいは非政府セクターの発言の減少につながるとしている。この曖昧さの度合いは、個人レベル、組織レベル、国レベルのイデオロギー、価値観、文化の違いによって規定されるという。たとえば、ベナン、エチオピア、ギニア、マラウィ、ウガンダにおける定性的調査結果によれば、1990年代の政府と民間／非政府セクター／市民社会とのパートナーシップの名のもとに実施された教育改革においては、中央政府と援助機関の強いコントロールを伴った「構造的な上位下達戦略」として極めて権力の集中が見られたと報告されている (Moulton and Mundy eds., 2002)。これらの調査研究は、政策の有無だけでなく、アクターの態度や意思決定権にまつわる譲渡する意思の重要性を示唆している。つまり、中央政府や援助機関が自らの権限を地方政府や市民社会に委譲する意思や政治的配慮を十分に持たないことにより、ステークホ

ルダー間における権限の分配や態度の変容をきたしていないことが指摘されている。

　モルトンとマンディ（2002）はまた、サブサハラアフリカにおける国家政治的文化に着目し、市民の意見を取り入れ、政策形成過程に反映するという先進諸国に見られる政党や利益集団が弱いことを指摘している。また、政治的、行政的主導者が市民参加をしばしば非合法あるいは非効率と考える傾向があることも取り上げられている。したがって、個人的、組織的、国家的価値、文化、前向きな意思がパートナーシップ政策の形成と実施を決定づけるようである。

　その他の実証的な研究は、組織のイデオロギーの対立や利害がパートナーシップの度合いを弱めるケースがあることを報告している。たとえば、ブルキナファソ、ガーナ、モザンビークにおける教育改革では、組織の不均衡な経済的、政治的権力のために、比較的大規模なNGOsや中央政府官庁などの力のある組織のイデオロギーや価値観がより小規模なNGOsや市民社会組織のそれらを覆すことがある（Buchert, 2002）。ネパールの研究においても、大規模な政府や国際機関が教育改革について相談し、主導することが最良であるかのような認識の前提のもと、知見のある質の高い、経済的には小規模な組織が教育開発政策の企画や実施に参加することを阻まれることがあることが指摘されている（Maslak, 2001）。

　こうした意思決定権の偏りが、教育改革の実施の現場に大きな障害を及ぼすことがある。市民個々人は政策を実施することにエネルギーを集中させようとしたとしても、地方の役人は中央で決められたより大きな政策目標に資源を投入するよりも、地方の目前の組織の要求を満たすために費やす、あるいは政策を消極的に実行しないといった地方のアクターによる行動が見られることがある（Mundy and Murphy, 2002）。地方レベルで政治家や官僚の間で汚職が試みられることもある。交換関係は地方レベルにおけるステークホルダーの利害関係に実際には影響されることがしばしばである。

　これらの既存の実証研究から明らかなことは、市民社会の参加というのは一枚岩のアプローチで扱われるべきではないということである。市民社会の

中には、パートナーシップ政策のもとで交換関係により何かを得たり失ったりするグループや人々が混在している。政策文書も学術文献も被援助国側の民間や非政府セクター、市民社会を多様な存在として分析することに失敗しがちである。地元住民の参加が民主的であり人々のニーズを反映しているという前提は危険な想定である (McDermott, 1999)。反対に、地元のレベルでも政治はあり、広い市民参加を阻むことがあるのである。国際教育援助におけるパートナーシップの議論はこうした比較的大規模な組織の部分的な参加を引き起こすローカルポリティックスを見落としているのではないだろうか。

最後に、パートナーシップの実施パターンにおいては、政府と民間あるいは市民社会の間に矛盾した緊張が生まれていることを多くの文献が指摘している。たとえば、市民社会組織を政府の代替とする場合に、政府がNGOsや民間セクターを限られた資源をめぐる競争相手と考える場合がある。実際、主要援助機関の研究報告書には、援助機関が意図的に中央集権や政府の行政構造を避けてNGOsやローカルコミュニティを巻き込む場合に緊張が走るという (Ratcliff and Macrae, 1999; World Bank, 2000)。こうした緊張により市民社会の声がさらに小さくなるという道をたどる場合がある (Ratcliff and Macrae, 1999; Mundy, 2002)。

以上のように、国際教育協力における明確な制度的アレンジメントの欠如がEFA政策の実施において官民、あるいは政府と非政府組織の交換関係を成り立たせなかった側面が大きい。パートナーシップの名のもとに1990年代を通して行われた教育改革は、それらの意図とは反対に市民社会や民間あるいはNGOsの活発な参加を実現するには至らなかったというのが実証研究に見るパートナーシップの実態である。このような実態を引き起こした要因には、制度面での方法論の不足、ステークホルダーの間のイデオロギー、価値観、文化の対立、そして大規模な組織の独占を許した地域レベルの政治がある。援助機関の政策文書に見られるパートナーシップをめぐる政策は、実施に当たって重要となる政治的な側面を見落としていることがここにおいても明らかである。

(5) 組織対個人の関係

　組織対個人の関係についての文献は、おそらくデータ収集の難しさや一般化できる範囲の限定等から極めて限られている。しかしながら、数少ない文献の中でも、モルトンとマンディ (2002) およびフォスター (2000) はパートナーシップという交換関係の質を決定づけるのは個人の性格である場合がしばしばであると指摘している。このため、国際教育協力におけるパートナーシップという関係には、組織間の交換関係における一貫性、潤滑な実施、統合的なシステムを維持することが現実として困難であるという。

　たとえば、マンディ (2002) の世界銀行に関する研究によれば、世界銀行の教育支援政策は組織内部の多様性や貧困や教育への焦点という外部の圧力によって統一されてこなかったという。そしてこの組織的な制約のため、EFA の達成のために謳われてきたパートナーシップの適切な程度や貸付交渉や実施における非政府組織の参加の度合いを見極めることができないできた。世界銀行自身も、個人の行動様式、組織文化、パートナーシップの課題に関する組織的な目標との間にギャップがあることを告白している (CDF Secretariat, World Bank, 2001)。特に、途上国政府等の貸付先の貢献を明確に認識し尊重する態度や、現地の知識や能力を引き出し、相互にパートナーとして学びあうという態度は既存の組織文化には存在せず、こうした態度をもって組織文化を「信頼、開放性、説明責任、奨励、革新に基づくもの」に変革する必要があると述べている (CDF Secretariat, World Bank, 2001: 28)。

　国際教育協力の現場でも、組織の意思決定メカニズムと同時に個人の技能や意思がパートナーシップの形態を規定していると言われる。たとえば、フォスター (2000) は 22 カ国のセクター・ワイド・アプローチ (SWAPs) の導入過程に関するケーススタディに基づき、組織間の関係が個人的な技能や意思を基盤としていることを指摘している。組織が中央集権的であるときには、現地事務所の援助機関職員が途上国政府を代弁して非柔軟で懐疑的な本部と交渉するといった事態となり、パートナーシップの関係も曖昧になる場合があるという。

おわりに──結論・問題提起

　パートナーシップを交換関係と捉えた場合、EFA をめぐる国際教育協力に関する文献は、さまざまな要因がさまざまなレベルで交換関係としてのパートナーシップの性質を規定していることを示している。援助機関と被援助国の関連で言えば、多くの研究が国際援助自体の構造上の政治的な文脈が不平等な交換関係を永続させているとの見解を共有している。言い換えれば、EFA をめぐるパートナーシップ政策の導入前後における交換関係の性質には際立った違いはないことが示唆されている。また、パートナーシップの形成にあたっては、組織的な意思決定メカニズムだけでなく、現地事務所の所員の個人的な性格が大きな役割を果たしているということも確認されている。

　援助機関間の関係については、その公式な意図とは反対に、援助機関間における発言権や権力分配にばらつきがでている。パートナーシップの名のもとに、より支配的な援助機関は被援助国だけでなくやや「おとなしめ」の援助機関に対してもより大きな影響力を持つようになった。こうした最近のパートナーシップ政策は構造的、文脈的なテーマを内包しているようである。

　被援助国内におけるパートナーシップ政策下の交換関係は最も議論のあるところである。既存の理論は、公共と民間あるいは非営利セクター、政府と市民社会、権力のある大規模な市民組織と比較的小さな組織の間において、異なった社会的、経済的、政治的な文脈のもとで平等な関係と不平等な関係双方の可能性について示唆している。しかしながら、限られた実証研究においては、地方レベルの政治や組織文化が被援助国内の組織間の交換関係において誰が得て、誰が失うのかといった関係の性質を規定しており、この点において地方レベルの政治を見落としたパートナーシップ政策の欠点が指摘されている。

　個人と組織のレベルにおける議論の蓄積は未だ少なく、組織の目標、文化、態度を一貫させることに奮闘している世界銀行の例が分析されているくらいである。援助機関と被援助国の交換関係の文脈においては、個人と組織本部の見解の間にギャップが存在することは珍しくないことがいくつかのケーススタディによって示されている。個人的な技能と意思を持つ個人が特に活躍

していると言われるが、個々のケースに関する詳細な研究は不足しているのが現状である。

　EFAをめぐるパートナーシップに関する既存の研究の問題は、パートナーシップが各ステークホルダーに対してどのような効果を及ぼしているかという包括的な分析である。援助機関や被援助国をグループ化することは容易であるが、どのステークホルダーがパートナーシップによってどのような利益を得、どのような利益を失うのか、といった比較の視点が必要である。このような視点は、オーナーシップが特定の集団に帰属している場合や、パートナーシップが援助国および被援助国の特定の集団の間で成立している場合には、オーナーシップやパートナーシップの妥当性を分析するのには特に重要な視座である。さらに、EFAをめぐるパートナーシップの中でサービスを享受する国民がどのように関係のダイナミックスの中に入ってくるのかについての分析が不足している。契約や援助の執行といった需要側の要因を超えたパートナーシップのダイナミックスについては、需要側のより詳細な行動分析が必須である。つまり、国際教育協力におけるより多次元のパートナーシップの開拓といった比較の視座がこれから求められる分析の方向性であるといえる。

注
1　パリ宣言には、援助国が協力して援助効果を向上させるために、援助供与における被援助国側の政策・制度へのアラインメントや援助手続きの調和化を行う等、具体的なパートナーシップの方式が示された。
2　本章で指しているガバナンスとは、開発途上国内における統治を意味し、第1章のグローバル・ガバナンスの指すガバナンスとは異なる。
3　この考え方は、1995年の世界社会サミット、1996年のDAC新開発戦略に引き継がれる。
4　この交換理論の視点は、パートナーシップの実際のあり方について、なぜそのように帰結したのか、あるいは社会的、政治的文脈や条件によりその関係が平等であったり不平等になったりするのはなぜか、について分析する際に有用である。

参考文献
笹岡雄一・西村幹子 (2006)「ドナー・パートナーシップの構造－より効果的なパートナー

シップを目指して」秋山孝允・笹岡雄一編著『開発援助動向シリーズ4：日本の開発援助の新しい展望を求めて』財団法人国際開発高等教育機構国際開発研究センター, 59-94頁.

Arnove, R.F. with Christina, R. (1998). NGO-State Relations: An Argument in Favor of the State and Complementarity of Efforts. *Current Issues in Comparative Education,* 1 (1), 1-3.

Baldwin, D.A. (1990). Politics, Exchange, and Cooperation. In Martin, B. (ed.) *Generalized Political Exchange: Antagonistic Cooperation and Integrated Policy Circuits.* Campus Verlag: Westview Press.

Balloch, S. and Taylor, M. (eds.) (2001). *Partnership Working: Policy and Practice.* U.K.: The Policy Press.

Blau, P.M. (1964). *Exchange and Power in Social Life.* New York: Wiley and Sons.

Boris, E.T. and Steuerle, C.E. (eds.) (1999). *Nonprofits and Government: Collaboration and Conflict.* Washington, D.C.: the Urban Institute Press.

Bray, M. (1999). *Community Partnership in Education: Dimensions, Variations, and Implications.* EFA Thematic Study. Washington, D.C.: World Bank.

Brinkerhoff, D.W. (1999). Exploring State-Civil Society Collaboration: Policy Partnership in Developing Countries. *Nonprofit and Voluntary Sector Quarterly,* 28 (4), 59-86.

Brinkerhoff, J.M. (2002). *Partnership for International Development: Rhetoric or Results?* Boulder and London: Lynne Rienner.

Brown, A., Foster, M., Norton, A. and Naschold, F. (2001). The Status of Sector Wide Approaches. Working Paper no. 142. London: Overseas Development Institute.

Buchert, L. (2002). Towards New Partnerships in Sector-Wide Approaches: Comparative Experiences from Burkina Faso, Ghana and Mozambique. *International Journal of Educational Development, 22,* 69-84.

CDF Secretariat, World Bank. (2001). *Comprehensive Development Framework: Meeting the Promise? Early Experiences and Emerging Issues.* Washington, D.C.: The World Bank.

Chadwick-Jones, J.K. (1976). *Social Exchange Theory: Its Structure and Influence in Social Psychology.* London: Academic Press.

Clark, J. (1990). *Democratizing Development: The Role of Voluntary Organizations.* Connecticut: Kumaran Press.

Curry, R.L., Jr. and Wade, L.L. (1968). *A Theory of Political Exchange: Economic Reasoning in Political Analysis.* New Jersey: Pentice-Hall, Inc.

Development Assistance Committee (DAC)/ Organization for Economic Cooperation and Development (OECD) (1996). *Shaping the 21st Century: The Contribution of Development Co-operation.* Paris: Organization for Economic Cooperation and Development.

Department for International Development (DFID) (2003). Building Partnerships (Chapter 10). In DFID, *Tools for Development.* (http://62.189.45.51/DFIDstage/FOI/ tools/chapter_10.htm).

Edwards, M. and Hulme, D. (eds.) (1996). *Beyond the Magic Bullet: NGO Performance and*

Accountability in the Post-Cold War World. Connecticut: Kumarian Press.

Foster, M. (2000). *New Approaches to Development Cooperation: What Can We Learn from Experience with Implementing Sector Wide Approaches?* Working Paper no. 140. London: Overseas Development Institute.

Homan, G.C. (1961). *Social Behaviour: Its Elementary Forms.* London: Routledge and Kegan Paul.

Huston, T.L. and Burgess, R.L. (eds.) (1979). *Social Exchange in Developing Relationships.* New York, San Francisco and London: Academic Press.

James, E. (1995). Public-Private Division of Responsibility for Education. In Carnoy, M. (ed.) *International Encyclopedia of Economics of Education*, 2nd Edition. New York: Pergamon.

Klees, S.J. (2001). World Bank Development Policy: A SAP in SWAPs Clothing. *Current Issues in Comparative Education*, 3 (2), 1-11.

Larkin, G.R. (1994). Public-Private Partnerships in Economic Development: A Review of Theory and Practice. *Economic Development Review*, 12 (1), 7-9.

Maslak, M.A. (2001). The "SWAP": One Financial Strategy for Educational Development in Nepal. *Current Issues in Comparative Education*, 3 (2), 1-8.

McDermott, K.A. (1999). *Controlling Public Education: Localism versus Equity.* Lawrence, KS: University Press of Kansas.

McGinn, N.F. (2000). An Assessment of New Modalities in Development Assistance. *Prospects*, 30 (4), 437-450.

Meyer, J.W. and Scott, W.R. (1992). *Organizational Environments: Ritual and Rationality.* Newbury Park, London, and New Delhi: Sage Publications.

Moulton, J. and Mundy, K. (eds.) (2002). *Education Reforms in Sub-Saharan Africa: Paradigm Lost?*, 53-86. Connecticut: Greenwood Press.

Mullinix, B.B. (2001). Nurturing Partnership: A Southern African Continuum of Flexible Stages in Partnership Development. *Current Issues in Comparative Education*, 3 (2), 1-10.

Mundy, K. (2002). Retrospect and Prospect: Education in a Reforming World Bank. *International Journal of Educational Development*, 22, 483-508.

Mundy, K. and Murphy, L. (2001). Transitional Advocacy, Global Civil Society? Emerging Evidence from the Field of Education. *Comparative Education Review*, 45 (1), 85-126.

Patterson, R.S., Machelli, N.M. and Pacheco, A. (1999). *Centers of Pedagogy: New Structures for Educational Renewal.* San Francisco: Jossey-Bass.

Poole, D.L. (1995). Partnerships Buffer and Strengthen. *Health and Social Work*, 20 (1), 2-5.

Ratcliffe, M. and Macrae, M. (1999). *Sector Wide Approaches to Education: A Strategic Analysis*, Education Research, Serial No. 32. U.K.: Department for International Development.

Ritzen, J.M. (2003). Education Cooperation for Tangible Results. *Peabody Journal of Education*, 78 (2), 1-17.

Salamon, L. (1994). The Rise of Nonprofit Sector. *Foreign Affairs*, 73 (4), 109-120.

―――― (1995). *Partners in Public Service: Government-Nonprofit Relations in the Modern Welfare*

State. Baltimore and London: The Johns Hopkins University Press.

Samoff, J. (1999). Education Sector Analysis in Africa: limited national control and even less national ownership. *International Journal of Educational Development,* 19, 249-272.

Scott, W.R. (1987). *Organizations: Rational, National, and Open Systems,* Second Edition. New Jersey: Prentice-Hall, Inc.

Scott, R. W. and Christensen, S. (eds.) (1995). *The Institutional Construction of Organizations.* Thousand Oaks, London and New Delhi: Sage Publications.

Smith, S.R. and Lipsky, M. (1993). *Nonprofits for Hire: The Welfare State in the Age of Contracting.* Massachusetts and London: Harvard University Press.

UNESCO (2000). *The Dakar Framework for Action: Education for All: Meeting Our Collective Commitments.* Paris: UNESCO.

United States Agency for International Development (USAID) (2003). *New Partnerships Initiative: NGO Empowerment.* Washington, D.C.: USAID.

Waddock, S. (1991). A Typology of Social Partnership Organizations. *Administration and Society,* 22, 480-516.

WCEFA (World Conference on Education for All Secretariat) (1990). *WCEFA Framework for Action.* New York: WCEFA Inter-Agency Commission.

Windham, D. (1994). International Financing. In Husen, T. and Postlewaite, N. (Eds.) *International Encyclopedia of Education,* 2nd Edition. 2989-2993.

Winicur, B. (1993). Partnership Characteristics Reviewed. *The National Public Accountant,* 38 (9), 6 & 12.

World Bank. (2000). *Working Together: The World Bank's Partnership with Civil Society.* Washington, D.C.: The World Bank.

第3章　ミレニアム開発目標達成に向けての問題点
──教育財政支出と財政管理の視点から

小川　啓一

はじめに

　「ミレニアム開発目標 (Millennium Development Goals: MDGs)」や「万人のための教育・ファスト・トラック・イニシアティブ (Education for All: Fast Track Initiative: EFA-FTI)」で掲げられている初等教育の修了率100％ (universal primary completion: UPC) を2015年までにすべての開発途上国（以下、途上国）が達成することは財政的観点から見て可能であろうか。また、その目標を可能にするためにはどれくらいの教育費用が必要となるのか。多くの途上国において、学校や教員が不足しているが、EFA を達成するためにどれだけの学校を建設して教員を雇用しなければならないのか。教育のアクセスだけでなく、教育の質を向上させるためには、すべての子どもに本などの教材を配布しなくてはならないが、それらを実施するのにどれだけの費用がかかるのか、という内容の質問を現在研究対象としている途上国の教育政策決定者からよく受ける。途上国政府の財政を見ると UPC を2015年までに達成するためには、どれだけの国家予算が教育省に振り分けられ、初等・基礎教育サブセクターに配分されるべきなのか。このことは、バランスのとれた人的資源開発を途上国が推進し、途上国が自身の貧困削減や持続的経済発展を目指す上できわめて重要である。

　世界銀行の教育エコノミストたちは、2015年までに各途上国が経済的に効率よく質の高い教育を提供しながら UPC を達成するには、どれだけの資金が必要かについて、分析を行った。具体的には、マクロ経済的な成長などを考慮して、十分な公共資金を基礎教育セクターに配分することができるかという点と、実際にどれだけの教育コスト（経常コストと資本コストを含む）がかかるかという点を、シミュレーションモデルを使い分析した。その結果、

教育を効率よく提供できるシステムを作ったとしても、UPCを2015年までに達成するためには、全世界で年間約24億ドルの資金不足が生じると発表した（Bruns et al., 2003）。この資金不足の中でも特に注目を集めたのが、援助機関がこれまで支援してこなかった教員の給料などを含む経常経費の不足であり、その割合が全体の資金不足の55%以上もあった。また地域別に見ると、80%に近い約19億ドルがアフリカ諸国でUPCを達成するために不足しているとまとめた。

本章では、途上国がMDGs・EFA達成（特にUPC達成）に向けて妨げとなっている点について教育財政支出と財政管理の視点から模索することを目的とする。はじめに、UPC達成に向けて、途上国の教育のアクセスと質の現状を把握し、EFA–FTIで紹介されたインディカティブ・フレームワークについて概説しながら途上国の教育財政についての問題点を指摘する。さらに、EFA–FTI対象国であるイエメンの教育財政を事例として紹介することにより、上述の資金不足についての理解を深める。また、MDGsを達成するために、各途上国で取り組んでいる中期支出枠組み（Mid-term Expenditure Framework）と中期教育結果枠組み（Mid-term Results Framework: MTRF）について説明し、公共教育支出管理について便益到達分析と公共支出トラッキング調査分析を紹介しながら概説する。

1. UPC達成に向けた途上国の現状

はじめに、UPC達成を目標に掲げる途上国の基礎教育の現状をサブサハラ・アフリカ（以下、アフリカ）とアジアを事例に教育へのアクセスと質に焦点をあて論じる。本節において、この2つの地域を事例に取り上げた理由は以下の2点である。アフリカは、世界でも最も貧しい地域であり、EFA–FTIの対象国が多い。また、小学校に通うべき年齢の子どもの多くが学校に通えていない問題を抱えており、近年、教育の無償化の促進により教育へのアクセスは向上している国が、一方では教育の質が低下しているという問題が指摘されている。一方、アジアは、近年、社会経済的発展を遂げた東南アジアや

旧ソ連崩壊後に移行経済のもと改革を進めている中央アジアのようにUPCがほとんど達成されている国もあるが、南アジアのように人口が多く、多くの子どもが初等教育にアクセスできていない地域もある。したがって、UPC達成に向けて財政面でも議論を必要とするアフリカと南アジアを中心とした地域を比較分析することで、UPC達成に向けた途上国の現状をより明確に把握できると考える。

(1) アフリカの基礎教育開発の現状

アフリカでは初等教育の無償化がケニアやウガンダ、マラウィなどの国々で進み、教育へのアクセスは近年、改善されているが、質の低下や内部効率性の低さが問題とされている。教育へのアクセスを家計調査のデータ分析結果を中心に概説する。図3-1に示されているように、15歳から19歳の人口層の就学状況をモザンビーク、ブルキナファソ、ベニンを事例に見る。まず、所得階層別の就学率を学年別に見ると、低所得層の就学率および修了率が最も低いことがわかる。また、学年が上がるにしたがって就学率も下がる傾向がある。たとえば、モザンビークでは低所得層の就学率が低く、高所得層の就学率が高い。また、学年別に見ると1年生に入る率が全体で80％近くあるが、2年生、3年生と進級するにつれて就学率が急激に下がり、6年生までたどり着くのが20％以下になっている。15歳から19歳の人口のわずか5％ほどしか9年生を修了していない（図3-1を参照）。低所得層の人口になると退学率が高く、基礎教育を修了している割合は3％ほどしかない。

これらの内部効率性が低いという問題は、教育を提供する側（supply side）と受ける側（demand side）の両面から説明できるであろう。教育を提供する側の問題点として挙げられるのが、モザンビークにあるすべての小学校がすべての学級を提供していないことである。新設校でこのような問題があるのであれば理解できるが、何年も前に設立された学校でこのような問題があるということは、教育を提供する側の大きな課題である（World Bank, 2003）。仮にAという小学校の1年生に入学したとしてもその学校が2年生の授業を提供していなければ、その学校では進学することができない。そうなると学校A

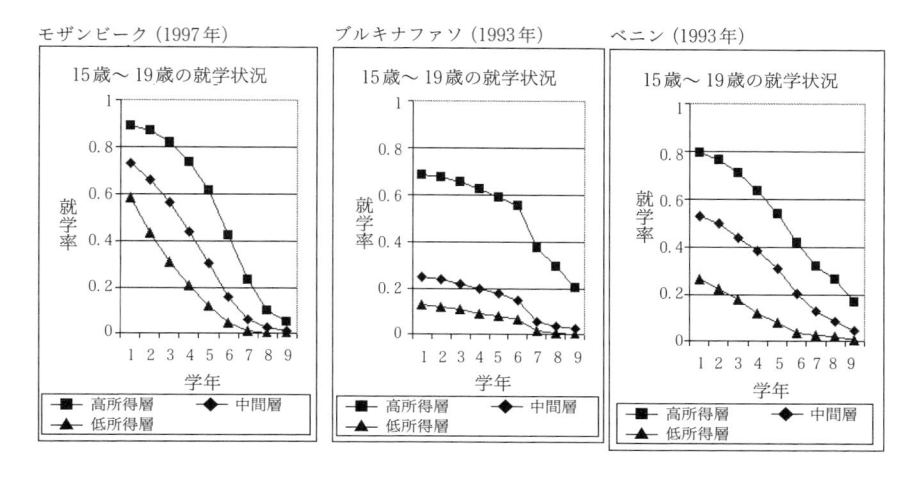

第3章　ミレニアム開発目標達成に向けての問題点　57

図3-1　学年別に見た就学状況

出所：Filmer and Pritchett, 1999.

に入学した生徒は他の学校に転校して進学しなくてはならない。転校可能な学校が近くにあればよいが、もしなければ1年生を翌年も留年して繰り返すか、もしくは退学するしか選択肢がない。著者が世界銀行在籍中、1998年から2002年にかけてモザンビークで世界銀行のミッションを兼ねた学校調査を行ったとき、教員の多くが、国が定めた正式な教員資格を保有しておらず、中学校は卒業しているものの高校の卒業資格さえない教員が教鞭をとっているというのが実情であった。また、教員が使っている教科書が10年ぐらい前に出版されたものであり、生徒が教科書をほとんど持っておらず、持っていたとしても教師の教科書とはまったく違ったものを使っていた。このような例は、教育を提供する政府側に問題があり、教育のアクセスと質を確保するためには、教育を提供する政府側の改善や改革が必要である。

　一方、教育を受ける側にももちろん問題はある。モザンビークなどの途上国では、貧困のために学校に子どもを行かせることができない家庭が多い。家事の手伝いをしなくてはならないなどの問題があるために子どもが学校に行くことができない。モザンビークに限らず多くのアフリカの国々では、子

どもの仕事としての水汲みや薪集めは家庭生活を支えていくのに大きな役割を果たしている。また、家庭内で、教育を受けることが大切であるという認識の低さの問題もある。政策レベルで考えると教育は貧困削減にとって重要であり、教育を通して知識やスキルを身に付けることにより雇用が拡大する。しかし、教育が大切であるということを理解していない家庭が多いことにも問題はある。

　モザンビークの教育へのアクセスを図3-1から分析すると、小学校自体は多くの人にアクセスできる距離に位置しているようである。政府の課題は、現在学校に通えていない子どもを学校に通えるようにすることとともに、留年や退学をする生徒をいかに少なくするかということが最も大きな課題である。そうすることにより、残存率の著しい低下を改善することができるであろう。

　一方、ブルキナファソの例を見ると（図3-1参照）高所得層では、その人口の70％近くが小学校に入学しているが、全人口では、1年生にアクセスできる割合が25％ほどしかいない。貧困層になると15歳から19歳の人口の80％以上が小学校の1年生にアクセスできていないことがわかる。しかし、一度、1年生に入ると6年生までの残存率が高いことが、上述したモザンビークと異なる点である。このような国において政府が最優先すべき教育政策は、1年生へのアクセスをいかに向上させるかという点である。スクール・マッピングなどを行い、小学校にアクセスできる範囲に学校を建てていくことが大切である。また、学費（隠れた費用を含む）や就学の機会費用などの就学に伴うコストについても考える必要がある。

　もう一つの事例としてベニンを見ると（図3-1参照）、残存率は上述のモザンビークとブキナファソの中間に位置するようである。1年生へのアクセスがブルキナファソのようにきわめて低いわけでもなく、モザンビークほど残存率が低くもない。しかし、低所得層の教育へのアクセスはとても低く、低所得人口の25％ほどしか小学校の1年生へアクセスできず、9年生までの教育を受けることができる低所得層の人口はきわめて低い。ベニンのような国では、貧困削減という観点から考えると低所得層に公共資金が行き届くよう

な政策が必要である。

　次に、アフリカ地域における初等教育へのアクセスを見ていく。UPCを達成目標とした場合に、MDGsの目標が設定されるまでは、一般的に粗就学率を主な指標の一つに使用していた。しかし、この指標には問題点があることをここで指摘する。モーリタニアとマダガスカルは初等教育の粗就学率が90％ほどある。この指標は100％に近く、EFAを達成間近であると考える人が多くいることが推測される。しかし、この2国を初等教育の修了率で比較すると、モーリタニアが46％に対してマダガスカルは26％とおよそ半分である（表3-1）。粗就学率で教育アクセスを見た場合には、教育のカバレッジを見ることはできるが、学年ごとに分析することにより、教育へのアクセスに関する問題点をより詳しく明らかにすることができる。さらに、マダガスカルの農村部での修了率を見ると12％といっそう低くなっている。農村部の女子の修了率はたった11％である。EFA-FTIやMDGsが掲げている修了率100％の目標を2015年までに達成することは至難の業であり、大きなチャレンジであることが言える。

　上述のモザンビークの現状を概説する上で触れた教育の質の問題を多くの途上国が抱えている。特に、アフリカ諸国では、初等教育の無償化が実施されており、初等教育へのアクセスは改善傾向にあるが、教育の質の改善がおろそかになっている。たとえば、モザンビークにおいては、家庭内では、現

表3-1　アフリカ地域における初等教育粗就学率と修了率（2005年）

地域と国	初等教育における粗就学率	初等教育修了率		
		全体	農村部	農村部女子
アフリカ全体	77	45	n／a	n／a
ニジェール	31	20	12	7
ブルキナファソ	45	25	16	10
ギニア	62	34	25	11
ベニン	86	39	27	14
モーリタニア	88	46	42	38
モザンビーク	78	36	21	14
マダガスカル	90	26	12	11
トーゴ	115	68	57	46

出所：世界銀行 EdStats, 2007, を使い筆者が作成。

地の言葉を使用しているが、学校の授業ではポルトガル語が使用されている。小学校を決められた年限内に卒業する生徒が少ないと上述したが、小学校を卒業してもポルトガル語で読み書きができない子どもが多いと私がフィールド調査をした学校の教員が話してくれた。MDGsで初等教育修了率100％が教育指標として定められた理由は、小学校を卒業していれば最低限の読み書きができるであろうという背景からであるが、教育の質を改善しなければ、MDGsの数値的目標は達成できたとしても真の目的は達成されないであろう。

(2) アジアの基礎教育の現状

次に、日本のODAの多くの教育援助が配分されているアジア地域における初等教育のアクセスを見ていく。はじめに、初等教育の純就学率を見る。これは、粗就学率と違い、小学校に在籍している初等教育を受けるべき年齢層のみを対象としている指標である。粗就学率は、生徒の年齢を問わず小学校に在籍している生徒の数を初等教育の年齢層で割った値である。したがって、小学校に行くべき年齢層のみを対象としている純就学率が、EFAの達成度を計るときによく使われる指標である。

アジア地域の初等教育における純就学率と修了率を見ると、全体的に良くなっている傾向にある。まず、東アジアの国を見ることにする。表3-2では中国とモンゴルが示されているが、初等教育における純就学率と修了率がともに非常に高いことが言える。2007年までにUNDPが定めたUPEを達成することは問題ないであろう。次に、南アジアについて概説すると、モルディブやバングラデシュでは、初等教育における純就学率が99％と88％とそれぞれ高い。しかし、パキスタンでは、1990年の35％から2000年の59％まで大きく純就学率は上昇しているものの、小学校に通うべき年齢層の40％は未だ学校に通えていない状況である。パキスタンでは、国家予算の多くが軍などの防衛費に使われており、教育セクターへの支出は、GDPの2％以下である。ネパールでは、純就学率が過去10年間で下がっているが、修了率は上昇している。アフガニスタンでは紛争のために正確なデータがとれないた

表3-2 アジア地域における初等教育純就学率と修了率

	初等教育純就学率		初等教育修了率		
	1990年	2000年	1998年	2000年	2001年
東アジア					
中国	97	93	—	106	104
モンゴル	90	90	87	91	96
南アジア					
アフガニスタン	27	—	—	—	—
バングラデシュ	71	88	81	76	73
ブータン	—	—	—	—	—
インド	—	83	73	76	80
モルディブ	87	99	—	—	—
ネパール	81	71	—	69	74
パキスタン	35	59	—	—	—
スリランカ	90	—	98	—	—
東南アジア					
ブルネイ	90	—	121	122	126
カンボジア	67	85	39	51	61
インドネシア	97	92	—	94	95
ラオス	63	81	73	72	73
マレーシア	94	97	104	107	96
ミャンマー	98	84	70	72	72
フィリピン	97	93	—	104	98
タイ	76	87	86	84	—
ベトナム	91	95	97	103	102
西アジア					
バーレーン	99	91	95	94	98
キプロス	87	95	101	98	100
イラン	92	79	—	92	91
イラク	—	91	57	56	—
イスラエル	92	100	—	—	—
ヨルダン	94	90	94	96	92
クウェート	49	83	101	84	87
レバノン	78	90	95	88	86
パレスチナ	—	97	101	106	103
オマーン	69	75	79	78	80
カタール	89	95	93	—	—
サウジアラビア	59	59	66	68	61
シリア	92	96	87	89	92
トルコ	90	—	—	—	—
アラブ首長国連邦	99	79	83	82	82
イエメン	52	67	56	59	—
中央アジア					
カザフスタン	88	87	91	90	92
キルギス	92	90	98	96	97
タジキスタン	77	—	98	103	105
トルクメニスタン	—	—	—	—	—
ウズベキスタン	78	—	—	—	101

出所：世界銀行 EdStats, 2007 のデータを使い筆者が作成。

めに基礎的な教育指標が示されていない。

　表3-2で示されていない世界銀行のEdStats（教育データ、2007）によると、南アジア地域においては女子の就学率が男子と比較して大きく伸びている。1990年と2003年を比較すると初等教育において、いずれの国においても教育の就学に関する男女格差が縮小している。バングラデシュやインド、ネパールでは、13年間に約20％も初等教育において男女格差が削減された。このような教育のアクセスの改善に対して、バングラデシュでは、政府の教育政策の成功の他に、NGOの貢献が重要な役割を占めていることがあげられる（Yusuf, 2003）。

　東南アジアを見ると、初等教育のアクセスは非常によい。ドナーからの支援が大きなシェアを占めるカンボジアやラオスでは、1990年から2000年の間に純就学率を大きく向上させている。一方、ミャンマーやフィリピンでは、純就学率は下がっている。これは、経済が成長せず、貧困層が拡大していることが原因ではないだろうか。教育の純就学率が下がっていることに関しての理由を解明するために、マクロ経済や貧困データを用いて分析していくべきであろう。

　2006年10月と11月の2カ月間、国際協力機構の専門家としてラオスの教育案件に携わったが、少数民族の多いラオスでは、教育のアクセスが大きな課題となっているが、教員の研修などを積極的に行い、教育の質を向上させることに対しても積極的に取り組んでいる。さらに、ラオスでは、民族間の教育格差（特に少数民族）が大きな課題であり、アクセスと教育の質の観点から、ラオス政府が予算の配分などを考慮した政策を行うことが必要とされている。

　次に西アジアを見ることにする。この地域では、クウェートのように初等教育の純就学率が10年間で49％から83％に急激に伸びた国もあれば、バーレーンやヨルダン、アラブ首長国連邦のように純就学率が下がっている国もある。近年では、サウジアラビアなどの産油国でも今まで以上に人的資源開発に焦点をあてた国家開発計画を遂行している国が多くみられる。最近、石油が見つかったイエメンでは、国家開発5カ年計画や貧困削減戦略書などで

も、教育を重点分野として取り上げ、国の持続的経済発展の基盤づくりを遂行している（World Bank, 2002）。

最後に、中央アジアにおける教育へのアクセスを見る。中央アジアの国々は旧ソ連から独立した国であり、カザフスタン、キルギス、タジキスタン、トルクメニスタン、ウズベキスタンの5カ国がある。これらの国では旧ソ連からの遺産とも言えるが、教育のアクセスは比較的高いものがある。初等教育の修了率も非常に高く、MDGsの数値目標を達成することは問題ないであろう。余談になるが、ウズベキスタンでは、小学校から高校までを義務教育と定め、国家人材育成計画を実施している。初等教育の修了率100％を達成するというより、後期中等教育の普及100％達成を目標にしている低所得国があることも理解していただきたい。

2. MDGs目標達成に向けて

(1) 地域別に見た現状とギャップ

地域別に見た初等教育修了率と今後2015年までの修了率の傾向をシミュレーションすると図3-2ができる。このシミュレーションによれば、現在の修了率進展状況を継続すると、どの地域でもMDGsが掲げている初等教育修了率100％の達成が不可能なことがわかる。たとえば、アフリカの国々にとっては、MDGsを達成するためには、かなりの努力が必要であることがわかる。アフリカ地域においては、就学年齢の子どものうち約半数しか初等教育を修了していない現状である。南アジアにおいても修了率は2000年時点で70％であり、過去10年間の傾向で修了率が伸びても2015年までに初等教育修了率100％を達成することが不可能である。中東・北アフリカ地域においては、紛争などの理由により、1990年代に初等教育修了率が下がっており、このままの状態でいくと2015年には70％近くまで減少してしまう恐れもある。

上述のような現状では、MDGsを達成するのはほぼ不可能である。では、どのような改革を行うべきなのか。以前、世界銀行の教育エコノミストとし

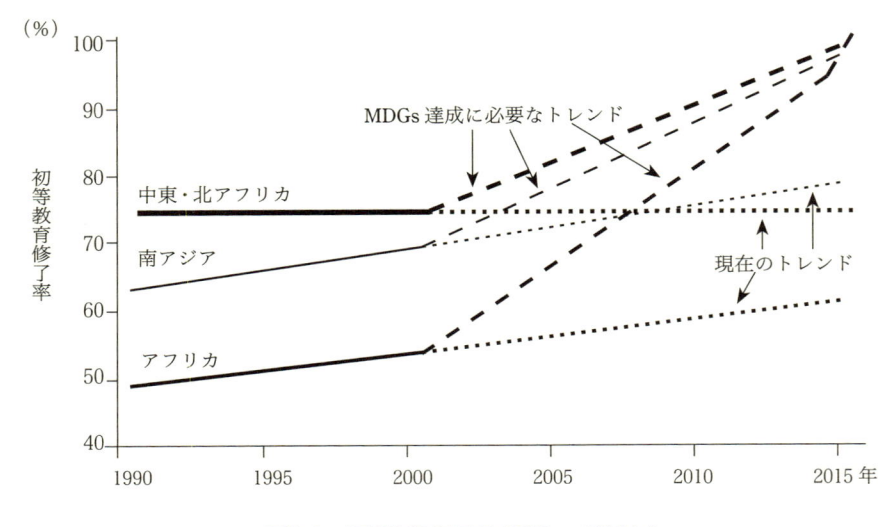

図3-2 初等教育修了率（1990〜2015年）

出所：Bruns et al., 2003, p.3.

て、いくつかのアフリカの教育省に政策アドバイスをさせていただいていた時に、教育大臣や上級官僚からEFAやMDGsを達成するためにはどの程度の資金が必要なのか、学校をどれだけ建てたらよいのか、教員をどれぐらい採用しなくてはならないのか、などの質問を受けた。確かに国際機関を中心として、国際的な基礎教育イニシアティブが提唱されているが、実際にEFAやMDGsを2015年までに達成することが本当に可能なのであろうか。実際には多くの研究者や実務者が多くの途上国でUPCが2015年までに達成できないと考えているであろう。世界銀行の教育エコノミストたち（Bruns et al., 2003）は、すでにどの国がUPC達成に向けて現状維持の政策を続けると目標を達成することができないかということを指摘している。

(2) EFA-FTI インディカティブ・フレームワーク

　世界銀行や先進8カ国のドナーが中心となって提唱しているEFA-FTIの主な特徴の一つとして挙げられるのが、MDGsに掲げられているUPCの達成という目標だけでなく、インディカティブ・フレームワークを途上国の教

育改革に適用することにより、開発途上国政府が、経済的に効率よく効果的な改革を進めることができるということである。また、国連教育科学文化機関（UNESCO）を中心に教育指標のモニタリングの重要性が指摘される中で、このフレームワークは2015年に向かって目標を達成するための一つの目安となるものでもあると考えられる。それぞれのEFA–FTI対象国がこのフレームワークに沿った数値目標を設定して、毎年モニタリングをしながら目標に向かって政策を実施していくというのが理想とされている。

このインディカティブ・フレームワークは、すでにUPCを達成した途上国における指標の平均をとって作成されたものである。特に、途上国政府が教育改革を行う上で重要だと思われる指標を世界銀行の教育エコノミストが選択し、その指標を中核に据えて途上国政府が教育改革を行うというものである。しかしながら、UPC達成を目指している途上国がインディカティブ・フレームワークの数値目標に必ず沿わなくてはならない、というものではない。インディカティブ・フレームワークの目標項目と指標は下記の6つである（**Box 1**）。たとえば、教育セクターに対して、公共支出全体の20％は使われるべきである、という指標や、教育財政全体から初等教育（初等教育が6年生まである場合）へは50％使うべきである、という指標がある。その他、公立小学校の教師あたり生徒数、教育関係経常経費における教員給与以外の経費、小学校教員の給与など「教育の質」に関する指標も含まれており、教育のアクセス、質、効率性を重視したフレームワークであると言える。

Box 1　インディカティブ・フレームワークにおける目標指標

- 全財政に占める教育財政の規模が20％程度
- 教育財政に占める初等教育への支出が50％
- 公立小学校の教師当たり生徒数が40名程度
- 小学校教員の給与が、その国1人当たりGDPの3.5倍程度
- 教育関係経常経費における教員給与以外の経費が33％程度
- 平均留年率が10％以下

出所：Bruns et al., 2003, p.3.

表3-3 MDGs達成に向けた財政ギャップ　　　　　（100万USドル）

財政種類	アフリカ	南アジア	ラテンアメリカ・カリブ海	東アジア・太平洋	中東および北アフリカ	ヨーロッパおよび中央アジア	全体	全体の財政ギャップ（%）
経常経費	1,127	97	14	30	21	34	1,323	55
オペレーション	841	97	14	30	21	34	1,037	43
AIDS	286	0	0	0	0	0	286	12
資本経費	725	300	34	6	49	0	1,114	45
全体	1,852	397	48	36	70	34	2,437	100

注：2000年の金額。
出所：Bruns et al., 2003, p. 11.

(3) 教育財政ギャップ

表3-3では、ブルンズら（2003）が上述のインディカティブ・フレームワークに関して、UPE達成に向けて、①教育改善に必要な費用と、②初等教育セクターにどれだけ予算が配分されるかという2点を分析し、その結果として大きな財政ギャップがあるということを説明したものである。たとえば、アフリカ地域はUPEを達成するためには、年間にかなりの資金が必要であることがわかる。その財政ギャップとして、アフリカでは、年間約19億ドルの資金が不足するという分析結果が示されている。これは、政府がインディカティブ・フレームワークを用いて教育改革を行った場合でも、このような財政不足が想定されるということである。したがって、UPEを2015年までに達成するためには、ドナーなど外部からの財政支援が必要であることが読み取れる。南アジア地域も年間約4億ドル、中東・北アフリカ地域においては年間約7,000万ドルの財政支援が必要であることがわかる（Bruns et al., 2003）。

さらにこの表から、これまでどのドナーも支援してこなかった経常経費（教員の給与等）に関する予算不足が、UPEを達成するためには大きな弊害となっている点が挙げられる。財政ギャップの55％は経常経費（教員の給与等）、45％は資本経費（学校建設等）であり、経常経費支援がいかに重要な課題であるかわかるであろう。特に、教育の質の向上を考えると途上国において資格を保有する教員の確保は、重要な課題である。多くの途上国で、教員が不足しているため、教員の半数は国が定めた資格を保有せずに教壇に立っている

のが現状である。また、アフリカでは、教員不足により教師1人当たりの生徒数が70人という国も多く見られる。このような状況のもとで、教育の質を高めることは大変困難である。このような現状をふまえ、EFA-FTIではこれまであまり多くの支援が向けられてこなかった経常経費支援を重要視している。教育の難しい点は、学校を建てたとしても政府の政策がしっかりしていないと就学率が上がらないという点である。まして教育の質を保証するには、有資格教員の確保、教科書の無償配分、カリキュラムの改革などさまざまな課題を克服していく必要がある。

(4) イエメンを事例に

イエメンにおけるインディカティブ・フレームワークと教育財政について概説する。現在、イエメンは2002年に策定された基礎教育開発計画 (Basic Education Development Strategy: BEDS) と貧困削減戦略書を中心に基礎教育改革が進められている。イエメンは、2002年の先進8カ国によるカナナスキス・サミット後にEFA-FTIに招待され、2003年にEFA-FTIプロポーザルが援助機関に承認され、2004年に1,000万ドルの触媒基金 (EFA-FTI Catalytic Fund) の支援を受けている。2006年にカイロで開かれたEFA-FTIドナー会合でも新たに1,000万ドルの支援が約束された。2006年の12月にBEDSの数値目標に沿ってEFA-FTIの財政ギャップを分析した結果を紹介する。

イエメンで使っているインディカティブ・フレームワークを見ると (**表3-4**

表3-4　イエメンにおけるインディカティブ・フレームワーク目標指標

	現状	改革1	改革2
全財政に占める教育財政の規模 (%)	16	20	20
教育財政に占める初等教育への支出 (%)	48	50	50
公立小学校の教師当たり生徒数	27	35	30
1人当たりのGDPに対する小学校教員の給与	3.1	3.5	3.5
教育関係経常経費における教員給与以外の経費 (%)	30	36	36
平均留年率 (%)	5	3	3
1教室当たりの学校建設費 (机など含む) (US$)	18,500	18,500	18,500

出所：Ogawa, 2006から作成。

を参照)世界銀行(Bruns et al., 2003)が提唱している目標数値と異なることが分かる。たとえば、公立小学校の教師当たりの生徒数が40人という数値に対して、人口が拡散しているイエメンでは現在の数値は27人である。この現状を考えると40人という目標値を2015年までに達成するのは、現実的に不可能であるため、表3-4で示されるような、より現実的な目標をイエメン教育省は設定している。表3-4では、改革1と改革2とあるが、改革1は、計画通りにBEDSを実施できた場合のシナリオで、その実施が遅れた場合のシナリオが改革2である。改革1と改革2の違いは、教師あたりの生徒数であり、改革1では35人と想定し、改革2では30人と想定している。

表3-4で示されているインディカティブ・フレームワークを基にして、イエメンにおける教育財政を分析すると**表3-5**の結果になる。実際には2015年までの財政ギャップを計算しているが、ここでは、2007年から2009年までの3年間のみを紹介する。表3-5で表されているように現状維持でUPCを達成しようとしたら3年間の平均で2億2,400万ドルの資金不足になる。そのうち45％が経常経費で55％が資本経費である。しかし、BEDSの改革を計画通り推進するとシナリオ2(改革1)に示されているように資金不足が8,400万ドルになる。その中でも経常経費の割合は10％以下である。資本経費の

表3-5　イエメンにおける資金不足　　　(100万USドル)

	2007	2008	2009	三年間の平均
シナリオ1(現状維持)				
経常経費	72	99	129	100
資本経費	124	124	124	124
合計	196	223	253	224
シナリオ2(改革1)				
経常経費	7	7	9	8
資本経費	76	76	76	76
合計	83	83	85	84
シナリオ3(改革2)				
経常経費	69	91	114	91
資本経費	139	139	139	139
合計	208	230	253	230

注:2000年の金額。
出所:Ogawa, 2006.

割合が高いのは学校建設のための材料費が過去数年間で高くなっているためである。2002年のデータを使って世界銀行が分析したとき (Bruns et al., 2003) よりも学校建設に関するコストが急上昇していることが要因である。また、人口の急激な増加により学校を建設しなくてはならないことや教育の質を向上させるために教育関係経常経費における教員給与以外の経費の割合を増やすことにより、資金不足が起こっている。実際に BEDS の実施が遅れた場合でもシナリオ3（改革2）で示されているように、資金不足は避けられない。

　ここでインディカティブ・フレームワークを使った教育財政の分析の欠点を記すことにする。このフレームワークを使い資金不足があるかを分析するときに、ベース・ラインとなる指標と目標指標を設定するが、この2つの指標を少し変えるだけで資金不足の数値が大きく変わってくる。したがって、X国では UPC を達成するために向こう3年間でXドルの資金不足がある、という指数はあまりあてにならないことになる。ではなぜ、世界銀行をはじめとする援助機関や途上国政府はインディカティブ・フレームワークを教育改革のツールとして使っているのか。それは、EFA–FTI においてモニタリングと評価が強化され、目標指数を達成していく上で、このフレームワークが使えるからである。

　イエメンの教育省では、EFA–FTI に参加した2003年より BEDS やその計画書にインディカティブ・フレームワークを活用して、教育政策や計画を実施している。このフレームワークを用いて、マクロレベルでの基礎教育政策の方向性を示すという視点から考えると、教育のアクセスと質の改善を平行して行うための指針を示すことができるこのフレームワークは、実践的かつ有益であると考える。また、基礎教育政策の改善にこのフレームワークが活用され、中期計画や長期計画の指標目標にも組み込まれている。さらに、イエメンではこのフレームワークを活用して、基礎教育セクターの中期教育結果枠組み (MTRF) も、指数目標を達成することを視野に入れながら作成され、この MTRF を基に作成されたアクションプランが2007年1月より実施されている。

3. 中期支出枠組みと中期教育結果枠組み

　ミレニアム開発目標を達成するためには、途上国政府の強いコミットメントが最も重要である。そのコミットメントを戦略的に中期的な計画で表したのが中期支出枠組みや中期教育結果枠組みである。ここでは、その2つについて概説する。

(1) 中期支出枠組み

　ミレニアム開発目標を達成するためには、その指数目標である UPC を達成するために十分な資金が財務省から教育省に配分される必要がある。そのためには、中期的なマクロ経済の枠組みと公共財政の枠組みの中で、教育省が UPC を達成できる活動をカバーできるだけの資金配分が要求される。特に教育省の中でも国全体の人的資源開発を目指して、基礎教育サブセクターに十分な資金が配分されなくてはならない。国レベルの財政分析に欠かせないのが教育セクターを基礎教育、中等教育など分類ごとに教育財政予算や支出を経常経費と資本経費に分けて分析し、中期的な予測をすることである。このような分析は、包括的開発枠組み (Comprehensive Development Framework: CDF) や貧困削減戦略書 (Poverty Reduction Strategy Paper: PRSP) を作成する上でも、政府の中期的予算を分析する上でも大切である。

　たとえば、各途上国において PRSP を作成する際に、財務省が中心となり各対象省と一緒に中期的なマクロ経済の予測と人口増加率など基礎的なデータを基に、どれだけの国家収入が見込まれ、各省に資金を流すことができるかを、各省の目標指数と組み合わせて分析する。教育セクターでは、貧困削減を重視した場合に初等・基礎教育の指標が用いられ、中期的にどれくらいの予算が教育セクター、特に初等・基礎教育に配分されるべきかを国内総生産 (Gross Domestic Product: GDP) や国全体の支出額に対する比率で目標数値が設定される。それに対して、教育の中期的な目標指数も設定され、国レベルでの貧困削減戦略のフレームワークが設定される。イエメンの PRSP は、2002年に世界銀行の理事会で承認されたが、教育に関する中期的な支

出枠組みは、2002年当時にGDPの8.5％を教育セクターに配分されていたが、2005年までにGDPの9.6％を教育セクターに配分する目標が設定された。実際に2005年では、9.3％の教育予算が配分されているので、イエメン政府は自助努力をしている、と言える。PRSP作成にあたり、世界銀行や国際通貨基金 (International Monetary Fund: IMF) のエコノミストがどの途上国に対してもアドバイスをしている。

(2) 中期教育結果枠組み

　教育セクターにおける中期教育結果枠組みは、PRSPで使われている教育省内の枠組みをより繊細化したものであると言えよう。政府の実施計画を政策シミュレーションやプロジェクションを使って、財政的に実施可能、かつ持続性があるのかを分析する手法である。この中期的な枠組みはダカール行動枠組みの長期的な枠組みとともに多くの途上国で作成され現在実施されている。たとえば、イエメンでもすでにこの中期的な枠組みができており、イエメン政府と援助機関の間で開かれる基礎教育開発政策に関する年次総会でも2006年と2007年にレビューされた。このMTRFでは、政策のプライオリティ、計画の実施、キャパシティー・ビルディング、実施のモダリティ、モニタリングや評価のメカニズムについても幅広く含まれている。EFAを達成するために必要な経費と予測される教育予算などを、政策的シミュレーションモデルを使って現実的な支出枠組みを分析した後で、どれくらいの基礎教育計画が実施できるのかに関しての計画をたて、それを基に指数目標を設定する。

　実際にイエメンを事例として紹介すると、2006年の政府とドナーを中心とした基礎教育政策レビュー全国大会でMTRFが紹介された。MTRFは、イエメンの基礎教育開発戦略書をより戦略的に実施に移す上で、財務省との予算の交渉をする際にも有効である。BEDSを実施していく際に目標指数をしっかり定めて、どれだけの予算が必要であるかを明記しているMTRFは、教育省のキャパシティを財務省などに示し、他省と協調しながら教育改革を進めていく上でとても役に立つ。

72　第1部　EFAをめぐる国際的な動きと課題

4. 公共教育支出管理

　ミレニアム開発目標の達成を妨げる要因として挙げられる大きな一つの要因が公共教育支出管理であろう。公共教育支出が中央政府から州、郡を通して学校、そして貧困層の子どもまで届いているかという点はMDGsを達成するうえで十分分析する必要がある分野である。本節では、とくに便益到達分析と公共支出トラッキング調査分析を紹介する。

(1) 便益到達分析

　便益到達分析（Benefit Incidence Analysis）は、教育公共支出が貧困層に平等に配分されているかを分析する手法としてよく使われる。子どもの家庭の経済レベルを5等分したり、10等分したりして分析する。また、教育のレベル別に見ることにより、公共支出の配分を分析する。それでは、イエメンを事例に説明する。教育への支出の中でも経常経費のみを対象に見た場合に、子

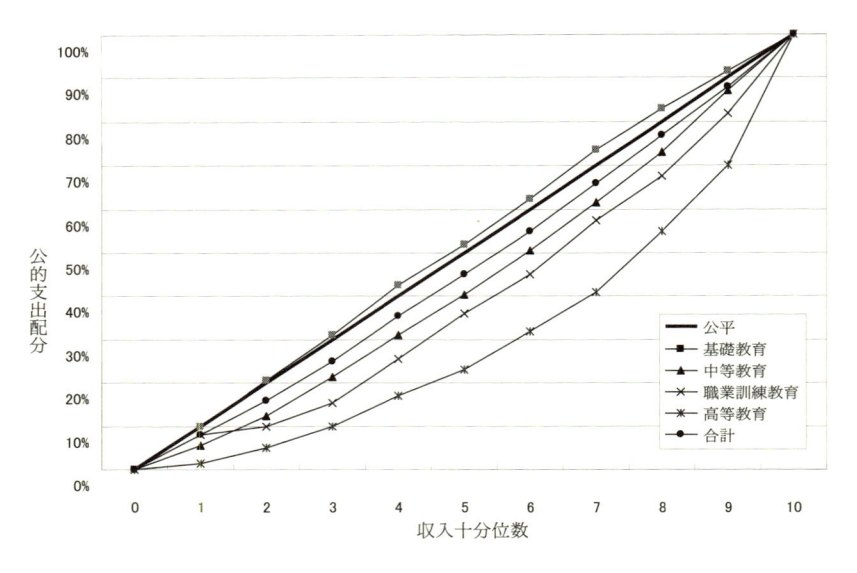

図3-3　イエメンにおける便益到達率（2005年）

出所：Vawda, Nomura and Ogawa, 2007.

どもの家庭の経済的レベルを10等分し、それぞれの教育レベルについて平等に公共支出が配分されているかを見ると、基礎教育（1学年から9学年）では、ほとんど平等に配分されていることがわかる（**図3-3**を参照）。しかし、教育のレベルが上がるにしたがい、豊かな家庭の子どもが公共支出の恩恵を受けていることがわかる。たとえば、高等教育の場合、最も豊かな30％の家庭の子どもが、高等教育に配分された公共支出の60％の恩恵を受けている（Vawda, Nomura, Ogawa, 2007）。

　それでは実際にどれだけの公共経常支出が各生徒に配分されているのであろう。どれだけ1人当たりの生徒に経常支出が使われているかを分析することは、教育の質を分析することにもつながる大切な分析である。イエメンを事例にとって説明する。バウダ・野村・小川（2007）によると基礎教育において、最も貧しい10％の家庭の子どもには、1人当たり12,098リアール（約62ドル）が配分されており、最も豊かな10％の家庭の子どもには、16,443リアール（約84ドル）が配分されている。高等教育においてこの配分を見ると、最も

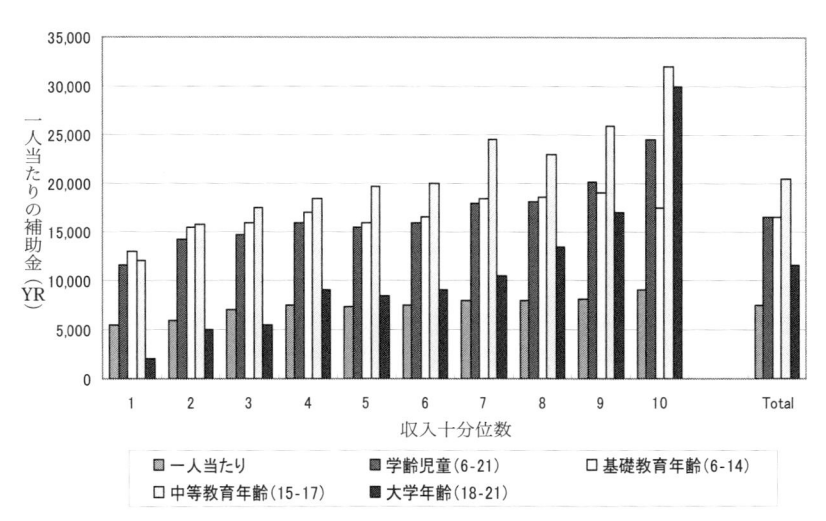

図3-4　生徒1人当たりに使われている公共教育資金（2007年）（イエメンリアール：YR）

出所：Vawda, Nomura and Ogawa, 2007.

貧しい10％の家庭の子どもには、1人当たり2,268リアール（約12ドル）の配分に対し、最も豊かな10％の家庭の子どもには、30,772リアール（約157ドル）と14倍も多くの公共支出が配分されている（図3-4を参照）。

上記のことから、イエメンにおいて基礎教育では、貧困層に公共資金が平等に配分されているが、高学年、特に高等教育になると貧しい家庭の子どもはあまり政府の恩恵を受けていないことがわかる。

(2) 公共支出トラッキング調査分析

それぞれの小学校において学校を運営するにあたり資金が必要である。公共支出トラッキング調査（Public expenditure tracking survey: PETS）は、公共支出が中央政府から州政府、郡政府、そして小学校までしっかり流れているかを調査する分析手法である。地方分権化のもとで各小学校が質の高い教育を提供するには、資金を無駄にすることなく使うことが重要である。特に多くの途上国は財政的に苦しい状況にある。まず、教員や職員の給料以外の経常経費の支出について述べる。UNESCO（2002）の報告によると、タンザニアの初等教育において、教員・職員の給料以外の経常支出のうち57％は学校に届いていない。また、ガーナにおいては、49％が届いていないと報告されている。また、ザンビアにおいては、76％もの教員・職員の給料以外の経常支出が流出している。また、ウガンダでは、78％の生徒に配分する助成金の76％が流出したとPETSにより明らかにされた。このように汚職の問題点を追及して財政管理のシステムを構築することはMDGsやEFAを達成するためには、重要である。

開発途上国において経常支出の多くは、教員の給料に使われているので、給料は支払われているが実際には授業をしていない幽霊教員についてもPETSで調べることができる。UNESCO（2002）によるとホンジュラスでは5％の教員が幽霊教員であり、ウガンダでは、20％が幽霊教員であると報告されている。世界銀行（2006）のPETSを基にした調査では、イエメンにおいて15％が幽霊教員であるとまとめている。多くの途上国において90％以上の経常経費が教員・職員の給料に配分されているので、幽霊教員の問題につい

て真剣に考え、教育省以外の財務省、公務員省などとの連携によってこの問題解決に取り組むことが大切である。

おわりに

本章では、途上国がミレニアム開発目標達成（特にUPC達成）に向けて妨げとなっている点について教育財政支出と財政管理の視点から事例研究を紹介し概説した。多くの途上国、特に低所得国において教育に十分な公共予算を配分することは重要であるが、その配分された資金をいかに有効かつ効率よく運用するかが重要である。そのためにもEFA–FTIインディカティブ・フレームワークを教育改革のツールとして使うことは大切である。ベトナムやラオスのように約40％の教育支出を国際援助機関に頼る途上国もあるが、アフリカを含む多くの途上国では、国際援助機関の援助率は、教育セクター全体の5％から10％に過ぎない。このような現状を考えると政府独自の公共教育支出をいかに効率よく平等に配分するかはMDGsやEFAを達成する上で必然とカギになってくる。世界銀行（2004）は、教育への支出を増加させることが教育のアウトプットに直接つながるとは限らないと言っている。確かに公共財政支出や財政管理はEFAを達成する上での分析をするだけにとどまらず、政策的な実施が途上国で必要である。

※本研究は、小川啓一（2007）「基礎教育開発における計量的アプローチ──ミレニアム開発目標達成に向けての問題点」『国際教育協力論集』10巻2号を基にして作成したものである。

参考文献
内田雅子・小川啓一（2003）「万人のための教育：ファスト・トラック・イニシアティブ（Education for All-Fast Track Initiative）における日本の役割を考える」『国際開発ジャーナル』6月号, 54-55頁.
小川啓一・江連誠・武寛子（2005）『万人のための教育（EFA）への挑戦：日本のODAに対する提言』国際協力機構.
Bruns, B. et al. (2003). *A Chance for Every Child: Achieving Universal Primary Education by 2015.* The World Bank, Washington, D.C.

Filmer, F. and Pritchett, L. (1999). The Effect of Household Wealth on Educational Attainment: Evidence from 35 Countries. *Population and Development Review,* 25 (1), 85-120.

Ogawa, K. (2004). "Achieving Education for All by 2015: The Case of Yemen." *Journal of International Cooperation Studies.* October, Vol.12 No.2, pp.69-89.

――― (2006). An Estimation of Financing in Yemen. Updated, Mimeo.

Reinikka, R. and Smith, N. (2004). *Public Expenditure Tracking Surveys in Education.* Paris: UNESCO.

UNESCO (2002). *Dakar Follow-up Bulletin,* No.38. Paris: UNESCO Publication.

Vawda, A., Nomura, S. and Ogawa, K. (2007). Education Chapter. *Poverty Assessment Report in Yemen.* World Bank Publication.

Yusuf. S. (2003). *Innovation East Asia: The Future of Growth.* New York: The World Bank and Oxford University Press.

World Education Forum (2000). *The Dakar Framework for Action, Education for All: Meeting our Collective Comments.* UNESCO, Paris.

World Bank (2002). *Republic of Yemen: Poverty Reduction Strategy Paper (PRSP).* Washington, D.C.: The World Bank.

――― (2003). *Cost and Financing of Education: Opportunities and Obstacles for Expending and Improving Education in Mozambique.* Africa Region Human Development Working Paper Series. Washington, D.C.: The World Bank.

――― (2004). *World Development Report: Making Services Work for Poor People.* Oxford University Press.

――― (2006). *Tracking Basic Education Expenditures in Yemen: Analyses of Public Resource Management and Teacher Absenteeism.* Washington, D.C.: The World Bank.

(データベース)

世界銀行 EdStats (http://www1.worldbank.org/education/edstats/)

第2部
EFA 達成のための教育改革と実践的な課題

第4章　地方分権化における EFA 目標達成と能力開発
―― インドシナ諸国における教育「セクター・プログラム支援」を事例として ――[1]

廣里　恭史

はじめに

「万人のための教育 (Education for All: EFA)」目標達成への取り組みは、1990年の「万人のための教育世界会議」から2000年4月の「世界教育フォーラム」での「ダカール行動枠組み」採択へ引き継がれ、2015年までの達成を目指す6項目の EFA 目標が掲げられた。さらに、同年9月の国連総会において EFA 目標を含む「ミレニアム開発目標 (Millennium Development Goals: MDGs)」が採択され、基礎教育重視の国際思潮として定着した (黒田・横関, 2005)[2]。しかし、EFA 目標自体は未達であり、基礎教育開発に多くの課題を残している国々がある[3]。

本章は、近年において教育「セクター・プログラム支援」が導入されているインドシナ諸国を事例とし、地方分権化における EFA 目標達成へ向けた能力開発に焦点を当てた考察を行うことを目的とする。ほぼ持続的な成長軌道にあった東南アジア地域は、1997年に端を発するアジア危機によって広範で深刻な影響を受けた。しかし、以降の回復はめざましく、むしろこの危機からの克服を契機として、教育を含むさまざまな分野における改革に着手してきた。インドシナ諸国においては、基礎教育普及が遅れている地域や集団における格差の是正を図りつつ、質の高い EFA を達成することが改革の課題となっている。一般に、今日の開発途上国（以下、途上国）における基礎教育開発を中心とする EFA 目標達成は、おおむね新自由主義の影響を受けた効率性を重視する地方分権的な教育セクター運営として計画・実施されており、広く教育改革の文脈や視点で捉えことが肝要である。しかし、インドシナ諸国のような旧社会主義経済国は、新自由主義的な教育改革を急速に導入することによってむしろ排他的な競争や選別が激化し、貧困層、少数民

族、女子、障害者等の社会的弱者が切り捨てられ、地域・集団間の格差をうみ出す危険性が増大することを認識している。そこで、中央政府の役割を重視しつつ、中央と地方の役割分担の見直しや市場・競争原理を暫時的に導入し、基礎教育開発における効率性と公平性のバランスを図ろうとしている。とりわけ、地方分権化におけるEFA目標達成には、セクター・ワイド・アプローチ（Sector-Wide Approaches: SWAPs）を含むプログラム・ベースト・アプローチ（Program-Based Approach: PBA）による「セクター・プログラム支援」といった新しい協力アプローチが導入されつつある[4]。しかし、このようなアプローチは、中央レベルにおける教育政策や援助調整に影響を与えるとしても、政策やプログラムの実施に携わる地方行政官、予算執行や動員および学習環境の整備を担う学校運営者、そして学習指導に直接かかわる教員、などの能力を強化し、質の高いEFA目標の達成を必ずしも担保するものではない。

　本章は、インドシナ諸国におけるEFA目標達成の現状と基礎教育の普及度における地域・集団間の格差や質の問題を指摘し、2015年までのEFA目標設定と計画・政策枠組を検討する（第1節）。次に、教育における地方分権化導入の動向をEFA目標達成の文脈として整理する（第2節）。そして、EFA目標達成手段としての「セクター・プログラム支援」の展開を概観し、質の高いEFA目標達成のための能力開発として主題化する（第3節）。さらに、インドシナ諸国を主な対象地域とする準地域的な「大メコン川流域圏プログラム」を取り上げ、EFA目標達成にかかわる地域的教育協力の可能性に言及する（第4節）。最後に、地方分権化におけるEFA目標達成へ向けた能力開発に関する提言を行う（第5節）。

1．インドシナ諸国におけるEFA目標達成の現状と計画

(1) 東南アジア地域における動向と域内格差

　MDGsと合致する2つのEFA目標、すなわち2015年までの「初等教育の完全普及（MDG2）」と「教育における男女格差の解消（MDG3）」に焦点をあわせ、それぞれのモニタリング指標（初等教育の純就学率、中等教育の粗就学率、5年次残

存率、男女格差指標、若年層識字率）によって、東南アジア地域の教育現状をふまえ、EFA目標達成度にかかわる域内格差を照射する[5]。

表4-1はインドシナ諸国を含む東南アジア地域における1999年と2004年の初等・中等教育の就学状況と若年層識字率（2002年）を示している[6]。初等教育ではインドネシア、フィリピン、カンボジア、ベトナムの純就学率が90％を超えており、ラオスでも、純就学率が向上しており、1999年の80％から2004年の84％に達している。しかし、男女就学格差を示す「ジェンダー・パリティー指標（GPI）」はカンボジアでは0.96、ラオスでは0.94で未だに男女格差が顕著である。ミャンマーの純就学率は88％に達し、男女格差では女子の就学が男子を上回っている。また、2003年の5年次残存率は、インドネシアとベトナムを除いて80％以下で、約2割以上の児童が中途退学している。中でもカンボジアとラオスの5年次残存率はそれぞれ59.7％と62.6％の低水準であり内部効率性に問題がある。若年層識字率は、初等教育状況とも密接に関係しているが、ラオスとカンボジアは70％台と低く、男女格差も大きい。さらに、中等教育状況を1999年と2004年で比較すると、ベトナムの粗就学率が着実に向上し73％に到達しているが、カンボジアは29％、ラ

表4-1　東南アジア地域における EFA 目標達成の現状

	初等教育純就学率（％）				5年次残存率（％）	中等教育粗就学率（％）				若年層識字率（％）	
	1999年		2004年		2003年	1999年		2004年		2002年	
	平均	GPI[(1)]	平均	GPI	平均	平均	GPI	平均	GPI	平均	GPI[(4)]
インドシナ											
カンボジア	85	0.91	98	0.96	59.7	16	0.53	29	0.69	75.9	0.90
ラオス	80	0.92	84	0.94	62.6	33	0.69	46	0.76	72.7	0.85
ベトナム	96	—	93[(2)]	—	86.8	62	0.90	73	0.95	—	—
その他東南アジア											
インドネシア	—	—	94	0.98	89.1	54[(3)]	0.99	64	0.99	97.6	0.99
フィリピン	—	—	94	1.02	75.3	76	1.09	86	1.11	95.7	1.01
ミャンマー	80	0.99	88	1.02	70.3	34	1.00	41	0.99	91.1	1.00

出所：UNESCO, 2006 より筆者作成。
備考：(1)GPIは、ジェンダー・パリティ指数であり、男子純就学率に対する女子純就学率の割合。(2)2002年のデータ。(3)1998年のデータ。(4)男性識字率に対する女性識字率の割合。

オスは46%と低水準にとどまっている。また両国のGPIがそれぞれ0.69と0.76で、初等教育の0.96と0.94よりもはるかに格差の幅が大きい。

なお、表4-1から直接には論じられないが、就学格差には性差の他に地域や所得による格差があり、貧困層、少数民族、女子、障害者等の社会的弱者層が初等・中等教育機会からとり残されている（ADB, 2001a）。初等教育の純就学率が全国平均で一定水準を超えても、それ以上の改善は残された地域や集団を含む初等教育の完全普及による格差是正が必要となる。たとえば、初等教育の純就学率が90%を超えているベトナムでは、高い就学率に比べて5年次残存率が低くまた就学率の地域間格差も大きい。さらに、2部制、3部制で授業が行われている学校が多いことから教育の質への懸念があり、全日制の導入が課題となっている。中等教育においては、就学率に地域・民族間格差が存在する。したがって、ベトナムでは、初等・中等教育の完全普及と質向上が優先的課題となっている。カンボジアやラオスでも、初等教育の完全普及から前期中等教育の拡大、および教育の質向上への関心が高まっている（ADB, 2001b, 2006a, 2006b）。要約するならば、初等・中等教育普及が遅れている残された地域や集団における格差の是正を図りつつ、質の高いEFA（Quality Education for All）の達成が東南アジア地域、特にインドシナ諸国における教育開発と協力の最大の課題といえるであろう（Nielsen and Cummings eds., 1997; World Bank, 1999; ADB, 2001a）。

(2) インドシナ諸国におけるEFA目標と計画・政策枠組

さて、インドシナ諸国は具体的にどのような2015年までのEFA目標達成を掲げているのであろうか。表4-2は、カンボジア、ラオス、ベトナムにおいて、MDGsと合致する2つのEFA目標にかかわる2010年と2015年の目標達成指標を示している。カンボジアでは、初等教育について2010年までの完全普及化（純就学率と5年次残存率がそれぞれ100%）と男女格差の完全是正（GPIが1.00）を目標としている。前期中等教育の粗就学率と若年層識字率に関しては、のちのちに設定することとしており、数値目標を掲げていない。ラオスでは、初等教育の純就学率で98%、5年次残存率で95%、GPIで1.00の高い

表4-2 インドシナ諸国における2015年までのEFA目標

	初等教育純就学率(%)				5年次残存率(%)	前期中等教育粗就学率(%)				若年層識字率(%)	
	2010年		2015年		2015年	2010年		2015年		2015年	
	平均	GPI(1)	平均	GPI	平均	平均	GPI	平均	GPI	平均	GPI(2)
カンボジア	100.0	1.00	100.0	1.00	100.0	**	**	**	**	**	**
ラオス	—	—	98.0	1.00	95.0	63.0(4)	—	74.0(4)	1.00	99.0	1.00
ベトナム	101.7(3)	0.97	101.6(3)	0.99	96.0	92.6	0.95	99.5	0.97	100.0	—

出所：カンボジアについてはRCG, 2003、ラオスについてはMOE, 2005、ベトナムについてはGovernment of the Socialist Republic of Vietnam, 2003をもとに筆者作成。
備考：—目標は未設定。** 目標はのちのちに設定。(1) GPIは、ジェンダー・パリティ指数であり、男子純就学率に対する女子純就学率の割合として計算されている。(2)男性識字率に対する女性識字率の割合。(3)粗就学率。(4)47の最貧困郡を対象とした数値目標。

水準を目指している。前期中等教育も粗就学率で74％の普及と男女格差の解消、若年層識字の達成を目指している。ベトナムでは、初等教育の質向上と内部効率性の改善を行い、2015年までの前期中等教育の完全普及と男女格差の是正、および若年層識字率の100％達成を目標としている。

このように各国は質の高いEFAの達成へ向けた野心的な目標を掲げているが、それぞれどのように取り組もうとしているのであろうか。そこで、カンボジア、ラオス、ベトナムにおけるEFA目標達成にかかわる政府の計画・政策枠組を確認しておく必要があろう。

1. カンボジア

カンボジア政府による教育開発へのコミットメントは、国家開発計画の骨格を成す開発の4要素に重点を置いた「四辺形戦略(Rectangular Strategy)」[7]を土台にした「国家戦略開発計画2006-2010」および世界的な開発課題のカンボジア版である「カンボジア・ミレニアム開発目標」に示されている。いずれの目標においても貧困削減や人的資源開発が意図されており、中でも基礎教育の役割が重視されている。一方、教育青年スポーツ省による教育政策は、2001年から2005年までの「教育戦略計画(Education Strategic Plan: ESP)」、および教育戦略を具体化した同時期の「教育セクター支援プログラム(Education Sector Support Program: ESSP)」に示されている(MOEYS, 2001a, 2001b)。ESP/ESSP

は達成目標などを検討した上で5年ごとに内容を見直す予定であったが、その後の教育状況の変化の速さに対応する形で2004年と2006年の二度にわたって改訂されている（清水, 2007）。また2003年から2015年までの長期戦略を掲げたのが「EFA国家行動計画」である。「行動計画」には、基礎教育を重視する政策、戦略、具体的な実施計画等がまとめられているが、要約すれば2010年までに初等教育の完全普及化を達成すること、および2015年までに9年間の基礎教育の拡大と質改善を行うことを掲げている（RGC, 2003; World Bank, 2005c; 正楽, 2006）。

2. ラオス

ラオス政府は、2000年の「ダカール行動枠組み」を受けて、長期計画としての「2020年までの教育戦略構想」、MDGsの採択、および2003年から2015年までの「EFA国家行動計画」を打ち立てた（MOE, 2000, 2005）。EFA目標としての2015年までの初等教育の完全普及化と教育における男女格差の解消は、長期計画に続く「第6次社会経済開発5カ年計画」、2004年に策定された「国家成長・貧困撲滅戦略」における教育開発計画、「教育セクター開発計画、2006年–2010年」に示されている（ADB, 2006a）。「2020年までの教育戦略構想」は、ラオスの47の最貧困郡に焦点を当てた「国家成長・貧困撲滅戦略」によって具体化されており、教育は、保健、農業、インフラ整備とともに4つの優先分野の1つになっている。多民族国家であるラオスにとって、教育の地域間格差とほぼ同根である民族間の教育格差の解消が最重要課題である。特に少数民族が多い北部、南部の農村地帯や山岳遠隔地では、就学率と内部効率性が低く、少数民族の女子教育の遅れは極めて深刻である（ADB, 1999）。今後ラオスが、初等教育の完全普及化を達成し、教育における男女格差を是正していくためには、地域・民族間格差をいかに改善していくかが大きな鍵を握っている（乾, 2006; 瀧田, 2004）。

3. ベトナム

ベトナム政府も、2000年の「ダカール行動枠組み」を受けて、2003年か

ら2015年の「EFA国家行動計画」を策定した（Government of the Socialist Republic of Vietnam, 2003）。また、2002年には、ベトナム版の貧困削減戦略書である「包括的貧困削減・成長戦略（Comprehensive Poverty Reduction and Growth Strategy: CPRGS）」が作成され、教育分野を含む各種の数値目標が設定された。加えて、中等教育に関しては、2002年の「中等教育マスター計画」があり（ADB, 2002b）、2001年から2010年までの計画を策定した。さらに、新たな計画として2006年に「戦略的中等教育計画と協力」を策定している（ADB, 2006c）。

　ただし、ベトナムでは、1998年に制定された教育法がベトナムにおけるあらゆる教育目標や規定の法的根拠を与えており、以降の教育計画策定の指針を提供していることが特徴である（近田, 2001）。この1998年教育法に基づき、2001年12月に首相の承認を受けた「教育開発戦略計画2001-2010（Education Development Strategic Plan 2001-2010: EDSP 2010）」が策定され、2010年までの教育目標が設定された。この計画では、2010年までに初等教育、前期中等教育、後期中等教育の純就学率を、それぞれ99％、90％、50％へ上昇させることを目標としている。すなわち、「EFA国家行動計画」やCPRGSは、それぞれ「ダカール行動枠組み」やMDGsといった国際的枠組との整合性と一貫性を保持しているが、EDSP2010はあくまでも国内政策文書であり、国際的な政策枠組や数値目標とは必ずしも合致していない（たとえば、教育における男女格差是正にかかわる数値目標を含んでいない）。「EFA国家行動計画」やCPRGSは、ドナーがかかわった、主としてドナー支援を動員するための文書で、国内的にはEDSP 2010がこれら諸計画の上位に位置づけられている（浜野, 2004）。

2. 教育分野における地方分権化の導入とEFA目標達成

(1) 導入の背景と文脈

　一般に、質の高い基礎教育の普及は、途上国政府が担うべき公共政策として位置づけられてきた。しかし、今日の途上国は、新自由主義的な思潮に影響を受けた地方分権的な教育セクターの運営と市場・競争原理に基づく規制緩和や民営化を含む教育改革を志向している。したがって、質の高い基礎教

育普及の方策としては、政府の役割を重視しつつも、中央と地方の役割分担の見直しや市場・競争原理の導入によって、基礎教育普及における効率性が追求されている。とりわけ教育セクター運営に関しても中央から地方へ権限・財源を分権化し、意思決定過程に地方政府や地域社会が積極的に関与し、これら主体の実施責任能力が高まれば、費用対効果の高い運営が可能とされている (McGinn and Welsh, 1999)。加えて、インドシナ諸国を含む東南アジアの国々は多文化・多民族・多言語の地域社会を抱えており、地域や民族によって教育の捉え方が異なっている。そこに画一的な基礎教育普及政策を実施しても現地ニーズに合致せず、かえって教育セクター運営の非効率性を促進しかねない。したがって、EFA目標達成にかかわる基礎教育支援の大半は、地方分権化の文脈で実施されている[8]。

　中央と地方の役割分担の規定や学校の効率的な運営は、先進国においても教育改革の争点でもあるが、同時代の途上国教育改革の背後にある効率性を重視した新自由主義の影響についての考察が十分になされているとはいいがたい。途上国にはこのような考え方が根付く制度的諸条件が整っておらず、むしろ排他的な競争や選別が激化し、しばしば弱者（最貧国や途上国の貧困層）が切り捨てられ、国家間や地域間の格差が増大するという見方もある（吉良，2001）。現時点では、少なくとも地方分権化のみによって質の高いEFA目標が容易に達成されるわけではないとする立場が妥当であろう (Bray and Mukundan, 2003)。グローバリゼーションの深化が避けられない状況にあっては、そのマイナス面あるいは「影」の部分を見極めることは不可欠である。中央と地方の役割分担をめぐる議論が一層複雑になるもう一つの要因は、教育行財政の中央レベルからの権限・財源移譲に関して地方政府と教育関連省庁の各級機関との関係が曖昧に規定され、地方レベルや学校現場で混乱が生じるか、あるいは法令で規定されていても実効が伴わない場合が多いことである。次に、このような地方分権化政策導入の背景と文脈に鑑み、インドシナ諸国における個々の政治体制と地方分権化政策の特徴を検討したい。

(2) カンボジア

カンボジアでは、カンボジア人民党（Cambodia Peoples Party: CPP）が中央・地方議会における多数を占め、フンシンペック党と与党連合を形成し、かつ少数野党のサン・リムゼイ党が存在する多党制を特徴とする（天川，2004）。このような多党制によって、教育青年スポーツ省においても主にCPPとフンシンペック党によるポスト配分がなされ、CPPとフンシンペック党がそれぞれ次官ポストを分け合うと同時に省内人事をめぐる政党間の争いが顕著である[9]。このような構造は、地方の州や郡の教育行財政にも反映されており、教育行財政にかかわる意思決定や政策実施における取引・調整コストの増大を招き、教育部門の資源配分にも大きな影響を及ぼしている。

　それでもカンボジアにおける地方分権化は、民主化を促進しようとする政治的動機による公共部門改革の一環として開始され、1996年から導入された国連開発計画（UDNP）などが支援するSeila（クメール語／サンスクリット語で「礎」の意）プログラムのように地方分権化を推進し、新たな開発メカニズムとしてのコミューン評議会や村落開発委員会の機能を強化しようとする流れにある。しかし、教育部門における地方分権化に関しては、2003年で75％と中央政府による決定の割合が高く、地方政府による決定は11％、学校レベルでは14％にすぎない水準である。教育セクターにおける地方分権化の特色は、権限の「分散化（Deconcentration）」であり、特に人事と資源配分に関しては中央政府が権限を保持している（Turner, 2002; Losert and Coren, 2004; World Bank, 2005a）。教育セクターを含む国家行政基盤の脆弱なカンボジアにおいては、地方への財源委譲を伴う早急な分権化によってむしろ分権化のネガティブな帰結がもたらされるリスクが高い。すなわち、分権化のプロセスを管理する地方政府・行政機関の能力的準備が伴わず、教育のような公共サービスの質と効率を改善しうる分権化の実効が上がらないことが予見される。カンボジアの多党制における分権化の導入状況と特徴に鑑み、新たな教育法の制定は、教育セクターにおける法的および規制枠組みを明確化するため死活的に重要である。未だ、2006年の段階では正式な承認に至っていないが、この教育法において教育サブ・セクターの役割・責任、授業・学習関係、人事関係、資源配分にかかわる諸規定および各教育行政レベルの所管と責任に関

する諸規定が含まれている (RGC, 2005)。

なお、カンボジアの教育セクターにおける地方分権化を実施するメカニズムは以下のとおりである。まず、カンボジアの地方教育行政組織として、大、中、小規模に分けられる州教育サービス（全国で24カ所）と郡教育事務所（全国で185カ所）がある。さらに、カンボジアにおける教育行財政の構造と予算配分のメカニズムは、後述する「優先行動プログラム (Priority Action Program: PAP)」の導入によって、中央レベルの財務経済省の国庫から州レベルの州庫へ配分され、そこから教育青年スポーツ省が所管する州教育サービスへ移動するメカニズムが創設された。州レベルの予算管理と配分は、新たに創設された州予算管理委員会によって行われる。さらに、州教育サービスから郡教育事務所への予算配分が行われ、やはり新たに創設された郡予算管理委員会がその運営にあたっている。学校への予算配分は、郡予算管理委員会の調整を経て、郡教育事務所とのやりとりで実施されている (Sub-Working Group No.3, 2004)。

(3) ラオス

ラオスの政治体制は、1975年の社会主義革命以来、ラオス人民革命党による一党体制が続いている。ラオスは、1986年以来、経済不振からの脱却を目指し、ラオス版ペレストロイカである「チンタナカーン・マイ（新思考）」を導入した。特に経済分野においては「新経済メカニズム (New Economic Mechanism: NEM)」が実施され、計画経済から市場経済化への転換という改革路線を歩むこととなった（天川・山田編, 2005）。ラオスの一党支配的な政治構造における特徴は、政府内部に党員と非党員が存在し、非党員は党員の意思決定に従うか、または党員による監視下に置かれていることである。しかし、実際の行政の担い手は非党員に委ねられることが多く、行政の実施において党員は非党員に依存している。この構造は党員と非党員間における権限と行政実施能力における歪んだ関係をうみ出し、中央から地方行政組織に至る非効率性の要因となっている。人民革命党による一党支配体制にもかかわらず、実質的にあたかも党員と非党員による「二党体制」が存在しているのである[10]。教育行財政にかかわる意思決定や政策実施の非効率性に関しては、カンボジア政府内

の多党制による高い取引・調整コストの存在に類似する状況がある。

　ラオスにおける地方分権化は、1975年の社会主義革命以降、教育部門も含め、中央集権化と地方分権化の間でめまぐるしい変更が見られる。1980年代半ばには経済改革路線に呼応して中央集権的な行財政制度から地方分権化が進められた。しかし、地方分権化のための予算制度の未整備、分権化の推進に不可欠な地方における有能な行政官の不足は、実施プロセスに著しい混乱を招き、1991年には再び中央集権化へ戻ることとなった。その後、1997年以降のアジア危機の影響によってマクロ経済状況と財政的困難が悪化し、財政再建と行政の効率化を目指し、2000年から再び地方分権化が進められることとなった。具体的には、「分散化 (Deconcentration)」に関する首相令の公布によって、県、郡、村の新たな役割が規定された。「県」は開発のための戦略ユニット、「郡」は計画・予算ユニット、「村」は基本的な実施ユニットとしての役割を担うことになった (Government of the Lao PDR, 2000)。

　教育行政に関しては、国家レベルは、教育省が所管しており、県レベルは18の県教育サービス局が初等・中等教育の実施に際して実務的な責任を有する。県教育サービス局は教育省の管理下に置かれているが、県知事の指導も受ける。県知事は一定の予算権限を有しており、その一部は教育にも使われている。各県下に配置された合計142の郡教育事務所は、教育行政の最前線組織として、現場レベルで学校と地域組織を支援し教育活動を進めている。教育省の任務として、国の教育制度の企画、教育政策に関する助言勧告、全国の教育活動の監督、直接あるいは所管機関を通じたカリキュラムの開発、教科書の編纂および出版、教材の作成配布、新規教員の養成、現職教員の訓練、高等教育、教育財政および教育制度内における人事管理にあたっている。さらに、教育省は教育組織を設置または廃止する権限、県教育サービス局および郡教育事務所の組織と機能を定める権限、必要に応じて教育にかかわる規則・指令・通知等を発出する権限を有する。教員配置については、県・郡の要請に対する教育省の回答というかたちで基本的に実施される。しかし、実態としての教育行政は中央集権化から地方分権化への移行プロセスにおいて大きく揺らいでおり、教育計画、予算配分、人事面などにおける幾多の構造

的な問題をはらんでいる (ADB, 2003)。

(4) ベトナム

　ベトナムは、1975年のベトナム戦争終結による南北統一後の性急な社会主義国家建設が行き詰まり、打開策として1986年より「ドイモイ（刷新）」路線を敷いてきた。ベトナム共産党による一党制の社会主義体制下では、党は政府よりも上位にあり、あらゆる政策は実質的に中央の党で企画・立案されてきた。教育セクターも例外ではなく、国会は党の方針を承認する手続き機関であり、教育訓練省と省教育訓練局はその執行機関にすぎなかった。しかし、「ドイモイ」の進展とともに、1990年代以降、党は基本的な方向性を示すにとどまり、審議機関としての国会、教育政策立案機関としての教育訓練省、実施機関としての省教育訓練局や県教育訓練課の役割が強化されてきた（近田，2006）。特に、基礎教育行政における中央・地方の役割分担は、中央の教育訓練省が全体の教育計画立案、他の政府機関との調整、国家予算の獲得と援助機関との交渉、カリキュラム編成や内容に関する指針作成、教育統計情報の整備、などを担っている。地方レベルでは、省教育訓練局が省レベルの教育計画、前期中等教育の実施および初等・前期中等教育の教員養成を担い、県教育訓練課が初等教育の実施を担っている (Orbach, 2002)。

　ベトナムにおいては、地方分権化が予算の動員と配分にまで及び、政府部門における地方政府の歳出が占める割合は4割以上で、途上国だけでなく、多くの先進国と比べても相対的に高い水準にある。しかし、地方行財政制度自体が未だ過渡期にあることから、その実情はあまり明らかになっていない。ベトナム地方行政の実情がわかりにくい一つの要因は、一党支配制のベトナムにおける地方分権化が、各級の人民委員会への権限委譲と地方レベルの教育行政機関への権限委譲という2つの側面をもっていることにある。初等教育行政に関していえば、各級教育行政機関がいわゆる「二重の従属」関係にある場合が指摘されている。すなわち、省教育訓練局は、省級人民委員会の指導・管理に服する一方、中央の教育訓練省の指導・検査に服する。県教育訓練課は、県級人民委員会の指導・管理に服する一方、省教育訓練省の指導・

検査に服することになる。この「二重の従属」原則のもとで、地方がどの程度まで中央に依存しており、どの程度の自律性を持っているのかを見極める必要がある（石塚，2004）。さらに、「ドイモイ」下における地方分権化の特徴の一つは、教育の「社会化」と称するスローガンが掲げられたことである。半公立、民立、私立といった多くの非公立学校が設立されるとともに、教育サービスの受益者負担が増大し、教育サービスへのアクセスに関する世帯・地域間の格差が拡大しているとの懸念がある（野田，2005；潮木，2006）。

3. 教育「セクター・プログラム支援」の展開と EFA 目標達成のための能力開発

(1) PBA による教育「セクター・プログラム支援」

　EFA 目標達成を視野に入れ、教育のサブ・セクター間のバランスを図り、援助協調と制度能力の向上をとおして、途上国の教育改革プロセス自体を支援しようとするのが PBA による「セクター・プログラム支援」である（King and Buchert eds., 1999; Hirosato, 2001; Lavergne, 2003; 横関，2005；廣里，2005a）。教育セクターのみならず、整合性を欠いたプロジェクト型の協力形態への反省に基づき、1990 年代半ばから「セクター・プログラム支援」が目指されてきた[11]。より直接的には、世界銀行が主導する貧困削減戦略書（Poverty Reduction Strategy Paper: PRSP）において教育セクターが貧困削減に重要な役割を担っていること（Caillods and Hallak, 2004）、イギリス、スウェーデン、欧州連合等が貧困削減のための効率・効果的な援助協調体制を構築することが必要との立場を鮮明にしたことが背景にある（Ratcliff and Macrae, 1999; Sida, 2000）。さらに、「セクター・プログラム支援」が進化した協力形態として PBA に含まれる「セクター財政支援」方式がある。地方分権化の流れが定着することによって、援助資金を受け入れる途上国財政が各部門の省庁所管より財務を司る中央政府（財務省）によって所管され、そこから地方政府へと移譲されつつある。途上国政府の説明責任能力や援助資金フローの透明性が確保されることが前提であるが、援助資金を財政の一部として過渡的に受け入れることで、究極には、途上国自身が財政的に自立可能となることを目指す協力形態とされている。し

かし、実際には、「セクター・プログラム支援」として「セクター財政支援」が成り立つ前提条件としてのオーナーシップやパートナーシップに対する懸念が払拭されず（King, 2004）、セクター・プログラム策定過程そのものに援助機関の雇用する外国人コンサルタントへの依存傾向があることを否定できない（Samoff,1999）。また、途上国政府と援助機関あるいは援助機関同士でパートナーシップが構築されうるのかという問題があり（北村, 2005, 2007；Kitamura, 2007）、お互いの利害調整に予見されていた以上の労力と時間が費やされ、PBAが意図するような援助にかかわる取引・調整コストの軽減には至っていない場合が多い。また仮にSWAPsが成功し、「セクター財政支援」に踏み切ったとしても、時間的なフレームを念頭に置いた出口政策を明確に織り込むことができず、かえって援助機関や外国人コンサルタントへの依存体質だけが強化されてしまうことにもなりかねない。さらに、「セクター・プログラム支援」の実施上の問題も枚挙に暇がなく、たとえば、援助手続きの共有化や簡略化を目指していたはずが、かえって煩雑になってしまう場合もあるし、後述するような途上国における制度や実施能力の欠如、援助機関側の能力や経験不足の問題も指摘される。このような問題をはらみつつも、PBAによる「セクター・プログラム支援」への方向性は不可逆的であり、実施上の経験を重ねることによって国際教育開発・協力の新たなアプローチとして今後も進化を遂げていくことと思われる。

(2) インドシナ諸国における展開

　PBAによる「セクター・プログラム支援」は、すでに複数のサハラ以南のアフリカ諸国で導入されている。インドシナ諸国では、先駆的な例として一定の評価が与えられているカンボジアがあり（Forsberg and Ratcliffe, 2003；清水, 2007）、その導入を進めつつあるベトナムとラオスがある（Hirosato, 2001; 廣里, 2005a）。

1. カンボジア
　カンボジアのPBAによる「セクター・プログラム支援」では、地方分権的

な予算配分と教育サービス提供のメカニズムとして「セクター財政支援」形態を取り入れている。2001年にアジア開発銀行によって承認された「教育セクター開発プログラム」において、従来のプロジェクト型借款に加え、カンボジア政府がPAPと呼ばれる経常予算を支援する「セクター財政支援」のための特別スキームを導入し、PAPへの資金援助をとおして教育セクター全体の均衡がとれた発展を目指す政策・財政支援が行われた (ADB, 2001c)。PAP資金は、中央の教育青年スポーツ省を経由せずに州レベルに直接送られるため、地方の裁量権が増すことになり、地方分権化を進める上での重要な転機となった (北村, 2007)。

また、カンボジアにおける直近の教育「セクター・プログラム支援」の枠組みと目標は、2006年から2010年までのESPにおいて規定されている。同じく2006年から2010年までのESSPにおいて12分野のPAPにおける具体的な目標値が設定されている (清水, 2007)[12]。ESSPを支援するために、2004年には、アジア開発銀行によって「第2次教育セクター開発プログラム」が承認され、中等教育機会の拡大と基礎的な技能訓練に対する支援が盛り込まれた(ADB, 2004a)。一方、世界銀行も2004年に「教育セクター支援プロジェクト」を承認し、初等・前期中等教育のアクセスの拡大と均等化および教育の質改善を目指している (World Bank, 2004a, 2005d)。

しかし、カンボジアにおける「セクター・プログラム支援」の要であるPAPメカニズムとその資金がもたらす効果については、地方や学校におけるPAP運営能力の欠如やPAP資金とニーズとのミスマッチなどによって、EFA目標にかかわる教育指標について必ずしも期待された改善が見られていないとの報告もある (World Bank, 2005b; MOEYS, 2005)。このことは、PBAによる「セクター・プログラム支援」においても地方・学校レベルの能力強化に課題があることを示唆している。

2. ラオス

ラオスでは、2004年にラオス版の貧困削減戦略ペーパーである「国家成長・貧困撲滅戦略」が策定された。教育分野は農林業、保健、交通インフラとと

もに貧困削減のために取り組むべき主要セクターにあげられ、この戦略の柱とされている。特に教育セクターにおける取り組みは貧困削減のために必要不可欠との認識で、教育省は貧困削減に重点をおいた教育開発プログラムを策定し実施していく責任を負うこととなり、PBAといったより包括的アプローチへの転換が求められることになったのである。

EFA目標達成にかかわるラオスの初等教育開発は、主に世界銀行による「第2次教育開発プロジェクト」(World Bank, 2004b)、およびアジア開発銀行による「初等教育（女子）プロジェクト」(ADB, 1999)と「第2次教育の質改善プロジェクト」(ADB, 2001b)とによって支援されてきた。主な二国間援助国は、世界銀行かアジア開発銀行のプロジェクトへの協調融資による技術協力を実施してきた。2006年11月にアジア開発銀行によって承認された「基礎教育セクター開発プログラム」(ADB, 2006a)はPBAによる初等・前期中等教育支援を目指しており、プログラム借款と投資借款を組み合わせたセクター開発プログラム形態を導入している。この援助形態では、プログラム借款による政策支援を行い、投資借款による初等教育アクセスの拡大と均等化、および前期中等教育機会の拡大を目的としている。この「基礎教育セクター開発プログラム」において地方分権的な教育行政・運営能力の強化を含んでいるが、ラオスのPBAは、「セクター財政支援」形態は取り入れられておらず、通常のプログラム借款を適用している。

3. ベトナム

ベトナムは、2003年以来のFTIの受け入れ国であり、EFA目標達成のための資金面では有利な立場にある。たとえば、世界銀行によるベトナムの「不利な児童たちへの初等教育プロジェクト」は、就学水準の低い貧困地域や少数民族地域を対象とし、プロジェクトの実施責任をおおむね地方政府や地域社会に委ねている(World Bank, 2002)。さらに、質の高いEFA実現を担保する方策として、ベトナムで導入されているのが「学校の根本的質レベル (Fundamental School Quality Level: FSQL)」といった概念である。これは、ベトナム政府と援助機関が全国的に均一に保障されるべき最低限の教育の質に関し

て同意した上での支援を実施するものである。初等教育のFSQLに関しては、世界銀行による「不利な児童たちへの初等教育プロジェクト」において教育訓練省が保障すべき教育の質として規定され (World Bank, 2002)、前期中等教育に関しては、アジア開発銀行による「第2次前期中等教育プロジェクト」において教育訓練省が同様のFSQLを開発することが融資条件とされている (ADB, 2004b)[13]。

加えて、初等教育では、2005年に世界銀行による「EFA国家行動計画実施のためのターゲット予算支援プログラム」が承認された (World Bank, 2005c)。このプログラムによって、世界銀行、英国の国際開発省(DFID)やその他ヨーロッパ諸国の二国間援助機関とベトナム政府による初等教育を主な対象とするサブ・セクターSWAPsという状況が生まれている。このプログラムの特徴は、FSQLに満たない学校を特定し、政府への予算支援によってFSQLに達する学校を増加させようとする点にある。そのための仕組みとして、県レベルで実施されている教育分野における国家ターゲットプログラム (National Target Program: NTP)という予算配分メカニズムを強化し、利用することによって「セクター財政支援」を試験的に実施している (World Bank, 2005a)。

前期中等教育は、アジア開発銀行による一連の中等教育プロジェクトとして支援されている。先述のように、「第2次前期中等教育プロジェクト」において教育訓練省が、2008年度中に政府の承認を受けるべく、前期中等教育段階におけるFSQLを開発中である。FSQLが承認され、地方分権的な予算配分メカニズムであるNTPの透明度が高まれば、前期中等教育段階におけるNTPを利用した経常予算支援も可能となるであろう。このようにベトナムでは「セクター財政支援」を視野に入れた基礎教育支援が展開されており、少なくとも資金面において質の高いEFA目標達成が加速化することが期待される。

(3) EFA目標達成へ向けた能力開発

以上、インドシナ諸国においても質の高いEFA目標達成のプロセスとして、PBAによる「セクター・プログラム支援」が実施されている。一方、国

際開発協力の動向として、2005年には「援助効果に関するパリ宣言」が採択され、オーナーシップとパートナーシップの確立と援助の調和化や適合化を目指すことが広く国際開発協力の規範となった。ここで国際開発協力の中心的命題として位置づけられ、今日に至っているのが新たな開発機軸としての「能力開発 (Capacity Development)」である (OECD High Level Forum, 2005)。「パリ宣言」は主に公的財政管理と調達における能力開発を対象としているが、インドシナ諸国における PBA による教育「セクター・プログラム支援」においても欠かすことができない意味合いをもっている。

1. 能力開発の定義と特徴

途上国において質の高い EFA 目標を達成できるかどうかは、途上国政府そして援助機関の双方が課題解決に必要な能力をもつことができるか、すなわち、適切な能力開発が伴うかどうかにかかっている。冷戦終結後の援助疲れが顕在化した1990年代において「援助は役立っているのか？」という問いかけが議論されるようになった。1996年の経済協力開発機構／開発援助委員会 (OECD/DAC) 新戦略において途上国のオーナーシップとステークホルダー間のパートナーシップが強調されるなど、援助の見直しが行われ、国連開発計画 (UNDP) を中心とする技術協力改革の議論に引き継がれた (Fukuda-Parr et al., 2002)。従来の個人の能力向上と組織構築に偏った援助は、途上国の予算制度から離れた追加資金による政策の歪み、既存の組織から独立したプロジェクト実施ユニットの偏重、援助機関ごとに異なる援助対象や援助手続きによる途上国における取引・調整コストの増大、など途上国のキャパシティを損ねているという批判にさらされた。その結果、援助 (特に技術協力) は、途上国の能力開発を支援すべきであるという国際思潮が形成されてきた (UNDP, 2003)。OECD/DAC によれば能力開発とは、「個人、組織、社会が全体として自らのキャパシティを発揮、強化、構築、適用、そして維持していくプロセス」(GOVNET, 2006) である。さらに、援助ディスコースの発展に先駆的な役割を果たしているスウェーデンの国際開発協力庁 (Sida) は、能力開発をより限定的に「開発を可能にするために必要な条件、たとえば知識、能力、

効果的かつ開発志向の組織の存在」と定義しており（Sida, 2000）、JICA ではより包括的に「途上国の課題対処能力が、個人、組織、社会などの複数のレベルの総体として向上していくプロセス」と定義している（国際協力機構，2006）。いずれの定義も、能力開発が、そのプロセスを重視し、個人や組織レベルの能力構築だけでなく、制度や政治・社会システムなどを含む多様な要素の集合体として認識されたことである。このような流れが、2005 年の「援助効果に関するパリ宣言」に引き継がれ、能力開発が国際開発協力の中心的命題として位置づけられることになった。

途上国における課題は、地方分権化によって権限が委譲された、あるいは委譲されようとする地方政府やコミュニティ・レベルの行政組織を取り巻く能力開発である。中央レベルでは、ある程度の計画、運営、実施、モニタリング・評価能力が伴っているとしても、地方レベルの行政能力基盤は脆弱であり、地方分権化が想定するサービスの実施を効果的かつ円滑に行うことができないのが実情であろう。

2．EFA 目標達成へ向けた能力開発

教育セクターにおける能力開発は、PBA による「セクター・プログラム支援」といった新しい協力アプローチが導入されつつあるにしても、主として中央レベルでの政策策定、計画、モニタリング・評価に関する能力開発にとどまっており、地方政府や学校レベルでの取り組みは不十分といった状況にある。質の高い EFA 目標達成における真の挑戦は、就学に関する数値目標達成だけではなく、教授と学習の質向上をもたらすこと、すなわち「満足できる質を伴った持続可能な学習環境」(ADB, 2001a) を創出し、持続的に学習効果を高めることであろう。これは、適切なカリキュラムを導入すること、質を伴った教員養成を行うこと、満足な学習教材を学校に提供すること、教員がそれを有効に使用できること、効果的な学校運営を行うこと、などの根本的な取り組みを意味する (Smith, 2005)。したがって、基礎教育開発を中心とする EFA 目標達成は、中央レベルにおける取り組みだけではなく、地方（州／県・郡・コミュニティ）や学校レベルにおける個人・組織・システムの能力開発

の度合いによるところが大きい。

　このような能力開発は、オーナーシップやパートナーシップ構築という基本原則を念頭に置きつつも、地方・学校レベルを含む教育システム全体に波及する包括的な取り組みである。本来ならば教育セクター運営を効率化するはずの「セクター・プログラム支援」が、地方分権化における EFA 目標達成にかかわる当事者である地方行政官、学校運営者、教員の能力を超えるものとなってしまえば本末転倒である。それでも、教育システム全体に及ぶ能力開発の重要性が認識され、各国の個別案件としてはさまざまに取り組まれている。主な取り組みとして、ベトナムの地方教育計画能力向上への取り組み (O'Rourke and Hanh, 2005) や初等教育における読解と算数の全国アセスメントにかかわる能力開発 (World Bank, 2004c)、カンボジアでの教育計画・運営能力のニーズ調査と教育計画・運営研修所設立の動き (Beynon et al., 2004; Sereyrath and Beynon, 2006)、ラオス教育省での政策研究能力向上への取り組み (World Bank, 2004b)、などがある。しかし、地方分権化によって能力開発の対象があまりにも拡散され、重複する場合もある。能力開発の担い手も、依然として援助機関が雇う外国人コンサルタントであることが多く、その方法論は大方整合性に欠き、体系的に整理されていない。各国の文脈に沿った能力開発を進める必要がある一方で、インドシナ諸国に共通する能力開発の方法論や制度・仕組みを見出すことが重要である。

4. EFA 目標達成と地域的教育協力の可能性
—— GMS プログラムを中心に

　インドシナ諸国におけるもう一つの新たな協力アプローチは、より大きな市場、規模の経済、効果的な分業をもたらすとされる準地域協力である。その代表例がアジア開発銀行を調整・推進機関として1992年に発足した、準地域的な教育協力を含む「大メコン川流域圏 (Greater Mekong Subregion: GMS) プログラム」である。GMS は、カンボジア、ラオス、ミャンマー、タイ、ベトナム、そして中国 (雲南省のみ) にまたがり、約2億5千万人を擁する潜在的成長力の高い経済圏である。GMS プログラムは、東南アジア地域において

もユニークな存在であり、ほかの準地域協力のモデル・ケースとなっている (ADB, 2000；廣里, 2005b)[14]。GMS プログラムは、運輸、通信、環境・自然資源管理、観光振興、人的資源開発などにかかわる10の旗艦プロジェクトで構成されている（西澤, 2004）。教育部門は人的資源開発の下部部門（ほかに保健と労働）の一つとして位置づけられている。GMS 人口の半数強が潜在的労働力と見なされているが、その労働力はかなりの部分が遊休化しており、成長の規模とスピードに対応できる人材が各分野で不足している。若年層識字率の低さや初等・中等教育の未整備、健康状態の悪さなどによって労働生産性も高いとはいえない。特に、カンボジアやラオスなどは初等教育の完全普及を達成しておらず低雇用の一因となっているが、実際の雇用に結びつくには、より高度な技術教育や職業訓練が必要であり、GMS 内における技能の標準化、技能検査や評価システムの整備、労働市場情報サービスの充実、なども急務となっている。また、初等・中等教育の整備は、基本的に GMS 各国内の課題であるが、教育セクターにおける地方分権化政策の運営・実施や教育の質改善が共通の政策課題であることから、これらが今後の優先プロジェクトになっている (ADB, 2004c; GMS WGHRD-6, 2005; GMS WGHRD-7, 2006)。

　その意味で、GMS プログラムにおける能力開発への取り組みは注目に値する。開発運営の「プノンペン・プラン」を発足させ、域内の主な教育研修機関と協力し、行政官の研修を実施している (ADB, 2002a, 2005)。準地域的な協力を促進するために、多部門・多分野のマルチセクター・アプローチを重視し、たとえば、HIV／エイズとの関連で、教育と保健にまたがる就学前教育、学校保健、麻薬撲滅のための教育、などの研修が行われている。しかし、教育は開発運営全般を対象とする「プノンペン・プラン」における限られた一分野であり、この枠組みでは能力開発への取り組みの中心にはなりえない。今後は「プノンペン・プラン」と連携を図りつつも、教育セクターに特化する能力開発の方法論の確立や制度・仕組みの構築が望まれるゆえんである。たとえば、基礎教育の質保証に関しては、GMS プログラムの優先プログラムに含まれた経緯があるが具体的な活動は実施されていない。EFA 目標達成に関して量から質への転換が射程に入ってくる中で、このような質保証への

取り組みが急務である。ベトナムで取り組まれているような学習達成度アセスメントに関する能力開発の動きが準地域的に展開されていくこと、さらにカンボジアにおける教育計画・運営研修所設立の動きと連動し、国連教育科学文化機関（UNESCO）や東南アジア教育大臣機構（SEAMEO）が主導する既存の地域教育協力ネットワークとの連携による基礎教育の質改善が優先プログラムと見なされることが期待される。

おわりに──「自立発展的」なEFA目標達成へ向けて

21世紀の国際教育協力のビジョンは、MDGsやEFA目標達成へ向けて、自らの教育改革を「自立発展的」に推進する途上国固有の能力開発を成し遂げることではあるまいか（McGinn, 2000; Hirosato, 2001; 廣里, 2005a）[15]。6つのEFA目標を統合する教育計画および実施・運営能力の強化は、UNESCOが2006年に策定した「EFAグローバル行動計画（EFA Global Action Plan）」でも優先的な行動計画の一つになっている（UNESCO, 2006a）。本章で見てきたように、インドシナ諸国は、質の高いEFA目標の達成へ向けた困難な諸課題に直面しているが、教育セクターのガバナンス能力は依然として十分ではなく、地方教育行政や学校レベルの計画・実施・モニタリング能力は非常に脆弱で、「満足できる質を伴った持続可能な学習環境」を構築しえていない。

今後の展望として、地方分権化におけるEFA目標達成へ向けてインドシナ諸国で展開されている「セクター・プログラム支援」の成果と学校レベルにおける満足のいく持続可能な学習環境創出との乖離を埋める能力開発に焦点を当てていく必要がある。本章では、能力開発に関しては国レベル・準地域的レベルにおけるいくつかの試験的取り組みを検討するといった問題提起にとどまっている。しかし、このような問題提起が、地方や学校レベルの「自立発展的」な能力開発という真の挑戦へ立ち向かうための一石を投じることを願うものである。

注
1　本章は、廣里（2005a）および廣里・北村（2007）に加筆・修正を行ったものである。

2　これらは、①就学前保育・教育の拡大と改善、②2015年までに良質の初等義務教育を無償で保障、③青年・成人の学習ニーズの充足、④2015年までの成人識字率を50％改善、⑤2005年までに初・中等教育における男女格差の解消、さらに2015年までに教育における男女格差の解消、⑥読み書き、計算および基本的な生活技能取得のための教育の質改善、である（UNESCO, 2000）。

3　初等教育の完全普及という目標は、1960年に採択された「カラチ・プラン」にさかのぼる。また、1990年の「万人のための教育世界会議」においては、2000年までに全ての人に初等教育機会を保障することが宣言された（江原，2001；千葉監修，2005）。EFA目標が形を変えて再三に繰り返されていることは、その達成の困難を示している。2015年までのEFA目標達成を加速化するため、世界銀行は、比較的成果を上げやすいと見込まれる国々の初等教育分野へ集中的な援助を実施する「ファスト・トラック・イニシアティブ（Fast Track Initiative: FTI）」を2003年より導入している（Development Committee, 2006）。東南アジア地域ではベトナムがFTI対象国であり、カンボジアもFTIへの参加を模索している。一方、ユネスコは、EFA目標の達成を世界規模でモニタリングする仕組みを創設している（北村，2004, 2005; Kitamura, 2007）。

4　「セクター・プログラム支援」は、①セクター全体が対象となる、②首尾一貫したセクター政策がある、③途上国側にオーナーシップがある、④すべての援助国・援助機関が参加する、⑤協力の手続きが共有されている、⑥長期の外国人コンサルタントによる技術協力を最小限にする、といった特徴があり、通常はSWAPsとして理解されているアプローチである（Harold and Associates, 1995）。PBAは、「相手国が自ら所有する開発プログラムに対して、十分に調整のとれた支援を行う」という原則に基づいて実施される協力であり、その代表例が、財政支援を含む貧困削減戦略やSWAPsである。SWAPsでは範疇に入らないようなプロジェクト型援助形態も、プログラムに適正に位置づけられている限りにおいてPBAの範疇に入ることから、SWAPsより広範かつ柔軟なアプローチと見なすことができよう（Lavergne and Alba, 2003）。

5　北村（2007）が指摘するように、東南アジア諸国連合（アセアン）の原加盟国であるインドネシア、マレーシア、フィリピン、タイ、シンガポールと1990年代に入ってアセアンに加盟したカンボジア、ラオス、ベトナム、ミャンマー、という2つのグループの間で大きな教育格差が開いている。

6　シンガポール、ブルネイ、タイ、マレーシアを除く。タイとマレーシアはすでに被援助国の立場を脱却する強い政治的意思を表明している。ただし、ミャンマーは、教育協力の潜在的対象国であるが、目下の政治状況によって、援助機関との教育協力の範囲は極めて限定的である。

7　開発の4要素とは、①人的資源開発、②農業セクターの向上、③インフラの復興と建設、④民間セクターの開発と雇用創出、であり、4要素の中心に「グッド・ガバナンス」が位置している。

8　ハンソン（2006）は、決定権、責任、業務に関する中央から地方への移転度をめぐって、地方分権化の3形態（権限の「分散化(deconcentration)」、「委任化(delegation)」、「移

譲化（devolution）」の定義および地方分権化にかかわるさまざまな問題点や疑問点を整理している。また、カミングスとリデル（1994）によれば「民営化（privatization）」も地方分権化の一形態である。
9 清水（2007）は、カンボジア教育改革の政治的側面に関する考察を行っており、このような政党間利害の軋轢がもたらしてきた教育改革の制約要因を指摘している。
10 筆者によるフィールド調査（平成18年11月）。
11 たとえば、ブシェール（2000）は、プロジェクト型からセクター・プログラム型協力形態への変化を考察している。
12 現行のPAPシステムでは、不透明な資金の流れを防ぐために、PAP対象として12分野の教育サブ・セクターを選定し、各年度の予算を12分野のPAPごとに厳格に定めている。しかし、このシステムでは予算が余る分野と不足する分野間の予算振り替えができない。より予算執行に柔軟性をもたせるため、12分野のPAPを5つのプログラム分野に再編成し、それぞれのプログラムに対して予算配分を行うという「プログラム予算化（Program Budgeting）」を2007年から導入する予定である（北村，2007）。
13 同様の概念として、「最低サービス水準（Minimum Service Standards）」があり、インドネシアでの導入が計画されている。
14 ほかの準地域協力の枠組みとしてブルネイ、インドネシア、マレーシア、フィリピンにまたがる「東アセアン成長地域（East ASEAN Growth Area）」プログラムがあるが、ミンダナオ島周辺の政情・治安状況によって、あまり進捗していない。
15 廣里・林田（2006）は、このような問題意識に基づいて、政治経済学的アプローチによる「自立発展的」な教育開発モデル構築を試みており、その中で能力開発による教育部門ガバナンスの改善が、就学率などの基礎教育指標の改善につながることを理論・概念的に説明している。

参考文献

天川直子（2004）「ASEAN加盟下のカンボジア―諸制度と実態の変化」天川直子編『カンボジア新時代』アジア経済研究所．
天川直子・山田紀彦編（2005）『ラオス、一党支配体制下の市場経済化』アジア経済研究所．
石塚二葉（2004）「ベトナムにおける各級行政機関間の関係―初等教育行政を事例として」石田暁恵・五島文雄編『国際経済参入期のベトナム』アジア経済研究所，387-417頁．
乾美紀（2006）「ラオスの教育と教育計画」山内乾史・杉本均編著『現代アジアの教育計画（下）』学文社，205-219頁．
潮木守一（研究代表者）（2006）『初等教育の普遍化戦略に関する事例研究』研究成果報告書（平成14年-17年科学研究費補助金、基礎研究B）．
江原裕美（2001）「開発と教育の歴史と課題」江原裕美編『開発と教育―国際協力とこどもたちの未来』新評論，35-100頁．
北村友人（2004）「基礎教育への国際的な資金援助の試み―EFAファスト・トラック・イニシアティブ導入の背景と課題」『国際協力研究』第20巻，第1号，53-63頁．

北村友人 (2005)「国際教育協力をめぐる公共性と政治性―グローバル・ガバナンスのメカニズムに関する考察」『インターカルチュラル：日本国際文化学会年報』第3号, 58-79頁.

北村友人 (2008)（予定）「東南アジア・南アジア諸国における教育改革と学力問題―『アクセス』から『質』への転換」澤野由紀子・北村友人・佐藤学編『揺れる世界の学力マップ』明石書店.

吉良直 (2001)「世界銀行の教育地方分権化政策のジレンマ」江原裕美編『開発と教育―国際協力とこどもたちの未来』新評論, 271-286頁.

黒田一雄・横関裕見子 (2005)「序章：国際教育協力の潮流」黒田一雄・横関裕見子編『国際教育開発論―理論と実践』有斐閣, 1-13頁.

国際協力事業団 (2006)『キャパシティ・ディベロプメント（CD）：CDとは何か、JICAでCDをどう捉え、JICA事業の改善にどう活かすか』国際協力総合研修所.

清水和樹 (2007)「SWApによる教育セクター改革の成果と課題、及び政治的影響の考察―カンボジアを事例として―」政策研究大学院大学開発フォーラム（http:www.grips.ac.jp/forum/pdf70/shimizuMar07.pdf：2007年4月）.

正楽藍 (2006)「カンボジアの教育計画―基礎教育開発とその課題」山内乾史・杉本均編著『現代アジアの教育計画（下）』学文社, 220-235頁.

瀧田修一 (2004)「移行期ラオスにおける人的資源開発―教育開発政策を中心に」天川直子編『ラオスの市場経済化―現状と課題』アジア経済研究所, 225-263頁.

近田政博 (2001)「ベトナム教育法（翻訳）」『名古屋大学高等教育研究』第1号, 183-220頁.

近田政博 (2006)「現代ベトナムの教育計画」山内乾史・杉本均編著『現代アジアの教育計画（下）』学文社, 236-253頁.

千葉晃弘監修 (2005)『国際教育協力を志す人のために』学文社.

西澤信善 (2004)「メコン川流域総合開発」北原淳・西澤信善編著『アジア経済論』ミネルヴァ書房, 239-266頁.

野田真里 (2005)「ベトナムの初等教育普及における地域社会の役割―『教育の社会化』の実態とその課題」米村明夫編『初等教育の普遍化：実現のメカニズムと政策課題』アジア経済研究所.

浜野隆 (2004)「初等教育普遍化に向けての政策課題と国際教育協力―ベトナムの事例」『国際協力論集』第7巻, 第2号, 39-53頁.

廣里恭史 (2001)「アジア地域への教育協力―アジア開発銀行と教育開発・改革をめぐる政治経済学の構想」江原裕美編『開発と教育―国際協力とこどもたちの未来』新評論, 181-208頁.

廣里恭史 (2005a)「東南アジア地域における国際教育協力の現状と課題―『自立発展的』な教育改革支援へ向けて」『比較教育学研究』第31号, 38-51頁.

廣里恭史 (2005b)「国際機関の役割と動向（二）―アジア開発銀行」内海成治編『国際協力論を学ぶ人のために』世界思想社, 115-129頁.

廣里恭史・北村友人 (2007)「発展途上国の基礎教育開発における国際教育協力『融合モ

デル」―『万人のための教育』目標達成と能力開発への展望」『国際開発研究』第16巻, 第2号, 5-20頁.
廣里恭史・林田和則 (2006)「発展途上国の教育開発に関する政治経済学試論―「自立発展的」教育開発モデルの構築に向けて」『国際教育協力論集』第9巻, 第2号, 37-49頁.
横関祐見子 (2005)「援助強調への対応」内海政治編『国際協力論を学ぶ人のために』世界思想社, 299-314頁.
Asian Development Bank (ADB) (1999). *Report and Recommendation of the President (RRP), Lao People's Democratic Republic (PDR), Basic Education (Girls) Project*. Metro Manila: ADB.
――― (2000). *A Wealth of Opportunity: Development Challenges in the Mekong Region*. Metro Manila: ADB.
――― (2001a). *Education and National Development in Asia: Trends, Issues, Policies, and Strategies*. Manila: ADB.
――― (2001b). *RRP, Lao PDR, Second Education Quality Improvement Project*. Metro Manila: ADB.
――― (2001c). *RRP, Cambodia, Education Sector Development Program*. Metro Manila: ADB.
――― (2002a). *Technical Assistance (TA) Report, GMS Phnom Penh Plan for Development Management*. Metro Manila: ADB.
――― (2002b). *Secondary Education Sector Master Plan*. Hanoi, Vietnam: ADB
――― (2003). *Operational Policy Report, Strengthening Decentralized Education Management*. Bangkok: UNESCO Asia and Pacific Regional Bureau for Education.
――― (2004a). *RRP, Cambodia, Second Education Sector Development Program*. Metro Manila: ADB.
――― (2004b). *RRP, Viet Nam, Second Lower Secondary Education Development Project*. Metro Manila: ADB.
――― (2004c). *GMS Fifth Meeting of the Working Group on Human Resource Development (WGHRD), Report*. Metro Manila: ADB.
――― (2005). *TA Report, GMS Phnom Penh Plan for Development Management II*. Metro Manila: ADB.
――― (2006a). *RRP, Proposed Asian Development Fund Loan and Grant Lao PDR: Basic Education Sector Development Program*. Metro Manila: ADB.
――― (2006b). *TA Report, Kingdom of Cambodia: Preparing the Education Quality Improvement Project*. Metro Manila: ADB.
――― (2006c). *Strategic Secondary Education Planning and Cooperation*. Hanoi, Vietnam: ADB, Ministry of Education and Training, UNESCO/Hanoi, UNICEF and JICA.
Beynon, J. et al. (2004). *Planning and Management Skill Development in the Education Sector in Cambodia: Report on Needs Assessment Study (Draft Report)*. Paris: International Institute for Educational Planning.
Buchert, Lene (2000). From Project to Programme to Sector-Wide Support: Some Questions and

第4章　地方分権化におけるEFA目標達成と能力開発

Concerns. *Prospect*, Vol. XXX, No. 4 (December), 405-408.
Bray, Mark and Mukundan, M.V. (2003). *Management and Governance for EFA: Is Decentralization Really the Answer?* Hong Kong: Comparative Education Research Center, The University of Hong Kong.
Caillods, Francoise, and Hallak, Jacques (2004). *Education and PRSPs: A Review of Experience.* Paris: IIEP, UNESCO.
Cummings, William K. and Riddell, Abby (1994). Alternative Policies for the Finance, Control, and Delivery of Basic Education. *International Journal of Educational Research*, Vol. 21, No. 8, 751-776.
DAC Network on Good Governance (GOVNET) (2006). *The Challenge of Capacity Development: Working Towards Good Practice.* Paris: GOVNET/DAC.
Development Committee (2006). Progress Report for the Education for All-Fast-Track Initiative. Washington, D.C.: The World Bank.
Forsberg, Gudrung and Ratcliffe, Mike (2003). *Education Sector Wide Approach: Cambodia Education Case Study.* Metro Manila: ADB.
Fukuda-Parr, S. et al. (2002). *Capacity for Development: New Solutions to Old Problems.* London and Sterling, Virginia: Earthcan and UNDP.
Government of the Lao PDR (2000). *Prime Minister's Decree No. 01/PM of 11 March 2000.*
Government of the Socialist Republic of Vietnam (2003). *National Education for All Action Plan, 2003-2015.* Hanoi: Ministry of Education and Training.
Greater Mekong Subregion, Sixth Meeting of the Working Group on Human Resource Development (GMS WGHRD-6) (2005). Summary of Proceedings. 21-22 April, Phuket, Thailand.
Greater Mekong Subregion, Seventh Meeting of the Working Group on Human Resource Development (GMS WGHRD-7) (2006). Summary of Proceedings. Hanoi, 17-18, May.
Harold, Peter, and Associates (1995). *The Broad Sector Approach to Investment Lending: Sector Investment Programs.* Washington, D.C., The World Bank Discussion Paper No. 302.
High Level-Group on Education for All (2006). *Six Meeting of the High-Level Group on Education for All, Final Communique.* 14-16 November Cairo, Egypt.
Hanson, E. Mark (2006). Strategies of Educational Decentralization: Key Questions and Core Issues. In C. Bjork, ed., *Educational Decentralization: Asian Experiences and Conceptual Contributions.* Dordrecht, The Netherlands: Education in the Asia-Pacific Region Series, Volume 8, Springer, 9-25.
Hirosato, Yasushi (2001). New Challenges for Educational Development and Cooperation in Asia in the 21st Century: Building Indigenous Capacity for Education Reforms. *Journal of International Cooperation in Education,* Vol. 4, No. 2, 1-24.
King, Kenneth (2004). The External Agenda of Educational Reform: A Challenge to Educational Self-Reliance and Dependency in Sub-Saharan Africa. *Journal of International Cooperation in Education,* Vol. 7, No. 1, 85-96.

King, Kenneth, and Buchert, Lene (eds.) (1999). *Changing International Aid to Education: Global Patterns and National Contexts,* Paris: UNESCO Publishing.

Kitamura, Yuto (2007). The Political Dimension of International Cooperation in Education: Mechanism of Global Governance to Promote Education for All. In Baker, D.P. and Wiseman, A.P. (eds.), *Education for All: Global Promises, National Challenges.* Oxford, UK: Elsevier, 33-74.

Lavergne, Real. and Alba, Anneli (2003). *CIDA Premier on Program Based Approaches.* Ottawa: CIDA.

Losert, Lynn, and Coren, Mariolein (2004). *Analysis of Commune/Sangkat Powers and Functions, Sector Education.* Phnom Penh: GTZ.

Nielsen, H. Dean, and Cummings, William K. (eds.) (1997). *Quality Education for All: Community-Oriented Approaches.* New York: Garland Publishing.

McGinn, Noel F., and Welsh, T. (1999). *Decentralization of Education: Why, When, What and How?* Paris: IIEP, UNESCO, Fundamentals of Educational Planning 64.

McGinn, Noel F. (2000). An Argument for Dialogue in Definition of National Policies for Education. *Journal of International Cooperation in Education,* Vol. 7, No. 1, 15-25.

Ministry of Education (MOE) (2000). *The Education Vision up to the Year 2020.* Vientiane: MOE.

MOE (2005). *Education for All, National Plan of Action, 2003-2015.* Vientiane: MOE.

Ministry of Education, Youth, and Sports (MOEYS) (2001a). *Education Strategic Plan, 2001-2005.* Phnom Penh: MOEYS.

――― (2001b). *Education Sector Support Program, 2001-2005.* Phnom Penh: MOEYS.

――― (2005). *PAP Basic Education 2004-2005 Impact Survey.* Phnom Penh: MOEYS.

OECD High Level Forum (2005). *Paris Declaration on Aid Effectiveness: Ownership, Harmonization, Alignment, Results and Mutual Accountability.* Paris: OECD.

Orbach, Elli (2002). *Organizational Capacity Assessment of the Vietnamese Ministry of Education and Training, and Its Provincial and District Offices.* A Background Paper for the Primary Education for Disadvantaged Children Project. Washington, D.C.: The World Bank.

O'Rourke and Hanh, Tran Thi (2005). *An Independent Review of the Provincial Education Planning Project in 10 Pilot Provinces in the Socialist Republic of Viet Nam.* Hanoi: The World Bank.

Ratcliffe, Mike and Macrae, Murray (1999). *Sector Wide Approaches to Education Development.* London: Department for International Development.

Royal Government of Cambodia (RGC) (2003). *Education for All National Plan, 2003-2015.* Phnom Penh: MOEYS, Central Publication.

RGC (2005). Draft Law on Education. Phnom Penh: RGC.

Samoff, Joel (1999). Education Sector Analysis in Africa: Limited National Control and Even Less National Ownership. *International Journal of Educational Development,* Vol. 19, No. 4-5, 249-272.

Sereyrath, Sam and Beynon, John (2006). Building a Training Institution in Cambodia. *International*

Institute for Educational Planning, Newsletter, Vol. XXIV, No. 4, October-December, 1, 3.
Sida (2000). *Sida's Policy for Sector Programme Support.* Stockholm: Sida.
―――― (2006). *Time for Rethinking: Capacity Development in a Changing Landscape of Development Cooperation.* Stockholm: POM Working Paper 2006:3, Sida.
Smith, H. (2005). Ownership and Capacity: Do current donor approaches help or hinder the achievement of international and national targets for education? *International Journal of Educational Development*, Vol. 25, No. 4, 445-455.
Sub-Working Group No.3 (2004). Education: Sector-Wide Approach. *Practices and Lessons Learned in the Management of Development Cooperation: Case Studies in Cambodia.* Phnom Penh: Government-Donor Partnership Working Group, 39-58.
Turner, Mark (2002). *A Study of Decentralization in Cambodia with Specific Reference to Education.* Camberra: University of Camberra.
UNDP (2003). *Ownership, Leadership and Transformation: Can We Do Better for Capacity Development?* London and Sterling, Virginia: Earthscan.
UNESCO (2000). *The Dakar Framework for Action - Education for All: Meeting Our Collective Commitments.* Paris: UNESCO Publishing.
―――― (2006a) (edition of 10 July 2006). *EFA Global Action Plan: Improving Support in Achieving the EFA Goals*. Paris: UNESCO.
―――― (2006b). *EFA Global Monitoring Report 2007: Strong Foundations.* Paris: UNECO Publishing.
World Bank (1999). *Education Sector Strategy.* Washington, D.C.: The World Bank（＝黒田一雄・秋庭裕子訳『世界銀行の教育開発戦略』CICE 叢書1，広島大学教育開発国際協力センター，2001年）．
―――― (2002). *Project Appraisal Document (PAD), Viet Nam, Primary Education for Disadvantaged Children.* Washington, D.C.: The World Bank.
―――― (2004a). *PAD, Cambodia, Education Sector Support Project.* Washington, D.C.: The World Bank.
―――― (2004b). *PAD, Lao PDR, Second Education Development Project.* Washington, D.C.: The World Bank.
―――― (2004c). *Vietnam, Reading and Mathematics Assessment Study, Volume 1.* Washington, D.C.: The World Bank, 2004.
―――― (2005a). *East Asia Decentralizes: Making Local Government Work.* Washington, D.C.: The World Bank.
―――― (2005b). *Cambodia, Public Expenditure Tracking Survey (PETS) in Primary Education.* Washington, D.C.: The World Bank.
―――― (2005c). *PAD, Vietnam, Targeted Budget Support for National Education for All Plan Implementation Program.* Washington, D.C.: The World Bank.
―――― (2005d). *Cambodia, Quality Education for All.* Washington, D.C.: The World Bank.

第5章　EFA推進の国際的、国内的動機と学校、家庭へのインパクト――エチオピアの事例

山田　肖子

はじめに

「万人のための教育(Education for All: EFA)」とは、1990年にタイのジョムティエンで行われた「万人のための教育世界会議」で採択され、次いで2000年に「世界教育フォーラム」（セネガルのダカールで開催）で再合意された6つの目標からなる教育分野の国際的開発アジェンダである（本書第1章参照）。この6つの目標群は、初等教育の質・アクセスの向上から、就学前教育、インクルーシブ教育、ライフスキル教育、成人識字教育を含む多岐にわたるものである。一方、「世界教育フォーラム」が開催された2000年に、ミレニアム開発目標も採択された(Millennium Development Goals: MDGs)。MDGsは貧困削減のための社会経済活動を広くカバーする8つの目標群だが、教育に関しては、EFA目標の中から「初等教育の完全普及(UPE)」と「教育における男女間格差の解消」の2つが取り入れられた。そして、MDGsに含まれたことにより、この2つの教育関連MDGsはより大きな政策枠組みの中で指標化され、他の4つのEFA目標に比べ、国際的にも途上国内部においても高い優先度を置かれることとなった。

本章で事例に取り上げるエチオピア国も、ジョムティエンやダカール会議の参加国であり、EFA目標にも合意・署名している。また、エチオピアのような援助依存度の高い国においては、援助機関の意向や国際的潮流に政策が影響を受ける度合いが高いと言える。したがって、この国では、UPEと教育における男女間格差の解消は、教育セクターの最優先目標に含まれており、実際、エチオピア国の初等総就学率(GER)は、1994/05年度の30％から2004/05年度までの10年間に79.8％まで伸びている(Ministry of Education,

2005a）。EFA目標が合意されて以来、多くの途上国で就学率が伸びてはいるが、これほど短期間に急増したのはエチオピアを含む一部のサブサハラ・アフリカの貧困国に顕著な傾向である[1]。

　他方、程度の差はあれ、教育機会を拡大しようという努力は、決してEFA後に始まったものではなく、エチオピアは、「すべての人に教育を与える」ための国際的宣言や合意には繰り返し署名してきている。その最も古いものは、万人に教育を受ける権利を認めた1948年の国連「世界人権宣言」であろう。それ以来、「すべての人に教育を」というスローガンは、国際会議や議定書などで繰り返し確認されてきており、それに署名し続けてきたエチオピアを含む多くの国々において、「教育機会の拡大」は常に教育政策目標の中に存在した。また、教育を受ける権利は、エチオピアの憲法にも明記されている。エチオピアでは、帝政、軍政を経て、1994年に現在の政府になったときも、政権交代のたびに、政府は教育機会拡大を新たに宣言し、初等教育の就学率は一時的であれ向上した。こうした歴史を見ると、国際的な会議や宣言などが途上国の教育政策を教育機会拡大の方向に外生的に導いたという側面がある一方で、エチオピア政府自身にとって、教育サービスを提供することが人心掌握のための手段であったり、教育を通じて政治思想を浸透させるという政治的意図があったことも否めない。

　要するに、エチオピアにおけるEFA政策を考える場合、グローバル・アジェンダとして国際比較の視点から評価することは重要であると同時に、エチオピア国内の政治、社会的現実に照らして、EFAの実施がどのような意味を持つのかも考える必要があることが分かる。また、EFAという6つの目標群が、ともすれば初等教育の完全普及（UPE）とほぼ同義に用いられる理由も当該国の事情に照らして考察する必要がある。上述のとおり、EFAの中でも、MDGsに取り込まれ、貧困削減戦略やファスト・トラック・イニシアティブ（FTI）によって複合的に強調されたUPEと「男女間格差の解消」の2つの目標は、国際的にも注目度の高さが他を凌駕している。同時に、エチオピア国の状況を観察すると、UPEの優先度が高まることについては、中央レベルの政治的、外交的動機だけでなく、地方行政レベルの実務的戦略が働いてい

そこで本章では、EFA目標、特にUPEがエチオピア国教育セクターに取り込まれ、推進される国際的要因とともに、国内的動機や教育省の組織メカニズムを考察する。そのうえで、本章の後半では、エチオピア国における急速な就学率の拡大が保護者やコミュニティにとって何を意味するのかを考える。

　エチオピア国の就学率の拡大は、学校建設費をはじめ、多くのコストを家計に依存することによって下支えされている[2]。圧倒的なリソース・ギャップ (EFA目標を達成するのに必要な人的、財政的、物的資源と実際に用意できる資源の差) の中でEFA政策を推進するにあたっては、国際的援助への依存が高まるだけでなく、それでもまだ補いきれない資源を家計に依存することになる。近隣諸国が近年、初等教育の授業料を撤廃していく中、エチオピア国は、制度上は、そもそも授業料は何十年も課していないことになっている。しかし、学校がそれを「授業料」と呼ぶか否かにかかわらず、保護者は教育費を負担してきた。さらに、近年のUPE政策により、家事労働や経済活動のため、一部の子どもを家に残すという選択的就学の余地が少なくなり、より多くの子どもが学校に行くようになっている。このことは、直接、間接に家族の生産・経済活動、ひいては社会生活にまで影響を及ぼしている可能性がある。犠牲をいとわず子どもの教育にかける保護者の意欲はどこから来るのか――社会的、政治的理由か、将来の経済的リターンへの期待か？　現在のUPEへの動きは持続可能なのか、一時的な熱に過ぎないのか？

　こうした疑問に対して、本章の最後では、2005年と2006年にオロミア州の東シェワ県で行った小規模調査 (6つの小学校における教師、生徒へのアンケート、インタビューと学校周辺コミュニティでのインタビュー) をもとに、学校現場や保護者、生徒の考え方が変化する過程をスナップショットで紹介する。これまでのところ、さまざまな問題はあれ、エチオピアの初等教育は量的には拡大を遂げている。それを物的、経済的に下支えしているコミュニティや保護者にとって、UPEが何を意味しているのかを知ることは、国際的に合意された開発目標を教育現場や個人の生活との関連で理解するきっかけになるのではないか。

1. 国家教育政策への国際的影響

(1) EFA 開発目標と援助機関の国際的議論

　本書の第2章で述べられているように、EFAをめぐる組織間では、さまざまなレベルでの政治的関心や権利・責任の交換の力学が働いている。「万人のための教育」の名のとおり、EFA開発目標は、多様な教育課題を包括するものだが、その中でも特に、MDGsに盛り込まれた「2015年までの無償初等教育の完全普及 (UPE)」と「2005年までの男女間格差解消」が、他のEFA目標より高い戦略的、財政的優先度を与えられるようになったのは前述のとおりである。

　ファスト・トラック・イニシアティブ (FTI) は、国際的な影響力によって、途上国の政策が特定の分野に集中する例の一つであろう。FTIは世界銀行とUNESCOの主導で、2002年に開始された、2015年までのUPE達成という特定目的のための共同支援枠組みである (本書「はじめに」参照)。これまでのところ、45の途上国の教育セクター計画がFTIによって承認され、20カ国は承認されたプログラムに対してFTI触媒基金の拠出を受けている。このように、EFAの重点が初等教育の拡大に置かれてきたのは、1990年以降、世界銀行が教育分野で動員できる資金や専門家の数が増大し、他の援助機関や途上国政府が世界銀行への依存度を高めたことによるという分析もある (Heyneman 2003: 329)。資源依存は大きな要因ではあるが、基礎教育 (初等および前期中等) は、理念的な意味でも他の教育分野より合意形成しやすい分野である。学校での基礎教育の普及が国家の産業発展と近代化の前提条件だという想定は、広く共有されている (Astiz, Wiseman and Baker, 2002: 69; Carnoy and Rhoten, 2002: 1-2; Mundy, 1999: 33-34) し、国際会議でも初等教育へのアクセスは基本的人権の一つであるという宣言は繰り返し行われてきた。多くの国や機関の代表者がともに同じ規範を何度も確認することは、その議論にかかわった国や機関がその達成に向けて前向きに努力することを暗黙に求める倫理的強制力になる (Chabbott, 1998: 212-214)。こうした経済的、道義的、政治的要因が相俟って、国際舞台におけるEFA議論は、初等教育を中心として展開していくように

なったと思われる。では、そうした国際的言説が、特定の途上国に持ち込まれるときには、どのような経過をたどるのだろうか。その一例として、次項では、エチオピアへのEFA目標の適用プロセスを概観することとする。

(2) 国際的な合意のエチオピア国への適用

1990年代以降、途上国政府と援助機関、援助機関相互、あるいは途上国政府と市民社会団体（NGOなど）といった開発アクター間での「パートナーシップ」を促進し、かつ、当該国政府の政策の主体的決定・実施を尊重する（「オーナーシップ」）という考え方が、国際的援助コミュニティの中で広く共有されるようになった（本書第2章参照）。それに伴い、途上国内では、援助機関グループと政府の協議・調整のためのさまざまなメカニズムが導入されるようになった。セクター（サブ・セクター）・ワーキンググループ、定期的な援助機関と政府のコーディネーション会議、教育セクター年次評価会議、合同評価ミッションなどである。当該国政府の「オーナーシップ」を尊重するという合意のもと、援助機関は、「なるべく政府の行財政手続きや組織に沿って支援を行い教育省の通常業務のライン外に運営委員会を設けて援助機関独自のプロジェクトを行うのは慎むべきだ」という相互プレッシャーをかけるようになった。

こうした考え方に基づき、国庫（財務省管理）か教育省の予算に援助資金を振り入れる財政支援型援助が、最もオーナーシップへの干渉が少ない支援方法として、一部援助機関（イギリスをはじめとする欧州援助機関、世界銀行など）によって奨励されるようになった。財政支援では、当該国政府の政策を承認したあとは、細部にわたって政府の実施に干渉しない前提に立ち、援助機関は、具体的な教育分野での事業実施からは手を引く傾向にある。そうなると、援助機関は、援助資金が期待するような方向で適切に使われることを確認するためには、高次の政策プロセスでの対話・交渉によって影響力を行使するようになる。こうして、セクター政策への支援、財政支援などの新しい援助方法の導入とともに、従来以上に組織だった対話メカニズムがつくられ、また、政策で掲げた目標の達成度を明示的に測定できる指標の設定と評価が重視さ

れるようになった。

　エチオピアは、世界銀行／IMFから重債務貧困国（HIPC）という認定を受けている。HIPCは、援助機関からの債務の利払い負担が過重で、元本の返済ができないまま債務を負い続ける悪循環にある国々で、一定の条件を満たせば債務免除を受けられることになっている。その債務免除の重要な要件の一つに、貧困削減戦略書（Poverty Reduction Strategic Paper: PRSP）を作成し、世界銀行／IMFからの承認を得るというものがある。このPRSPは、貧困削減を究極目標とする国家開発戦略で、ミレニアム開発目標（MDGs）と同じ論旨に沿っている。したがって、HIPCが債務免除を受けようとすれば、政策の「オーナーシップ」は政府にあるとはいえ、MDGsに示された目標を当該国の状況の中で達成するよう、PRSPとその達成度を測定する指標を設定するという共通の過程を経なければならないことになる。

　PRSPやMDGsは国家全体の開発方針にかかわるものであるが、教育セクターに限ってみても、政策とMDGsの関係は密接である。たとえば、FTIの承認を受けるためにはPRSPと教育セクター開発戦略があることが前提となる。教育セクター開発戦略もPRSPも、MDGsの達成を共通の目標としてつながっているのであり、ここでもMDGsに採用された2つのEFA目標（UPEと男女間の格差解消）が教育の優先分野として幾重にも結びつけられていることが分かる。これらは、政府に対して国外から働く影響であるだけでなく、近年強化されている国内での「パートナーシップ」のチャンネルを通じて、援助機関の現地事務所によっても国際的な基準に沿っているかどうかが確認される[3]。

　FTI事務局によって教育セクター戦略を承認され、FTI触媒基金を受けた20の途上国のうち、13はHIPCで、さらにそのうちの10カ国はアフリカに集中している。エチオピアもそうした、FTI触媒基金を受けているアフリカのHIPCの一つであるが、このように多重的に重点的援助対象になっている国々は、国外からの影響を強く受け、その教育政策においてMDGs達成が占める優先度が高くなる傾向がある。

　表5-1にエチオピア政府の援助依存度を示したが、複数の算定法によっても、

表5-1 エチオピア国の援助依存度の変遷

1人当たり国民総所得(GNI)(US$)	1人当たり援助額($)				GNIに占める援助割合(%)				政府支出に占める援助の割合		
	2001	2002	2003	2004	2001	2002	2003	2004	1996	1997	1998
110	16	19	22	26	17.5	21.7	22.8	23	39.3	38.7	54.6

出所：World Bank, 2003-2006.

表5-2 エチオピア国の教育支出の変遷

	公共支出に占める教育支出の割合	GDPに占める教育支出の割合(%)
1998	11.50	3.5
1999	9.60	3.2
2000	13.90	4
2001	17.00	5

出所：World Bank, 2001.

援助依存度が年々高まっていることが分かる。エチオピアは国民総所得自体が低いため、援助の絶対額自体はサブサハラ・アフリカの平均（2003年の1人当たり援助額：34ドル）を下回るが、GNIに占める援助の割合の平均では、サブサハラ・アフリカ平均（6%（2003））を大きく上回る。なお、同時期の教育セクターへの公的支出の割合（対公共支出および対GDP比）の変遷を示したのが表5-2である。援助依存度が高まるのと同時に、教育支出の割合も増えている。そのうち、初等教育支出は、54.4%（2001/02年度）を占めている。援助依存が高まるのと軌を一にして、教育セクターへの予算配分、その中でも初等教育への配分が増えているという実態は、援助機関の方針が、エチオピア国の政策・資源配分に影響を及ぼしている可能性を示唆している。

多くの研究者が、EFAに関する国際的議論と、それに伴う途上国への資金および技術援助は、多くの途上国の教育政策を基準化させる効果があると述べている（たとえば、Benavot et al., 1991; Chabbott, 1998; Samoff, 1999）。他方、こうした基準化は国際的場面や中央政府の政策形成の場面では起きているかもしれないが、現場レベルには何ら実質的な変化はもたらしていないという報告（Astiz et al., 2002, 86; McGinn 1997, 44-45）や、政策形成の段階では意図しなかった結果に終わったという報告（Mayer, Nagel and Snyder, 1993,；Nagel and Snyder, 1989）も少なくない。

エチオピアは間違いなく UPE を推進する国際的援助コミュニティの影響を受けているが、人的、財政的資源の不足や対象人口の言語的、地域的、文化的多様性などによって、かなりの現実的妥協を強いられており、そのことが、この国の実際の教育サービスと国際目標の想定との乖離を生んでいる可能性がある。行政機構の末端では、しばしば個々の行政官の判断で、現実への対症療法的対応が行われている。草の根レベルでは、EFA や MDGs といった言葉は具体的意味を持たず、人々の教育に関する意思決定を左右しているのは、むしろ地元の政治的、文化的、経済的なダイナミズムであったりする。こうした地元のダイナミズムには、国家の政治思想、政党力学、経済など、さまざまな要素が影響している。

2. 教育機会拡大への国内的動機——エチオピアの教育史からの示唆

帝政時代の1961年、エチオピアは、UNESCO、国連アフリカ経済委員会とともに戦後最初の教育に関する国際会議を開催した。のちにアジスアベバ会議として知られるこの会議では、世界の教育開発の共通目標を設定することを目的としていた。しかし、主催国でありながら、エチオピアの教育事情はアフリカの国々の中で最下グループに属しており、会議ではエチオピアの教育問題も議題に挙げられた。これを不名誉とし、エチオピア教育相は新しい教育政策を実行に移した。新興独立国が多かったアフリカの当時の空気を反映し、エチオピアでも、技術発展を誘導する人的資源の開発を志向し、技術教育や高等教育に重点が置かれた一方、この帝政時代の教育政策において、初めて UPE が長期目標に掲げられもした。

1961年から1971年の間に、エチオピア政府は公立学校制度を4倍に拡大した。しかし、この拡大によってすら、初等・中等教育の就学者数は60万人、学校数は1,300校に過ぎなかった (Library of Congress, 2006)。2004/05年度のエチオピアの1-10学年の就学者数が1,231万人、学校数が1万7,219であることを考えると、当時の就学機会がいかに限られていたかがうかがえよう (Ministry of Education, 2005a)。政府支出に占める教育の割合は1968年の10％か

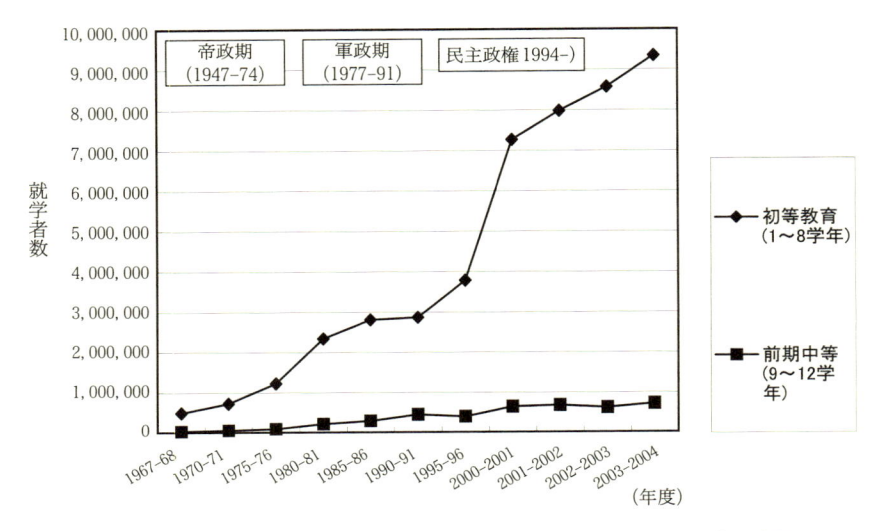

図5-1　1967年から2002年までの基礎教育（1 ～ 12学年）の就学率の変遷

出所：1967 ～ 2002年度の就学率は World Bank, 2005: 22、2003 ～ 2004年度の就学率は Ministry of Education, 2004b, 2005a による。

ら1970年代前半には20％台に伸びたが、それは資金不足を補うには不十分で、教育へのアクセスや質の地域間ギャップは大きかった。

　1974年に帝政が転覆され、1977年に軍事政権が発足した。就学率は一時伸び悩んでいたが、政権交代とともに、年率20％で上昇し始めた（図5-1）（World Bank, 2004:22）。飢饉による人口減を経験しつつも、就学数は1974/75年の95万7,300人から1985/86年の245万人、学校数は3,196校から7,900校にまで増加した。エチオピアの教育発展の歴史を見ると、学校建設への父母や近隣住民の貢献は常に大きい。この当時の学校数の増加もコミュニティに拠るところが大きいとの報告がある（Library of Congress, 2006）。1980年代末から、政情が不安定になり、教育制度も荒廃し、またもや就学者数が激減した。就学者数が持ち直したのは、1994年に現政権が国政を掌握したあとである。しかし、現政権発足時の初等総就学率は30％に過ぎなかった。

　図5-1に明らかなように、UPEへの試みは、政権が変わるたびに再導入され、それによって就学率が上向くのだが、政権末期の混乱でまた落ち込むと

いうことを繰り返している。このことは、新しい政権がその支配の正当性を大衆に認知させるために、教育が政治的重要性を持つことを暗示している。学校や保健所といった社会サービスの出先機関は、大衆の目に見える最も分かりやすい政府からの恩恵である。したがって、エチオピアのみならず、教育機会の拡大を政党や政治家が公約するということは、アフリカの国々ではしばしば見られることである。そして、一度コミットしてしまうと、大衆の期待を裏切って政治基盤を弱めることを恐れて、政府が手を引きにくくなるという性格のものでもある[4]。エチオピアでは2005年5月に国会の総選挙が行われ、与党・エチオピア人民革命民主前線（Ethiopian People's Revolutionary Democratic Front: EPRDF）と野党・統一と民主化連合（Coalition for Unity and Democracy）が、それぞれ公約の中で現状より教育と保健サービスを充実することを宣言した。選挙キャンペーンはメディアを通じた発信や個別訪問など、さまざまな方法で全国的に行われ、そのことが、保護者の教育への関心を高める重要な契機となったと思われる（後述）。

　教育の政治性に関連して、軍事政権時代にエチオピアで行われた全国識字キャンペーン（1975〜1990年）にも触れておきたい。帝政時代の社会不公平を糾弾した軍事政権は、所得の再分配、知識人のエリート意識の糾弾、農村大衆のエンパワメントを唱え、その思想を広めるため、学生や教師を全国各地に「下放」し、識字教育を行った。政府統計によれば、公務員、学生、教師、軍人、宗教的リーダーなど、識字キャンペーンにかかわったのは延べ150万人にのぼる。2,200万部の入門用教材と900万部の識字者用教材が配布され、政府統計によれば、帝政時代に10％以下だった識字率は1984年に63％まで上昇した。ただし、識字キャンペーンによって跳ね上がった識字率は長続きせず、UNESCO統計では、1990年のエチオピアの成人識字率は28.6％、2000年は39.1％である（UNESCO, 2005）。

　この識字キャンペーンの記憶が、エチオピアの一部の知識人を、現在の急激な初等総就学率の上昇に対して懐疑的にしている（筆者との非公式な会話から）。現在も、与党とその政府の中央集権的支配によって、短期的に農村住民を動員し、目標数値に達することは不可能ではない。村では、行政官を通

じて伝えられる政府の命令に従う暗黙のプレッシャーが村人相互にある。ある非公式の情報によれば、全国識字キャンペーンが行われていた当時、多くの村では、識字学級に参加しないことは村の社会活動すべてから排除されることを意味しており、多くの者はそうまでして識字学級を避けることはしなかったという。しかし、キャンペーンが終わって社会的プレッシャーがなくなれば、彼らにとって識字学級に通う意義も薄れ、そのことが識字率の低下の原因の一つになったとも考えられる。このエチオピアの過去の経験から、人々が本当に教育の価値を内部化し、自らの意思で子どもを学校に行かせない限り、現在の就学率の向上は一時的現象で終わる可能性があると言える。エチオピアの政策決定者は教育機会の量的拡大を優先し、質の側面は後回しになりがちである。しかし、学校での教育の質や卒業後の進路の見通しは、保護者が子どもの教育に投資するかどうかの意思決定に大きな影響を及ぼすのである。

3. 1994年民主化以降のエチオピアの教育セクター概況

(1) 政策枠組みと財務

1994年に最初の民主的選挙による政権が生まれてすぐ、政府は「教育訓練政策および戦略 (Education and Training Policy and Strategy)」を発表した。そして、この政策枠組みに基づいて、セクター開発の中期実施プランとして作成されたのが「教育セクター開発計画 (Education Sector Development Program: ESDP)」である。ESDPは、援助機関がFTI認定の条件としている「セクター・プログラム」であり、同時に国家開発戦略である PRSP と方向を一にし、MDGs の達成に貢献することが期待されている。ESDP の中にも「エチオピア政府は EFA と MDGs の達成に向けて努力することを公約しており、ESDP はそれを完全に支持する」と明示されている (Joint Review Mission, 2003: 7)。そのため、ESDP の初等教育分野の最終目標は、2015年までの UPE 達成と質、公平性、効率性の向上である。

ESDP 開始後、1998〜2000年にエリトリアとの国境紛争があり、多くの援

助機関が援助を停止した。それらが再開するのに伴い、2002年にESDP IIが開始したが、それも2005年に終わり、現在は第3次ESDPが実施中である。ESDP開始以来、教育予算の55〜65％は初等教育に配分されており（Ministry of Education, 2004a）、ESDP III（2005/06〜2010/11）においても、教育の総予算（経常、事業予算含む）の54.76％は初等教育に割り当てられることになっている。初等教育に次いで予算配分が多いのが高等教育（25.28％）、中等教育（9.36％）である（Ministry of Education, 2005b: 68）。ここで示した予算には、国庫に繰り込まれた援助（財政支援）も含まれるが、エチオピアの場合、国庫を通さないセクターレベルでの援助や予算外援助（オフバジェット支援）がかなりあると見込まれ、教育財政の全体像を正確に把握することが難しい。また、教育セクターでは多くの国内外のNGOが草の根レベルで活動しているが、それらの実態は、州の教育事務所ですら把握しきれていない。さらに、教育省は、予算算定の段階からコミュニティの貢献を計上している。ESDPの財務計画によると、コミュニティは、全事業費の10％以上を負担することになっており[5]、政府予算（財務省で把握している援助も含む）では事業費の75％しかカバーできていない（Ministry of Education, 2005b: 72）。コミュニティの負担と合わせてもESDP実施のために必要な資金の85％しか調達の見通しがなく、15％の資金ギャップについては、NGOか援助機関、もしくはコミュニティにさらなる負担を期待するようになる。

　このような状態では、教育費の多くの部分が、中央政府の計画や指示とは関係なく、現場レベルの優先度に応じて流用、省略されたり、不定期にコミュニティや保護者から集金したりする結果にもならざるを得ないのが実情である。教育省の政策としては、学校ごとに生徒数に応じた補助金が配分されることになっているが、その資金は、中央から郡政府に届いたときには、他の資金と一緒にされ、郡予算全体の中で教育予算の割合を決めているようである[6]。費目間の流用という感覚は、郡政府の財務部にはあるかもしれないが、教育事務所では、受け取った額の中でやりくりしているに過ぎない。郡教育事務所が受け取った時点で、政府の初等教育予算は、UPEをまかなうには不十分な金額である。これは、一つには中央政府の積算の時点から資金ギャッ

プがあるから当然ではあるが、同時に、資金の流れの途中で漏洩（着服、流用）があってさらに不足した可能性はある[7]。

このように資金が不足し、郡レベルで優先度を判断して、できることからやるという状態であると、ESDP の政策文書に記載されている活動の中でもさらなる絞り込みが行われることになる。UPE が最優先であるのは中央の教育省においても同じだが、地方に行くと、その中でも、教育の質や内部効率よりもまずは就学年齢の子どもをすべて学校に行かせる、まずは教師を確保する、という量的側面に焦点が絞られていく。これは、中央から来る指標達成のプレッシャーが強く、かつ現場レベルで切迫度が高い分野だからである。2004/05年度の合同評価ミッションの報告からも、筆者自身が郡教育事務所で行ったインタビューからも、郡の教育予算のほとんどは教員給与に使われることが分かっている。筆者が訪ねたオロミア州では、教育予算は郡が中央政府から受ける交付金の45〜48％と最も大きな部分を占めるが[8]、そのうち81.5〜92.7％は教員給与に消える。合同評価ミッションも、訪問したオロミア州の郡の教育予算の82〜99％は教員給与に使われていたと報告している（Joint Review Mission, 2006: 38-9）。教員給与以外の経常予算の残りは教科書を買うのに回せることもあるが、新しい教室を建設したり、郡教育行政官が学校視察などの活動を行う事業経費はないに等しい。合同評価ミッションが調査した多くの郡では、事業予算は教育予算の0〜2％に過ぎない。

EFA についての国際的な議論の中では、特に初等レベルでは、公的教育の主な提供者は政府とみなし、中央政府の政策形成プロセスでの協議および政策と財務の一体的管理を重視する傾向が強い。しかし、エチオピア国のような貧困国は、年々増加する援助を加えてもなお、政府が初等教育をすべての就学年齢人口に無償で提供するだけの財政的、人的資源は確保できない。このような場合、政府を通して集まる情報や報告だけでは、初等教育の実態を包括的に把握することは困難であろう。また、リソースの不足は、コスト負担の問題だけでなく、政策の現場レベルでの目標の再解釈、妥協の原因にもなっているのである。

(2) 教育統計から見るエチオピアの教育事情

　初等教育を普及させようという政府の強い意思と援助機関の支援によって、エチオピアの初等総就学率は1994年の30％から2003/04年の68.4％、2004/05年の79.8％へと急激な成長を示した（**図5-2**）。政府統計によれば、2003/04年の初等就学年齢人口は1,400万人弱で、そのうち954万人は昼間か夜の初等教育プログラムに通っている（Ministry of Education 2004b）。

　しかし、就学率の上昇は、教育の質や内部効率に関する指標の低下を伴うことがある。図5-2は、エチオピアにおいて、総就学率が右肩上がりに上昇するのにつれて、教師1人当たりの生徒数(PTR)も増えたことを示している。エチオピアでは、PTRは初等教育で50人、前期中等教育で40人が基準とされているが、ESDP開始以来、初等教育のPTRの全国平均は37人（1995/96）から65人（2003/04）に、中等レベルでは45人から48人に増えている。留年率はここ数年減少傾向にあるが、退学率は17〜20％前後で横ばい状態である。教育指標の明確な変化が出るには時間がかかることもあり、エチオピアの教

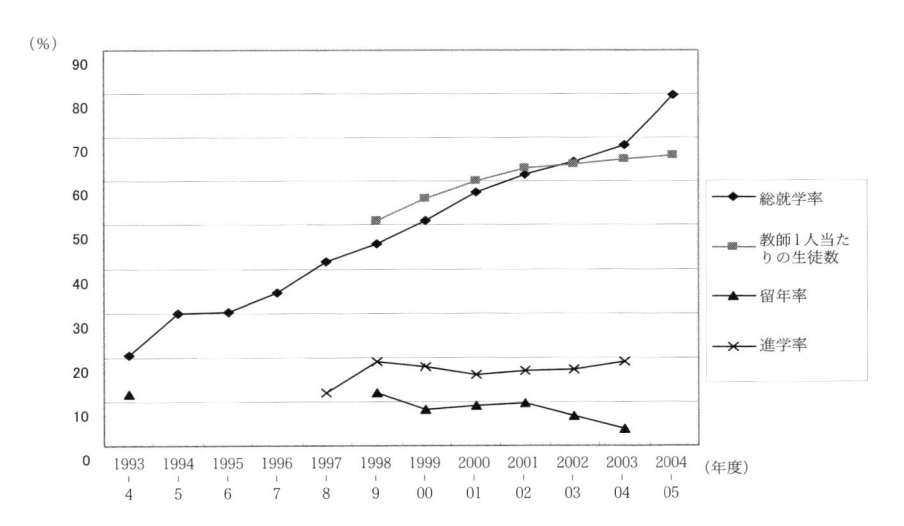

図5-2　教育指標の変遷（1993〜2005年）

出所：Ministry of Education, Ethiopia, 2004b and 2005a.

育セクター・プログラム (ESDP) の成否を判断するには時期尚早かもしれない。しかし、明らかな上昇傾向を示している総就学率も、継続的介入がなければ、すぐに下降する可能性がある指標であることも事実であり、質・量のバランスの取れた発展が望まれる。

図5-2で示した指標はすべて全国平均であるが、地域間、男女間の格差が非常に大きいのがエチオピアの課題の一つである。国土は日本の3倍の面積があるが、人口は7,070万人で、人口密度は低いうえ、耕作に馴染まない土地が多く、遊牧生活を送る人々が多い。民族的にも多様で、89の異なる言語が存在すると言われている (駐日エチオピア大使館, 2006, Ethnologue, 2006)。このような文化、言語や居住形態の多様性は、この国の個性であると同時に、教育を含む社会サービスの公平・均質な提供を困難にしている。連邦問題省 (Ministry of Federal Affairs) がソマリやアファーなど遊牧民が多い遠隔州など、社会経済レベルの低い州に特定補助金を配分するといった措置を行っているが、地域間格差はなかなか埋まらないのが現状である。

図5-3は、各種教育指標の州ごとの比較を示しているが、ソマリ、アファーは圧倒的に教育指標が他より低い。たとえば、ソマリの総就学率は15.1％、アファーは14.8％で、140％を超えている首都アジスアベバや100％超のガンベラ、ハラリなどと大きく差が開いている。図5-3には含まれていないが、有資格教員の割合や教材の普及の程度にも地域間格差が多く出ている。たとえば、アジスアベバの初等第2サイクル (5～8学年) における有資格教員の割合は80％以上だが、ハラレ、オロミア、SNNPRなどは30％前後、ソマリに至っては3.5％のみである。

女子の総就学率は、全国平均で20％以下 (1994/95) から71.5％ (2004/05) にまで上昇しており、過去5年間の年間成長率は16.4％である。特に初等第1サイクル (1～4学年) での伸びが著しく、20％ (1994/95) から95.5％ (2004/05) にまで上昇している。都市と農村に分けて比較してみると、農村部の女子GERの成長率は24.8％と、都市部の7.7％を大きく上回っている。ただし、農村部での成長率が高いのは、都市よりも既就学の女子が少なかったため、行政の介入の効果がはっきりと現れたとも考えられる。男女間格差は、州に

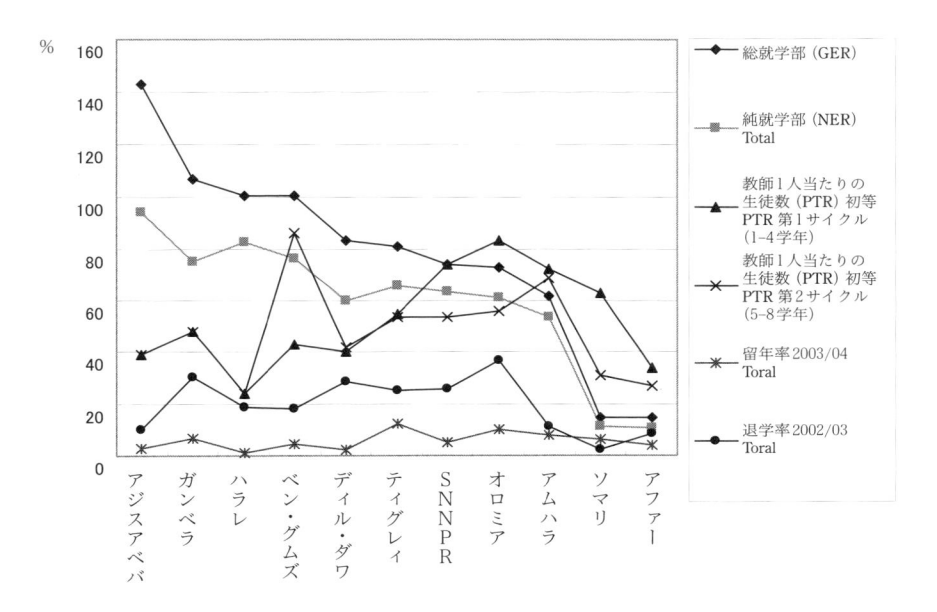

第5章　EFA推進の国際的、国内的動機と学校、家庭へのインパクト　123

図5-3　主な教育指標の州比較

出所：Ministry of Education, Ethiopia, 2005a.

よって大きなばらつきがあり、アジスアベバなどの都市部ではすでにほぼ100％を達成しているのに対し、ソマリやアファーは7.8％、9.0％にとどまっている。「教育における男女間格差の解消」というEFAおよびMDG目標は2005年を達成年としてきたが、エチオピアがその目標を達成するには、まだ長い道のりがある。

4. 草の根から見たUPE政策

　政府の教育統計からは、教育の質や地域、性別、その他社会経済的要因による教育機会の格差の問題がいまだ深刻であり、教育分野のMDGs（UPEと男女間の格差是正）の達成に向けて多くの課題があることが分かる。同時に、あまり議論されていないが、急速な就学拡大は、農村や家族に決して小さく

ない影響を及ぼしている。

　教育開発の専門家や研究者は、学校教育が農村の社会活動の一つであることをあまり見ずに、教育の意義や効果のみを社会と切り離して考えがちである。当然、教育には教育としての意義や人間成育への役割があるが、家族は、社会の中にあって、学校に子どもを就学させるかどうかは、将来や家庭のニーズに応じて判断してきたのである。「すべての子どもを学校へ」というUPE政策は、家族の選択の問題であった児童の就学を、「子どもは学校に行くべき、親や社会は子どもを学校へ行かせるべき」という権利・義務の発想に置き換える、思考転換の政策でもある。そこで、本節ではまず、UPE政策の思想的基盤である「個人の権利としての教育」という考え方が広まったと思われる経緯と、就学率の急激な上昇を可能ならしめた制度的、社会的条件を考察する。

　明らかな就学率拡大の陰で、コミュニティや保護者は大きな負担を強いられている。これまで述べてきたとおり、政府には完全にUPEを実施するキャパシティがなく、財政的には援助機関やコミュニティ、保護者への依存が高くならざるを得ない。施設建設や教材のコストだけでなく、政府統計に表れないが、コミュニティが給与を払っている無資格教員も少なくない[9]。また、後述するとおり、子どもを就学させるための支出は、授業料以外にも多く、家計への負担は決して軽くない。

　子どもが家にいないことによって失われる労働力というのも、経済的インパクトの一つであろう。筆者が調査を行った農村部では、就学キャンペーンのおかげで、ここ数年、家事や農作業、その他の仕事を手伝うために家にとどまっている子どもは減った。しかし、幸か不幸か、施設不足のため、ほとんどの学校は2部制、3部制を取っていて、個々の生徒が学校にいる時間は半日以下となる。そのため、現状では、子どもは1日の何時間かは家族の手伝いができ、労働力の問題は、なんとなく対処できている部分もある。エチオピアでは、土地の所有や農業の形態が多様である。筆者が訪れた地域の中でも、アワサやナズレなどは、土地が貧しいうえ、家族当たりの耕作面積が狭い。そのため、家族は、子どもの労働力を必要とするほどの仕事がないだ

けでなく、将来、家にとどまられても養えないので、学校へ行って、現金収入の得られる仕事について出て行ったほうがいいと考える傾向がある。他方、土地の規模が大きい地域では、労働力不足で、特に収穫期には、子どもが学校に行っていれば、代わりの人を雇うか、その費用が出せなければ、一時的に学校を休ませることになる。このように、子どもの就学は家庭に直接、間接の経済的インパクトを及ぼしている。そこで、本節の第二の論点として、教育機会の拡大が家計に及ぼしている影響と、それに対する保護者の認識について考察する。

　教育の重要性が喧伝され、教育へのアクセスが拡大したことで、保護者や子どもの間に、教育によって将来の生活が向上することへの期待感が高まってもいる。「将来の生活向上」といっても、具体的にそれが意味するところは多様で、インタビューを受けた人々自身も明確な認識があるわけではない。しかし、学校教育の先に、現金収入のある職を漠然と想定しているケースが多く、そのような職業に教育が必要かどうかという人材開発の視点とは別に、村レベルでは、学校を出たら出稼ぎをする、というパターンが形成されつつある。就学機会の拡大により、学校を通過儀礼として、労働移動が加速される可能性もある。

　そこで、さまざまな価値変容、社会変容をもたらしつつあるUPE政策の草の根レベルでの影響について、本節では、筆者が2005年2月と2006年2月にオロミア州東シェワ県の6つの学校とその周辺のコミュニティで行った調査をもとに概観する。調査対象の東シェワは、自給自足農業を中心とする地域、大都市に比較的近く、換金作物栽培や季節ごとの出稼ぎ労働が多い地域など多様な生産形態が混在しており、サンプル校は、こうした異なる生産活動パターンの地域から、都市部、農村部、および都市に近い農村（半都市部）の3つのグループから学校を選定した。2005年の調査では、生徒および教師との個別インタビューと周辺コミュニティでのグループ・ディスカッションを行った。2006年には、同じサンプル校にて生徒および教師に質問票を配布したほか、周辺コミュニティで保護者の個別インタビューを行った。質問票はすべてその場で回答してもらい、教師69人、生徒243人の回答を得た。

生徒への質問票は、幼い生徒には答えられない質問もあることを考慮し、4年生以上に配布した。農村部の学校は第1サイクルのみという場合も多く、規模も小さいものが多かった。したがって、サンプル校の学校規模は、生徒数300人の学校から5,200人の学校までばらつきがある。なお、本調査は、農村での教育事情の変化を定点観測する目的で行っているケーススタディであり、統計的代表性を示すものではないことをあらかじめ断っておく。

(1) UPEキャンペーンの制度的、社会的要因

　帝政、軍政を経て、現在のEPRDF政権においても、エチオピアは中央集権的一党支配の歴史が長く、政府の行政機構と政治の関係が密接である。教育行政の「政治化」も末端に行くほど強く、中央政府からの行政上の指令が、郡や村での政治的権威と相俟って、強い社会的拘束力を持つ。それゆえに、一度政府が強い意志で実行に移した政策は、70～80年代の識字キャンペーンに見られるように、大変な社会動員力を持つことがある。過去2年ほどのUPEキャンペーンにおいては、村の行政官や教師が村の就学年齢の子どもの人数を調べ、学校に行っていない子どもがいる家庭には個別訪問して説得している。

　中央集権的な行政機構では、村の行政官は郡に、郡は県に強い実施・説明義務（アカウンタビリティ）を負うので、行政官は未就学児童の発見と親の説得に熱心になる。そして、行政官の説得は、村人にとって、強い社会的プレッシャーになると考えられる。筆者が調査した一部の地域では、子どもを就学させない場合には学校の登録料より高い罰金を科すという、多少強引な方法をとって就学者を増やそうとしているケースもあった。他方、教師へのインタビューからは、彼らがかなり熱心に保護者に教育の意義を説き、休みがちな生徒の家庭訪問を繰り返し、場合によっては教育費を肩代わりするなど、純粋に教育的観点から就学促進にかかわっていた様子も伝わってきた。

　いずれにしろ、罰金などの強制的な手段についての不満が、2005年2月の調査時には耳に入ったが、1年後に同じ東シェワ県を訪れたときには、保護者の教育への意識にかなりの変化が見られ、子どもの教育への主体的責任感

が示されるようになっていた。この短期間の変化を説明する要因の一つとして考えられるのが、先にも述べた2005年5月の総選挙である。与党EPRDFと野党連合がともに教育の充実を公約として掲げたことにより、教育問題は、ラジオ、テレビなどメディアで頻繁に取り上げられたほか、政党の村レベルの集会や個別訪問といった生活の身近な場でも、何カ月にもわたって教育の重要性が説かれることとなった。総選挙とUPEキャンペーンが相俟って、保護者の教育認識に変化をもたらしたのではないかと思われる。従来、村レベルでは、教育は将来のための投資の一形態で、家庭内のリスク分散のためにもすべての子どもを学校に行かせない場合が多かった（Hashim, 2005: 7; Kabeer, 2000: 477; Liddell, Barret and Henzi, 2003: 62）。それは、家族を単位とした発想であったとも言える。しかし、2005年と2006年の筆者の調査で明らかに変化したのは、保護者の中に、子どもは教育を受ける権利があり、親は学校に行かせる人道的義務があるという認識が生まれてきていることであった。こうした認識が、本当に保護者の心に根付いているのか、本心はともかく、そう言うべきだと思っているだけなのかは判断できない。しかし、そういう価値観が知識として短期間に広まったということは、キャンペーンの大きな影響であろう。

(2) 子どもの就学の家計への影響と保護者の認識

先述のとおり、政策上は、エチオピア政府は初等教育レベルで保護者に授業料負担は求めていないことになっている。しかし、生徒や保護者と話せば、彼らが学校から決まった額の納付金を要求されており、それを彼らは「授業料（school fee）」だと認識していることはすぐ分かる[10]。このほか、半強制的に徴収される費目には、PTA会費や学校建設・補修費、ときに教員給与などがある。これら学校納付金の額は、周辺コミュニティの経済水準や親の負担能力に合わせて設定されるため、学校によってまちまちであるが、世界銀行の1999/2000年の調査では、生徒1人当たりの教育支出のうち家計負担されているのは19.2%[11]、202ブルだという（World Bank, 2005: 80-82）[12]。筆者のオロミア州東シェワ県での調査では、生徒1人当たりの家計支出[13]の平均は264

ブル(約30.2ドル)(農村125ブル、半都市289ブル、都市384ブル)である。1995年と2000年に行われたエチオピアの福祉状況調査(Welfare Monitoring Survey)によると、農村家庭の20％は、最貧層に属する(Schaffner, 2004: 11)。世界銀行の調査対象者の平均年間消費支出1,676ブルを基準とすると、生徒1人当たりの教育支出は、消費支出の8～16％を占めると想像される。この費用は、家族の中で就学している子どもの数に応じて増えるため、就学率拡大に伴って教育に関する家計負担は大きくなっていると思われる。

また、多くの農村の学校には、第1サイクルしかなく、都市部や半都市部の学校には、教育を続けるために農村部から編入してきている者も多い。筆者が質問票調査を行った生徒の16.7％は家賃のための支出があり、これは、家が学校に毎日通うには遠いために学校の近くに住居を借りていることを示している。家賃を払っている生徒を除いて教育費を算出してみると、平均家計支出は264から136ブル(約16ドル)に減る。また、家賃支出を除くと、半都市部の学校の生徒の教育支出(108ブル)は、農村の学校のそれ(115ブル)より安くなるなど、家賃支出が教育費の中で大きな負担になっていることが分かる。家賃が発生しない場合でも、農村から来て都市の親戚や親の友人と同居しているケースも多い。多くの研究者が指摘しているとおり、アフリカでは子どもを他家に預けることは珍しくないが、教育のための移転は、子どもが肉親から離れて里親と暮らす主要な理由の一つである(Hashim, 2005; Pilon, 2003)。

筆者が行った生徒への質問票の回答によれば、保護者が生徒のきょうだいを学校に就学させていない／中退させた理由のトップは「家事・家業の手伝い」で30.4％、続いて、「教育費を払う経済力がない(19.6％)」、「結婚(女子)(17.5％)」となっている。教育セクター合同評価ミッションも、オロミア州における中退理由の調査を行っているが、筆者の調査結果と同様、一番は「家族の労働需要(23.4％)」で、「生徒の病気(23％)」、「経済力の不足(19％)」と続いている(Joint Review Mission, 2006: 12)。クリスティン・リデルらは、南アフリカの農村部で行った調査に基づき、家族の労働需要と経済的な問題がアフリカの農村の二大就学阻害要因だと述べている(Liddell, Barrett and Henzi, 2003:

55-57)。

　筆者の調査において、「家事／家業を手伝っているか」という質問に対して、農村の生徒は100％家事／家業に参加しており、都市部では90％、半都市部の学校では65％の生徒がなんらかの形で家事／家業にかかわっていると回答した。彼らのほとんどは、家事／家業の手伝いが学業への集中を妨げると考えている。さらに、農村部では、他の地域よりも生徒自身が収入獲得のための仕事に直接かかわっている割合が高い。質問票に回答した243人の生徒のうち、61人が収入を得るための仕事をしていたが、そのうち35人(57％)は農村部の生徒である。彼らのなかで最も一般的な所得獲得手段は、他人の畑を手伝うことである。農村の生徒の雇用率の高さはシャフナーの分析でも確認されている。エチオピア政府が行った1999年の労働力調査(Labor Force Survey)に基づき、シャフナーは、農村の少年の半分以上、少女の3分の1近くはなんらかの所得獲得活動をしているが、そのほとんどは農場での仕事だと述べている(Schaffner, 2004: 36)。このことからも想像されるが、教育費の負担者は親とは限らず、筆者の調査では、親戚やきょうだいはもちろん、生徒自身がなんらかの形で教育費を稼いでいると回答したものは31.3％にのぼる。

　UPEキャンペーンは、若者の教育への欲求を高めているが、実は、学校へ行くためにお金を稼がなければならないケースも多いことはあまり論じられていない。これは、学校教育が普及すれば、児童労働の防止になるといった考え方が、現実には当てはまらないことも多いことを示している。児童労働と初等教育の完全普及は、少なくともエチオピアの農村においては、相互排他的ではなく、両立してしまう。また、前述のとおり、アフリカの農村では、家族を単位として経済的安定性を確保しようとする傾向があるため、就学は将来への投資の一つの選択肢ではあるが、家庭内のすべての子どもを学校へ行かせるよりも、いろいろな方向に投資することでリスク分散しようとする、というのは、多くの研究者が報告している。

　早婚は、筆者の調査でも女子の中退・未就学の理由の3つ目に挙がっていたが、エチオピア農村部の女子就学阻害要因としてしばしば指摘されている。

ある農村部の学校の教師は、保護者が「女子を学校に行かせて何の意味があるんだ、どうせ学校を出たら家を出て行って家族の助けにはならない。女の子は早く結婚させたほうがいい。学校へ行っていたら婚期を逃す」と考えていると説明している(2006年2月のインタビュー)。他方、この数年、農民の間でも、子ども（特に女子）を学校へ行かせることは近代化の象徴のように受け取られ始めている。複数の保護者が、筆者とのインタビューで、女子も含めてすべての子どもを就学させる努力をしていると言い、その理由として、そうしないと「時代遅れ」と思われるからだと答えた。エチオピアの農村には略奪婚の慣習があり、特に、結納品が買えない貧しい農民は略奪婚の手段に訴えることがいまだに少なくない。これは、数年前に法的に禁止され、今では、公の場で教師や村人は、略奪婚のような「時代遅れ」な行為はなくなったと述べる。しかし、実際に女子生徒からの聞き取りでは、通学途中での誘拐の恐怖は、特に10代前半の女子には強く認識されており、インタビューした生徒の身近に、誘拐が理由で学校に来なくなった者がいるという話はたびたび聞いた。農村部の女子の就学率は男子と比べても急速に増加し続けているが、大衆の認識や社会慣習との間にあるずれが、今後解消されていくのか、あるいは逆に、熱が冷めたら就学率が減少する方向に向かうかは、現段階では予見できない。

　就学が急速に拡大していると言っても、すべての子どもが学校に行っているわけではなく、保護者は何らかの選別を行っている。筆者の調査では、質問票に回答した生徒のきょうだいで、就学していない者の数は、都市部では0～4人であるのに対し、農村部では0～10人と、家庭内での不就学児童数が多い傾向があり、また、家庭ごとのばらつきも大きい。ただし、性別や年齢での選別に一定のパターンは見出せなかった。UPEキャンペーンのおかげで、今日では、文字の読めない村人でも、子どもの就学機会に差をつけることが社会的に受け入れられないことは認識している。当初、筆者の質問票には、「性別と年齢による優先付けをするか」という項目があったのだが、選別はしない、という回答があまりに多かったため、分析から外さざるを得なくなった。しかし、実際には、保護者は、全部の子どもを学校には行かせら

れないので、何らかの選別をしている。ある親は、「教育が重要だと思うので、どんなに貧しくても、いろいろな困難があっても、子どもたちを学校に行かせている。しかし、学校に行かせるお金がなかったり、仕事を手伝わせなければならないときがあるので、そういう時は家にいさせる」(2006年2月のインタビュー)と答えた。では、どの子どもを家にいさせるかといえば、状況次第で判断しているといったところであろう。

　保護者が子どもに教育を受けさせる理由や程度はさまざまで、また環境に大きく影響される。しかし、2005年と2006年の調査の間に、保護者の教育に関する認識は総じて大きな変化を遂げたと言える。2005年には、保護者からは教育費負担が大きいことや村の行政官が子どもの就学を強制することへの不満が聞かれた。当時、子どもを就学させないことが時代遅れであったり、子どもの人権無視だと非難されたり、村八分に遭う原因と考えられるようなことはなかった。1年間で、村人の心の中にこれらのことは暗黙の共通認識となっていた。最近は、子ども自身が親に学校に行かせてほしいと要求する。彼らは、それが自分の権利であり、他の子どもはその権利を行使していることを見ているからだ。UPEキャンペーンと総選挙のキャンペーンはこうした認識の変化に大きな役割を果たした。しかし、近年の急速な就学率拡大が持続するのか、保護者が抱き始めた教育の価値認識が、本当に定着したのかを現段階で判断することは時期尚早である。

おわりに

　本章では、国際的に合意されたEFA目標が、エチオピアという特定の途上国の政策形成、さらには実際に学校に生徒を送り出している家族やコミュニティの視点から再構築することを試みた。EFAは国際的に合意された目標群であり、それに関する議論は、個々の国の取り組みを抽象化、一般化し、すべての途上国が、段階の差はあれ、共通の国際目標に向かって努力している、またはすべきだと考えがちである。しかし、個々の国が政策を形成するにあたり、「国際的に合意しているから」という理由だけでEFAを政策の中心に置くということはありえず、そこには国内のさまざまな事情が働いてい

る。本章では、エチオピアの教育史の中で、常に初等教育の普遍化（UPE）が推進されてきたこと、特に、政権が変わるたびに政府はUPEへの関与を強めてきたことを示した。エチオピアにおいて、初等教育の拡大は、人心掌握のための重要な政治的ツールなのである。

　しかし、政策上の重点がいくらUPEにあったとしても、エチオピア政府の圧倒的な予算不足は、海外からの援助の増大をもっても補いきれていない。そして、中央政府からUPEを実施するのに十分な費用を給付されない地方教育事務所は、手元の公的資金を現場レベルの優先度で場当たり的に支出するようになる。そのことで、中央政府の政策には記載されている教育の質や公平性を担保するといった目標は、実施の俎上にのぼらなくなってしまう。まずは教員給与を払うこと、それで9割以上の予算が使われてしまう。

　資源ギャップを埋めるために、政府のコミュニティや保護者への経済的依存は、増えることはあっても減ってはいない。学校建設はもちろんのこと、教員給与を含む多くの教育支出が家計に依存している。こうした中で、UPEキャンペーンは、保護者や生徒の教育意欲を高めることに多大な貢献をした。そこで提供される教育の質が低くても、またさまざまな問題があっても、子どもを学校へ行かせようとする保護者の意思は強い。しかし、基盤の弱いエチオピアの教育制度を、自らの経済力が低い農村の保護者がどこまで下支えできるか、それだけの社会的、経済的、人道的動機が保護者にあり続けるのかは未知数である。

　UPEキャンペーンは、農民に教育の道義的価値を認めさせ、社会的、制度的拘束力と相俟って、就学拡大に貢献している。そのことは、エチオピア政府が、EFA目標の一つであるUPEの数値目標についての、それなりの成果を示すことにつながっている。しかし、それは、中央政府の政策や行財政のコントロールを超えたところで起こっている部分が多く、いろいろな要因が、たまたまUPEの達成に集約されたとも言えるのである。国際的な合意を形成し、その実施を相互に確認するメカニズムの重要性は高いが、エチオピアの事例は、こうした国際目標が国内に持ち込まれると、その意味合いはその国の事情によって変容することを示している。特に、農村の多様な価値

観と現実の中で、UPEが紆余曲折して、結果的には功を奏しているありさまは、国際目標と末端の受益者の間の長くて複雑な論理のつながりを思わせる。どういう理由にしろ、誰がコストを負担しているにしろ、就学率は上がっているのである。

注
1 たとえば、エリトリアは22.5％（1990）→63.4％（2002/03）、マラウィは66.9％（1990）→140.1％（2002/03）、ウガンダ68.9％（1990）→140.7％（2002/03）（UNESCO 2003, 2006）。総就学率が100％を超えるのは、就学年齢人口を母数としつつ、就学者には基準就学年齢以外の人口が含まれることによる。
2 2005年合同評価ミッションの報告書によれば、アムハラ州の調査対象郡の中には、学校建設費の85％はコミュニティが負担しているところもあったという（Joint Review Mission, 2006: 23）。
3 UNDPの2005年の報告によれば、エチオピアは、援助機関と政府のパートナーシップによって、PRSPとMDGsの有機的な結合に成功したケースである（UNDP, 2005）。
4 ムウィリアは、1980年代にケニア政府が、コミュニティが作った学校への政府補助金を増やすと公約したことでの自助努力による学校建設（Harambee）が爆発的に増え、教育費削減のための方策として奨励したコミュニティ学校の補助金支出が政府の財政を圧迫するまでになった例を紹介している。しかし、政府は、大衆の支持を失うことを恐れて政策の撤回ができなかった（Mwiria, 1990: 355）。
5 費目ごとのコミュニティ負担額は示されていないが、恐らく、学校建設費はほとんどコミュニティが負担するというおおまかな想定があると思われる。
6 交付金（Block grant）をセクター間で割り振るのは郡政府の裁量に任されている。教育省は政策決定や教材開発などを行うが、初等教育の実施・運営は郡教育事務所が行い、教育省は直接の行政的監督権限はない。
7 近年では、中央政府から送られた公共支出が、地方の教育事務所や学校までどれだけ漏洩なく到達するかを調べる公共支出追跡調査（Public Expenditure Tracking Survey）を行う国も増えているが（Reinikka and Smith, 2004）、エチオピアの教育セクターではまだ行われていない。元来、エチオピアは汚職の少ない国と言われてきたが（World Bank 2005: 25）、トランスパランシー・インターナショナル（汚職調査の国際組織）の近年の報告では、エチオピアの評価は落ちている（Transparency International, 2004）。
8 合同評価ミッションの調査対象郡では、教育予算の割合は30〜57％。
9 筆者の調査時には、個々の教師の給与の支出元について確認しなかったため詳細は不明だが、なんらかの形でコミュニティが教師の給与を払っているという報告はほとんどのサンプル校で聞かれた。
10 校長や教員は、こうした納付金を「登録料（registration fee）」とか「活動費（activity

fee)」と呼ぶ。
11 この割合自体は、ケニアの60%（World Bank, 2002）、ザンビアの80%（World Bank, 2006）などと比べて多くはないが、家計支出や公共支出に何を含めて計上するかで割合はかなり変わるため、実態をどれだけ反映しているかは差し引いて考える必要がある。
12 この調査は、大人1人当たりの平均年間消費支出が1,676ブルである8,112家庭をサンプルに行っている。
13 本調査では、(1)学校納付金、(2)制服、(3)文房具、(4)ノート、(5)交通費、(6)就学のために発生している家賃、(7)その他、についてそれぞれ金額をきいて合計したものを教育への家計支出として算定している。エチオピアの小学校では、教科書は無償とされている。

参考文献

駐日エチオピア大使館（2006）『エチオピアの概要』（http://www.ethiopia-emb.or.jp/profile_i/index.html）。

Astiz, M. Fernanda, Wiseman, Alexander W. and Baker, David P. (2002). Slouching towards Decentralization: Consequences of Globalization for Curricular Control in National Education System. *Comparative Education Review,* 46 (1), 66-88.

Benavot, Aaron, Cha, Yun-Kyung, Kamens, David, Meyer, John W. and Wong, Suk-Ying (1991). Knowledge for the Masses: World models and national curricula, 1920-1986. *American Sociological Review,* 56 (February), 85-100.

Carnoy, Martin and Rhoten, Diana (2002). What does Globalization Mean for Educational Change? A comparative approach. *Comparative Education Review, 46* (1), 1-9.

Chabbott, Colette (1998). Constructing Educational Consensus: International development professionals and the world conference on Education for All. *International Journal of Educational Development,* 18 (3), 207-218.

Ethnologue (April 2006). *Languages of Ethiopia* (http://www.ethnologue.com/show_country.asp?name=ET Retrieved in April 2006).

Hashim, Iman (2005). *Exploring the Inter-linkages Between Children's Independent Migration and Education in Ghana.* Unpublished manuscript, Brighton, UK.

Heyneman, S.P. (2003). The History and Problems in the Making of Education Policy at the World Bank 1960-2000. *International Journal of Educational Development,* 23, 315-337.

Joint Review Mission (2003). *Ethiopia Education Sector Development Programme II: Joint Review Mission Report.* Unpublished manuscript. Addis Ababa.

——— (2006) *Ethiopia Education Sector Development Programme II 2002/03–2004/05: Joint Review Mission Final Report,* Unpublished manuscript. Addis Ababa.

Kabeer, Naila (2000). Inter-generational Contracts, Demographic Transitions and the 'Quantity-Quality' Tradeoff: Parents, children and investing in the future. *Journal of International*

Development, 12, 463-482.

Library of Congress, the United States (July 2006). *Country Studies: Ethiopia.* Retrieved in July 2006 (http://countrystudies.us/ethiopia).

Liddell, Christine, Barrett, Louise and Henzi, Peter (2003). Parental Investment in Schooling: Evidence from a subsistence farming community in South Africa. *International Journal of Psychology,* 38 (1), 54-63.

Mayer, J.W., Nagel, J. and Snyder, C.W., Jr. (1993). The Expansion of Mass Education in Botswana: Local and world society perspectives. *Comparative Education Review,* 37 (4), 454-475.

Ministry of Education, the Federal Democratic Republic of Ethiopia (2004a). *Education Sector Development Programme (ESDP): Consolidated national performance report 2002/3.* Addis Ababa: Government of Ethiopia.

―――― (2004b). *Education Statistics Annual Abstract 2002/3,* Education Management Information Systems, Ministry of Education. Addis Ababa: Government of Ethiopia.

―――― (2005a) *Education Statistics Annual Abstract 2004/5.* Education Management Information Systems, Ministry of Education. Addis Ababa: Government of Ethiopia.

―――― (2005b). *Education Sector Development Program III 2005/06 ? 2010/11: Program action plan.* Ministry of Education. Addis Ababa: Government of Ethiopia.

Mundy, Karen (1999). Educational Multilateralism in a Changing World Order: UNESCO and the limits of the possible. *International Journal of Educational Development,* 19, 27-52.

Mwiria, Kilemi (1990). Kenya's Harambee Secondary School Movement: The contradictions of public policy. *Comparative Education Review,* 34 (3), 350-368.

Nagel, J. and Snyder, C.W., Jr. (1989). International Funding of Educational Development: External agendas and international adaptation—The case of Liberia. *Comparative Education Review,* 33 (1), 3-20.

Pilon, Marc (2003). Foster Care and Schooling in West Africa: The state of knowledge. In UNESCO (ed.), *EFA Monitoring Report 2003.* Paris: UNESCO.

Reinikka, R. and Smith, N. (2004). *Public Expenditure Tracking Surveys in Education.* Paris: International Institute for Educational Planning, UNESCO.

Samoff, Joel. (1999) Institutionalizing International Influence. In Arnove, R. F. and Alberto Torres, Carlos (ed.), *Comparative Education: The dialectic of the global and the local,* pp. 51-89. Oxford: Rowman & Littlefield Publishers, Inc.

Schaffner, Julie Anderson (2004). *The Determinants of Schooling Investments among Primary School Aged Children in Ethiopia: Background paper for the 2004 Ethiopia education country status report* (Working paper series 32798). Washington, D.C.: The World Bank.

Transparency International (2004). *Global Corruption Report 2004.* Ann Arhor: Pluto Press.

UNDP (2005). *Linking the National Poverty Reduction Strategy to the MDGs: A case study of Ethiopia.* Addis Ababa: UNDP Ethiopia.

UNESCO (2003). *EFA Global Monitoring Report 2003/04.* Paris: UNESCO Publishing.

―――― (2005). *EFA Global Monitoring Report 2004/05*. Paris: UNESCO Publishing.
―――― (2006). *EFA Global Monitoring Report 2006*. Paris: UNESCO Publishing.
World Bank (2001). *Ethiopia Focusing Public Expenditures on Poverty Reduction (Public Expenditure Review)* (Report No. 23351-ET). Washington, D.C.: The World Bank.
―――― (2002). *Kenya: Strengthening the foundation of education and training in Kenya*. Washington, D.C.: Author.
―――― (2005) *Education in Ethiopia: Strengthening the foundation for sustainable progress*, Washington, D.C.: The World Bank.
―――― (2003-2006) *World Development Indicators*. Washington, D.C.: The World Bank.
―――― (April 2006). EdStats (http://devdata.worldbank.org/edstats: Retrieved in April 2006).

第6章　EFA 政策の推進と教育の質
——ケニアの学校現場から

澤村　信英

はじめに

「万人のための教育（Education for All: EFA）」の実現は、国際社会共通の開発目標である。古くは、1948年の「世界人権宣言」までさかのぼれるであろうし、最近の EFA をめぐる議論の起点は、1990年の「万人のための教育世界会議」（タイ・ジョムティエン開催）である。このいわゆるジョムティエン会議では「基礎教育（basic education）」の重要性が再認識され、学校教育だけにとどまらない人々の「基礎的学習ニーズ（basic learning needs）」を満たすという目標が合意された。この会議の特徴は、「従来もっぱら子どもを対象とした初等学校教育を中心にイメージしていた基礎教育の概念を拡大し、早期幼児教育、若者や成人を対象とした識字教育やノンフォーマル教育、国によっては前期中等教育までをも含む、より包括的かつ柔軟な『より広いビジョン』（expanded vision）で基礎教育を理解することを提案したのである」（斉藤，2001：303）と総括できるだろう。

しかしながら、EFA 達成状況の評価とその後の取り組みを協議する場であった「世界教育フォーラム」（2000年開催）において採択された「ダカール行動枠組み」では、子どもを対象とする「初等教育の完全普及（Universal Primary Education: UPE）」に力点が置かれることになった。そして、同年9月の「国連ミレニアム・サミット」（ニューヨーク開催）での「国連ミレニアム宣言」および1990年代の国際会議で合意された開発目標などを統合した「ミレニアム開発目標（Millennium Development Goals: MDGs）」には、2015年までの UPE 達成がゴール2として掲げられている。

国際社会においてこのような時限付きの教育開発目標が設定されるなか、

世界の非就学児童、7,700万人 (2004年現在) の50％をサハラ以南アフリカ (以下、アフリカ) 地域が占めている (UNESCO, 2006: 29)。この割合はその2年前が40％であったことからすると、他の開発途上地域において就学機会が比較的順調に拡大する一方で、アフリカだけがUPE達成において取り残されていることがわかる。初等教育純就学率においても圧倒的に低い国々はアフリカにあり、その平均は65％である (Ibid.: 328)。すなわち、学齢期の子ども3人に1人は就学していないのである。EFA到達状況をモニタリングする国連教育科学文化機関 (UNESCO) は、世界28カ国でその達成が危ぶまれていると分析し、そのなかにアフリカ16カ国(全48カ国の3分の1)が含まれている (UNESCO, 2005: 68)。

このように、EFAは2000年以降UPEに焦点を移してきたが、マクロなアクセスの改善が議論の中心になり、現場の教師や生徒・保護者の視点から見た学校教育の現状や問題点については、あまり関心を持たれてこなかった。貧しい家庭の子どもたちが就学機会を得たことも確かであるが、その教育の質は低く、UPEをUniversal Poor Education (質の悪い教育の完全普及) と自嘲気味に話すアフリカの研究者もいる。学校現場の苦悩とは別のところで教育政策は策定され、政策決定者は現場の声に耳を傾ける努力をしているとは言えない。

本章ではアフリカ諸国、とくにケニアの学校現場の事例を中心として取り上げ、EFA政策と教育の質の関係について論じてみたい。ケニアは2003年に初等教育の無償化を実施し、学校現場では中央で想定されない混乱が起こっている。EFA政策と学校現場で起こっている現実との間のテンションに焦点を当て、中央政府で決められた政策が期待通りに学校現場で実践されるのかを中心に検討する。量的な拡大が最大の関心として優先される一方で、質的側面を軽視することは、教育システム全体の健全な発展にとって長期的には禍根を残すことにもなりかねない。また、EFAやUPEが国の政策としてだけではなく、個々の子どもたちにとってどのようなインパクトがあるかの事例を交えながら、議論を進めていきたい。誰のための、何のためのEFAなのか、予断を持たずもう少し謙虚に問い直してみる必要があるだろう。

1. アフリカの教育開発経験

　開発途上国（以下、途上国）の開発問題を考える際に、アジアとアフリカではずいぶんと事情が違う。アフリカの開発問題は「アフリカは成長しない経済である」ことに根本的な原因があり、「成長しないがゆえにアフリカ経済は沈下する一方であり、年とともにアフリカの貧困は深刻化している」(平野, 2002：6)[1]。そして、アフリカの教育開発をより複雑にするのは、農業生産性が上がり、工業が発展し、家庭に経済的な余力ができ、就学が自然な形で促進されているのではないことである。経済は発展せず、社会のニーズとは別に、国際社会から就学が求められているという一面もある。

　アフリカの教育開発は、1980年以降、20年以上の間、ほとんど進展することがなかった。教育の質は低いままなのではなく、より低くなっているのである。地域別の初等教育就学率が圧倒的に低いのはアフリカである（表6-1）。東アジア／大洋州および南／西アジアでも非就学児童は多いが、これらの地域はそれぞれ中国およびインドの人数が大半であり、アフリカの特徴は地域全体として一様に非就学児童が多いことである。また、平均して、教師1人当たりの児童数が多いのもアフリカ諸国の特徴である[2]。

表6-1　地域別初等教育純就学率と非就学児童数（2004年）

地　域	初等教育純就学率 全体（％）	初等教育純就学率 男女比	非就学児童数（千人）	割合（％）
サハラ以南アフリカ	65	0.93	38,020	49.5
アラブ諸国	81	0.92	6,585	8.6
中央アジア	92	0.98	364	0.5
東アジア／大洋州	94	0.99	9,671	12.6
南／西アジア	86	0.92	15,644	20.3
ラテンアメリカ／カリブ海	95	0.99	2,698	3.5
北アメリカ／西ヨーロッパ	96	0.98	1,845	2.4
中央・東ヨーロッパ	91	0.98	2,014	2.6
全世界	86	0.96	76,841	100.0

　注：男女比は女子数を男子数で割った値。
　出所：UNESCO, 2006：29, 328.

就学者数を増加させUPEを早期に達成するため、初等教育の無償化を推進する国も多い[3]。たとえば、アフリカ諸国ではマラウイ、ウガンダ、タンザニア、ザンビア、ケニアなどで導入されているが、財政的な裏づけがあるわけでもなく、この実施には援助機関からの新たな支援が不可欠である。なかでもマラウイはいち早く無償化を1994年に導入した。その結果、就学率は急激に高くなったが、教育の質はさらに低くなり、児童の多くは最低限の学習レベルにも達成していない。教育の質測定のための東南部アフリカ諸国連合 (SACMEQ) の調査によれば、マラウイの6年生のうち読解力が期待されるレベルに達しているのはわずか0.6%に過ぎず、78.4%が最低限の読解力も習得していないと報告されている (Grace et al., 2001: 61; Milner et al., 2001: 60)。

　アフリカ諸国の多くは、すでに国家財政の3〜4割を教育に充当している。にもかかわらず、留年、中途退学、教師の力量不足・低いモラル、教材の不足など、途上国の教育課題の多くがアフリカ地域において顕在化している。このような問題に加え、HIV／エイズの蔓延は教育に深刻な影を落としている。たとえば、HIV／エイズによりザンビアの小学校教員の815人が死亡しており、この数は新規教員養成数の45%に相当する (UNESCO, 2004: 114)。ケニアのHIV／エイズの罹患率の高い県では毎年5%の小学校教員が死亡しており、5年以内に4分の1の教員を失うことになる (Ibid.: 112)。保護者の死亡により就学を断念せざるをえない子どもたちも多い。

　このようなアフリカにおける教育の諸問題を解決するため、これまで援助機関は何をしてきたのだろうか。膨大な資金が調査研究に注ぎ込まれ、アフリカ諸国の教育の現状や課題に関する情報だけは増えた[4]。しかし、このような研究成果はアフリカの子どもたちの受ける教育の現状をある程度分析していても、その改善に寄与しているという実感は持てない。誰のための、何のためのEFAなのか、少なくとも現実に就学する子どもたちにとっての本当の価値や意味が見えてこない。果たして、これまでの国際援助や効果やEFA目標設定の意義はあったのだろうか。

2. EFA 政策の妥当性

(1) EFA 達成と教育の質

　最近の EFA 思潮は「ダカール行動枠組み」の合意内容を基礎としている。このなかに6つの達成目標が提示されているが、教育の質については3方向からその重要性が繰り返し強調されている。すなわち、「2015年までに……無償・義務制の良質な初等教育にアクセスでき、それを修了することを保障する (第2)」および「2015年までに初等・中等教育の男女間格差を解消し……とくに良質な基礎教育への女子の完全かつ平等なアクセスと修学の達成を確保することに焦点を当てる (第5)」に加え、すべての目標を総括する形で「教育の質のあらゆる側面を改善し……エクセレンスを確保する (第6)」と記されている (傍点筆者)。

　一方で MDGs の表現には、教育の質についての言及がなく、「2015年までにすべての子どもが男女の区別なく初等教育の全課程を修了できるようにする」とだけ記されている。国際比較や評価の難しい教育の質については、あえて削られている。この MDGs の策定においては、目標 (ゴールとターゲット) とともに進捗状況をモニタリングするための指標が設定されている。初等教育の完全普及の達成 (ゴール) では、2015年までにすべての子どもが男女の区別なく初等教育の全課程を修了すること (ターゲット) が掲げられており、そのモニタリング指標として、(1)初等教育の純就学率、(2)第1学年に就学した生徒が第5学年まで到達する割合、(3)15～24歳の識字率の3項目が定められている。このように、「ダカール行動枠組み」で繰り返し強調されていた教育の質的側面については、「修了」という単語にわずかに感じられるだけである。

　教育の質に関しては、2005年版『EFA グローバル・モニタリング報告書』の副題に「絶対必要な質 (The Quality Imperative)」とあるように、これ以上見過ごせない事柄であると認識されている (UNESCO, 2004)。教育の質は、ユネスコによれば認知的発達および情緒的発達 (市民性の獲得や価値観・態度の変容など) の2つの側面から定義されている (Ibid.: 2)。どの国の政策文書にも教育の質の重要性については必ず言及されている。ところが現実には、量的な拡

大、すなわちアクセスの改善が最優先され、定義自体が多様でありかつ計量化が難しい教育の質は、犠牲にされる傾向にある（澤村，2004a）。UNESCOは、「ダカール行動枠組み」の採択直後から評価指標の開発を目指していたが、とくにEFAの質的側面に関しての指標化は合意に至っておらず、「教育の質を確保しながら学校システムを早急に拡充するのは難しいのかもしれない」（UNESCO, 2004: 126）と率直に認めている。

　極論すれば、この目標を達成するためには、学齢期の子どもを「学校」に押し込んでおけばすむことになる。個々の子どもたちにとっての学校教育の価値や意味についての視点は欠落し、国家にとっての就学者数の増加と就学率の向上が大目標になり、それぞれの学校現場でどのような教育が行われているかまで配慮されていない。また、アフリカ諸国の教育界のように教育省から学校への上意下達の制度のなかで、学校現場の教師の声が中央に届くことはまずなく、一般に教育省の官僚は信じられないくらい学校の実態を知らない。

(2) 援助の効率性と評価主義

　EFA達成を途上国、とりわけ低所得国の自己財源だけで実現することは困難である。さらに、1990年代に基礎教育を重視した支援が実施されてきたにもかかわらず、目に見えた成果はほとんど現れてこなかった。そこで導入されたのが「ファスト・トラック・イニシアティブ（Fast Track Initiative: FTI）」であり、世界銀行を中心として、対外的な支援がなくては2015年までのUPE達成が困難な国に対して、優先的に援助を行おうとするものである（外務省編，2004：85）。このFTIはEFA推進のための最大規模の国際的取り組みであるが、一方で途上国側の学校現場で資金を有効活用できるだけのキャパシティ強化、途上国自身のオーナーシップの尊重、進捗状況の評価モニタリング手法など、解決しなければならない課題も少なくない（北村，2004）。

　FTIの特徴の一つとして、これまで教育機会の拡大だけに焦点を当てているという批判に対して、教育の質に配慮する努力も行われており、インディカティブ・フレームワーク（対策枠組み）のなかで設定された指標に、教師1人当たりの生徒数や留年率が含まれている（World Bank, 2004）。しかし、たとえ

ばケニアの学校現場からこれら2つの指標を読み解くと、教育の質とはほとんど関係がない。一部の私立校を除けば、公立校では学区制度がないので、初等教育修了統一試験（Kenya Certificate of Primary Education: KCPE）の成績上位校へは自然とより多くの優秀な生徒が集まり、大規模クラスが形成される。また、留年率については教育の質とは無関係であり、政府の方針と学校の判断で決められるのが普通である。KCPEの成績が下位の地域では、学習内容に無関心になり、逆に留年率は低いこともある。このような批判に対して、世界銀行は「対策枠組みは生徒の学習および授業の質を計測により補完される必要がある」（World Bank, 2004: 6）と述べているが、そのような質に対する計量化が可能になるとは考えにくい。

　国際協力プロジェクトを形成する過程では、必ず具体的な達成目標とそれに対する評価指標があらかじめ設定されるのが普通である。プロジェクトの実施過程および終了時に数字上で見えることが期待される。10年後に効果が表れるのでは意味がないのである。これはこれまで支援の効果が見えにくかったという反省からであるが、教育の質的な変容を量的に捕捉するのは容易でない。また、地方分権化が進むなかで、学校に配分される補助金は生徒数に応じて一律決定される場合が多く、教育の質が悪い学校にとって、それを改善しようというインセンティブは働かない。最も教育の質に敏感なのは保護者や生徒自身であるが、経済的に恵まれた家庭の子どもは、より質の高い教育を求め転校し、そうでない子どもは質の悪い教育を受け続けざるをえないのである。

(3) 自助努力と持続的自立発展性

　基礎教育に対する援助の増加はEFA達成のために不可欠であるが、その一方でアフリカ諸国の援助依存を高めてしまっているのも事実である[5]。自立的な発展を阻害している一面があることも否めない。たとえば、ウガンダは初等教育経常予算の50％以上を外部からの支援に依存している時期があった（**表6-2**）。同国は初等教育普及の成功例とも評されるが、その内実は「援助漬け」の状態である。それにもかかわらず、同国は2007年から中等教育の無

表6-2 アフリカ3カ国の教育援助への依存度と関連の援助国・機関

国名	援助依存度	援助国・機関
モザンビーク	教育予算の28%	カナダ、デンマーク、フィンランド、フランス、ドイツ、アイルランド、イタリア、オランダ、ポルトガル、スペイン、スウェーデン、英国、アフリカ開発銀行、EC、イスラム開発銀行、国連機関、世界銀行
ウガンダ	初等教育経常予算の54%	オーストリア、ベルギー、カナダ、デンマーク、フィンランド、フランス、ドイツ、ギリシャ、アイルランド、イタリア、日本、オランダ、ノルウェー、スペイン、米国、EC、世界銀行、ユニセフ
ザンビア	教育予算の43%	ベルギー、カナダ、デンマーク、フィンランド、フランス、ドイツ、アイルランド、イタリア、日本、オランダ、ノルウェー、スペイン、英国、米国、アフリカ開発銀行、セーブ・ザ・チルドレン、ユニセフ、世界銀行

出所：UNESCO, 2004: 208.

償化を実施しており、教育は完全に政治問題と化している。ザンビア、モザンビークなども教育予算のかなりの割合を援助に依存しており、関係する援助国・機関の数も非常に多く、その調整だけでも相手国政府の負担はかなりのものである（表6-2）。アフリカ諸国の教育省は、極論すれば、援助機関のために機能しているようなものかもしれない[6]。さらに、現在のように援助機関側で事業評価が精緻に行われると、短期的な成果が常に求められ長期的な自立発展性などは配慮されにくくなる。

　ケニアの場合、現在の経済状況からすると、今後著しく国家歳入が増えるとは考えにくい。ケニア政府の経常予算に占める教育予算の割合は、35〜40%にも及んでいる（Central Bureau of Statistics, 2003: 97）。初等教育予算の98%が教員給与であるが、この教育予算および教員給与割合の高さは、アフリカ諸国のなかでも突出している。教員も含め公務員の給与は、GDP比において周辺諸国より著しく高い（Republic of Kenya, 2000: 250）。にもかかわらず、政府は教員組合との交渉により、教員給与を改善することを約束している。

　初等教育の無償化（Free Primary Education: FPE）を実施するだけの財源は確保されておらず、その追加資金は、自然と国際援助に依存することになる[7]。ケニア政府は2003年に前年の4倍以上の25億シリングの補正予算をFPE実施のために組み、合計36億シリング（約4,600万ドル）を計上している（Central Bureau of Statistics, 2003: 37）。それに対し、英国（12億シリング）、世界銀行（38億

シリング)、OPEC（11.7億シリング）がそれぞれ支援を表明した（Ibid.: 45）。このように、大半のFPE実施のために必要となる資金は、世界銀行と英国（国際開発省）から支援を得ている。

　ここで明らかなのは、海外からの援助がなければFPEの継続は困難であることで、自立的な持続発展性はもはや議論の外にある。短期的な目に見えるインパクトに関心のある援助機関との利害が一致したことも、FPEを支援する援助機関が多い一因であろう。1988年から実施された受益者に負担を求めるユーザーチャージの考えがようやく浸透し、伝統的なハランベー（スワヒリ語で自助や協働を意味する）の意識も高まってきたところで、再び初等教育は国が面倒を見ることを宣言したわけである。国が本来の責任を全うするようになったと考えられなくもないが、教育システム自体が効率的に機能してないのであるから、政治的には意味があっても、限られた国家財政の有効活用になっているかは疑問である。

3. 初等教育無償化の功罪

(1) 就学者数の急増

　無償化を突破口としてUPEを達成しようとする国は少なくない。ケニアにおいては、2003年1月から初等教育無償化政策を導入しているが、これはキバキ大統領の選挙公約であった。教育が政治的に利用され、無償化実施のための計画があったわけでもない。明らかに不足する教育財政は、援助機関に依存せざるをえない。同国でFPEを導入したのは今回が初めてではなく、独立（1963年）当初の与党KANU（Kenya African National Union）のマニフェストにも含まれており（Republic of Kenya, 1964: 66）、1974年には4年生までを無償化している（Sifuna, 1980: 159）。国家開発計画においても、常にUPEの達成が目標になってきた（Otiende et al., 1992）。問題は、政府の教育計画が政治的に利用され、調査にもとづいて計画が練られているわけではない点である（Amutabi, 2002）。

　1990年代にアフリカ諸国においてFPEを新たに導入したのは、マラウイ（1994

表6-3 アフリカ5カ国初等教育総就学率の推移（1991～2005年）と無償化のインパクト

国名＼年	91	92	93	94	95	96	97	98	99	00	01	02	03	04	05
マラウイ	79	84	**89**	**134**	134	131	—	143	139	139	141	135	—	125	122
ウガンダ	75	74	74	73	74	**76**	**128**	120	126	127	130	134	134	125	119
タンザニア	70	69	69	68	67	66	66	63	64	66	**72**	**87**	95	101	106
ザンビア	99	95	93	91	89	87	—	77	75	75	**78**	—	99	111	
ケニア	93	92	90	87	85	84	86	94	93	98	—	**94**	**111**	111	112

注：下線太数字の前後で初等教育の無償化が導入されている。ただし、ケニア、タンザニアなどでは、1970年代に無償化が一時期実施されたことがある。
出所：World Bank, EdStats から筆者作成。

年10月）およびウガンダ（1997年1月）である。マラウイにおいて、この1994年は複数政党制に移行する最初の選挙の年であり、FPEはムルジ大統領（当時）の公約であった。経済的には、年間25％のインフレ、マイナス10％のGDP成長率を記録するなど（World Bank, 2003）、財政的な後押しがあったわけではまったくない。一方のウガンダにおいても、1996年にムセベニ大統領自らがFPE政策を発表したが、それ以前に無償化を進めるだけの具体的計画が策定されていたわけではない（前田, 2002）。生徒数は、マラウイの場合、その前後で190万人（1993年）から286万人（1994年）へ（Malawi Ministry of Education, 1998）、ウガンダの場合、274万人（1996年）から530万人（1997年）へ（Uganda Bureau of Statistics, 2000: 27）、それぞれ急増している。この2カ国とケニアの他に、2000年以降に無償化を導入したのがタンザニア（2001年10月）およびザンビア（2002年2月）である。この無償化政策の就学率へのインパクトは劇的なものである（表6-3）。

このようにFPE導入は、就学者数を増加させ、就学率をいとも簡単に向上させる。しかし、予算的な措置はもちろんのこと、教室数、教員数も不足し、都市部の低学年クラスでは、教室に生徒が入りきれない状況である。本来のFPEの目的は、貧困層のニーズに合わせることであったが、クラスサイズが大きくなり、さらに適切な教育を受けていない教師を雇用することにもなり、最低限の教育の質が確保されていない。このような状況では、初等教育へのアクセスを改善し、貧困削減に寄与しようとする方策は機能していない（Kazamira and Rose, 2003）。

(2) 教育発展の阻害要因と無償化

　ケニアの1990年代は、1980年代に引き続き、教育にとって失われた10年であった（澤村, 2004b）。1980年代の停滞は、世界銀行などによる構造調整を受け入れ、それまで建前上無償としていた初等教育を受益者に負担を求める政策転換を行ったためだと認識されている（Makau et al., 2000: 17）。この影響は少なくないが、それだけが就学の停滞を招いた要因ではない。正確に言えば、このような家庭の経済的負担にこの停滞の原因を求めるあまり、その他の要因の改善が十分行われてこなかった。FPE政策の導入自体が、経済的負担を軽減すれば就学が促進されるという前提に立っているが、UPE達成がFPEの目的であるのならば、このような支援策だけでは十分でない。

　ケニアの初等教育就学率と修了率は、教育予算を増加させてきたにもかかわらず、低下し続けてきた（Abagi and Odipo, 1997）。財政的な保証もなく教員給与を急速に上げ、かつ教員数を増加し、1人当たり教員の負担を軽減した[8]。1990年に無資格教員の割合は30％だったが、1998年には3％まで改善されている（Central Bureau of Statistics, 2001: 36）。しかし、教員全体のモラルが高まることもなく、資格は取得しても教育学的技能や生徒中心の教授法といった、直接的に授業改善が行えるような教育・訓練内容ではなかった（Makau et al., 2000）。教員の高学歴化は、教育の質を高めると評価される一方、教育財政に大変な負担を強いる結果となり、ますます教員給与以外の教材などに振り向けられる予算は減ることになった。

　マカウらは、1990年代のこのような教育の停滞要因を次の7つの視点から分析している（Ibid., 2000）[9]。これらの要因がFPE実施により、どの程度改善されたかを筆者が大枠で評価したのが、**表6-4**である。これからわかることは、FPEの導入だけでは彼らが分析した初等教育普及の停滞要因のごく一部しか改善されないことである。一見かなりの改善が期待される②の「費用と財政」についても、視点を変えれば逆効果にもなる可能性がある。政府と家庭のパートナーシップは、FPEを導入したことにより、逆に家庭の学校への参加が衰退している場合も多い。そして、教員給与以外の教育予算は確かに増えているが、これは従来の保護者負担分とほぼ同額であり、国の財政

表6-4　ケニアにおける1990年代の教育発展阻害要因と無償化による改善レベル

① 伝統的文化的価値観と風習 ×女子教育に対する固定観念がコミュニティおよび保護者にある。 ×小学校の必修科目である宗教教育に関する誤った先入観がある。 ×乾燥・半乾燥地域での遊牧などの伝統的経済活動様式が学校教育に合わない。 ×伝統文化のある面と近代教育の間に葛藤がある。
② 費用と財政 〇政府と家庭のパートナーシップ関係がユーザー・フィーの急増で崩れた。 △教員給与以外の教育予算が不足し、学校施設や教科書・教材が不適切である。
③ カリキュラム ×現行の8－4－4制では教科数とその内容があまりに多すぎる。 ×カリキュラムが子どもの学習ニーズに十分合致していない。
④ 学校運営 × PTAなど自治組織は弱く、学校運営はほとんどが校長に委ねられている。
⑤ マクロ・ミクロ政策と計画 △社会システムが全民衆に対して公平かつ効果的に十分に行き届いていない。 △政策決定が効果的に社会経済開発を促進するように実施されない。
⑥ 教員の問題 △生徒数増に比べ教員数を2倍の割合で増やし教育予算の大半を給与に使った。 ×教員の配置にかなりの地域格差があるため、ある地域では余剰教員がいる。 ×教員の給与および社会的地位が低く、モラルとやる気の低下を招いている。
⑦ 援助資金の効果 △被援助国の開発ニーズに対し、援助機関側の関心と目的に合わせられている。 〇援助機関の計画や実施方法は、被援助国の全体計画に結びついていない。 ×援助資金は故意か無意識か、コミュニティと官僚の援助依存性を高めてきた。

FPE 導入後の変化：〇－かなり改善される事項、△－ある程度改善される事項、×－ほとんど関係ない事項。
注：Makau et al., 2000: 89-92 による要因分析に、筆者が無償化による改善レベルを判定した。

を圧迫することになっている。⑥の「教員の問題」については、教員をどれだけ効率的に活用できるか今後の計画次第である。⑦の「援助資金の効果」は、FPE導入はケニア側の主導であることからすれば改善となるが、援助としての効果の有無を判断するのは難しい。

　急激に生徒数が増加したことにより、とくに低学年において学習環境が悪化することになる。クラスサイズが大きくなり、教室などの学校施設もその数に見合っていない。教員の数が増えたとしても、経験不足の教師が教えることになる。生徒の年齢差はこれまで以上に大きくなり、授業を行うのも難しくなる。学習効率も悪くなり、最低限の識字のレベルに達するまでの年数もこれまで以上に必要になる。つまり、家庭に教育費用の負担がなくとも、

教育の質が低く、子どもが学習できないのであれば、学校に送る意味の多くは失われる。誰もが学校へ行くようになれば、学歴インフレが起こり、社会的には初等教育を受ける利点が見えにくくなる。また、中途退学と留年する子どもの数が増え、その影響を最も受けるのは FPE 導入による最大の裨益者であるはずの貧困家庭の子ども、とくに女子生徒である[10]。

(3) 学校に対する期待と失望

　アフリカの子どもたちにとっては、家庭での仕事から解放され、同年齢の友人と過ごせる学校は、教師が厳しく、あるいは教師が休みがちであっても、基本的に楽しい場所である。過去には、学齢期と思われる子どもを無理やり学校に連れていくこともあったが、現在では学校は子どもたちが仕方なく行くところから、積極的に行きたいところへと変わった。

　では、小学校を卒業した子どもたちは、まったく学校へ行くことのできなかった者に比べ、貧困から脱却し、より幸せな生活を送れているのだろうか。現在、小学校を卒業しただけでは、現金収入を得られるだけの職に就くことはできない。「小学校だけは卒業したい、卒業させたい」と考える子どもと保護者はごく少数であり、多くは中等学校への進学を希望している。小学校を卒業するだけでは、学歴社会のケニアでは目に見えた成果がないからである。初等教育を無償化し、子どもたちを小学校に通わせても、中等学校は授業料を負担する必要があり、貧困層にある子どもたちに継続的な就学の機会は与えられない。ここで多くの子どもたちは、経済的な理由から中等学校へ進学できないという挫折感を味わうことになる。

　仮に親戚、教会などから授業料の支援を受け中等学校に進学、卒業しても、普通の成績では職があるわけではない。大学を卒業しても、生活のために路上で物売りをしなければならない時代である。ナイロビや地方都市には、何とか学費を工面しながら中等学校まで卒業したものの、近代部門での活躍を夢見ながら就職するでもなく、農業や牧畜業などの生業に戻ることもできず、日々無為な生活を送る青年も多い[11]。

　学校教育のあり方は、生活基盤のある社会によって一様ではない。高く評

価される場合もあれば、貧しい人々の生活に関係のない場合もある。教育が大切であることは間違いないが、「学校」教育がどのような社会においても重要であるとは限らない。学校へ行ったがために、生活するための基礎的技能が身につかないこともある。その一方で、中途退学しながらも数年間の学校生活で身につけた能力で、それまでとは違った新たな人生に踏み出す者もいる。学校は子どもたちの期待にも応えられるし、逆に失望させることもできる存在である。

4. ケニアの学校現場における無償化のインパクト

(1) 大規模クラスの発生

　ケニアの小学校生徒数は、無償化の前後で590万人(2002年)から720万人(2003年)へ130万人(22%)増加している[12]。近年、毎年2%程度の生徒増があったので、20%程度の生徒は無償化が契機となり小学校へ新たに登録されたことになる。2005年までにUPEを達成することを国家目標としていたケニアにとっては、総就学率とはいえ、国全体で100%を超えたことは政治的な意味合いを持ってくるであろう[13]。就学率のもともと低いコースト、ナイロビおよびノースイースタンの各地域(州)においては、教育へのアクセスが大きく改善されている。これにより、統計上、ケニアはアフリカ諸国のなかでも教育普及のレベルが最上位に分類されることになるのは間違いない。

　FPEを導入した時点での地域別の総就学率と対前年増加率は、**表6-5**の通りである。教員は新たに雇用されないので、教員1人当たりの生徒数は増加している。全国平均で生徒対教員比率が40になったこと自体は、教員活用の非効率性が課題になっていたことからすると悪いことではない。ここでの問題は、低学年のクラスである。国全体の学年別生徒数を1年と8年で比較すると、8年に在籍する生徒数は1年のおよそ半数である。それまでの学校のKCPE成績により、人気のある学校とそうでない学校がある。全国平均では40人であっても、1年生が100人近いクラスサイズになる学校も出現している。

表6-5 ケニアの地域別初等教育総就学率と無償化後の増加率（2003年）

地域（州）	総就学率（%）	対前年比増加率（%）	生徒対教員比率（人）
コースト	82	20	43
セントラル	102	7	36
イースタン	110	9	35
ナイロビ	62	42	48
リフトバレー	103	8	38
ウェスタン	119	13	46
ニャンザ	120	16	44
ノースイースタン	25	22	53
平　均	104	15	40

注：ナイロビの総就学率が低いのは、ノンフォーマル教育センターおよび私立校の就学者数が含まれていないなど、就学の実態を反映せず、統計処理上の問題があると推測される。
出所：Saitoti, 2003より作成。

　このように就学者数が急増し、就学率が上昇することによる教育の質への負のインパクトについては、政策文書に質を犠牲にすべきでないことは明言されているものの、計画的に就学者数を増加させたわけではないだけに、今後さらに大きな問題が表出してくる可能性がある。たとえば、中途退学者は今まで以上に増加するであろうし、学力不足の生徒も増えるであろう。教育システム全体として、健全に発展する方向にあるとは思えない。本来であれば効率的な教育システムを構築したうえで量的な拡充を図るほうが、限られた予算の有効活用からすれば好ましいはずである。根源的な就学を妨げてきた構造的な問題の解決を行わず、金銭的なインセンティブだけを付与し、名目上の就学率を向上させても、その結果は社会的な混乱を招くばかりかもしれない。

(2) 学校経営上の問題点

　各学校現場においては、国や地域レベルで積算あるいは平均化された統計資料からは理解しにくい、さまざまな問題が起こっている。貧困度において中間的な地域にある学校の1年生の急増は著しい。ナロック県のK校では、2003年10月時点の8年生がわずか5人、2年生も30人しか在籍していないが、1年生の数は77人である。とくに学校に慣れるまで時間のかかる1年生のク

ラスサイズがこの規模であれば、効果的な学習は難しい。2クラスに分けて授業をするだけの教員もいないし、教室もない。学校へ登録はされているが、適切な学習ができるような環境ではない。

　教育費用について、FPE実施以前、ケニアの各学校では学期ごとに一定額を保護者から徴収し、学校運営のために活用してきた。それが無償化の導入によりそのような学校単位での自助努力が禁止され、政府の責任で必要な経費を負担することになった[14]。理想的な政策のように思えるが、必要な資金は国際援助に依存することになり、何よりも悪いことは、学校に対する資金の提供が新学期から半年以上も遅れ、かつ資金の使途が細かく決められるなど、学校側のニーズに合わないことで現場では逆に不満と混乱が起こっていることである。

　学校現場でさらに起こりつつある問題として、次のような3つの事柄が挙げられる。まず、これまで学校運営委員会の合議により、学校で必要となる物品は学校側の判断で自由に購入することができたが、今回は、その使途が制限され、地域の事情に合わない場合が出てきている。たとえば、教科書を最低3人に1冊購入することが決められているところ、O校では真新しい教科書が厳重に管理された棚に並んでいるだけで、頻繁に使われた形跡がない。多くの教師は、教科書を使って効果的に授業を進めた経験がないため、有効な使い方がわからないのである。

　次に、保護者の学校運営への参加の問題である。これまで保護者の側が教育費用を負担する分、自然と学校の運営に参加する機会があった。それが、FPEにより教育は国が無償で行ってくれるものだという理解から、学校教育への関心が逆に低下してきている。したがって、これまでハランベー（寄付金集め）により対応していた教室建設などの施設拡充に対して、保護者の協力が得られなくなっている。これらの2点は、表6-4の②にある「費用と財政」の面でFPE導入の結果、国レベルでは改善されていると判断される事項である。しかし、学校レベルのインパクトでは、このような意外な結果を示している。

　最後に、生徒の学習到達度が全般に低下することへの危惧である。これま

で経済的な理由で就学できなかった子どもが学習機会を新たに得たとしても、学校の環境に慣れるにはかなりの時間が必要である。通常、入学前に1～3年間、就学前教育（ナーサリーやプレスクールと呼ばれ、地方では小学校に併設されている例が多い）を受けるが、何の準備もなく突然1年生に入学した子どももいる。FPEは就学を促進するためにとられた政策であるが、住民のなかには義務教育になり、保護者が処罰されると思い、無理に子どもを学校へ通わす例もある。就学前教育を受けた子どもは、小学校において中途退学する率が低いと言われており（Lockheed and Verspoor, 1991）、今後中途退学者が急増する可能性もある。

(3) 学校間格差の拡大

初等教育の無償化実施に伴い、公立校の教育の質の低下を恐れた保護者（特にナイロビ市内のKCPE成績上位公立校）が子どもを私立校あるいは地方の寄宿制公立校へ転校させる事態が発生した[15]。たとえば、伝統校であるS校では生徒の約3割が無償化導入後に転校している。また、無償化によりどの小学校へも入学可能となり（それ以前は公立校により異なる負担額を支払う必要があった）、ナイロビ市内のKCPE最上位の公立校へは入学希望者が殺到し、登録日の前日から徹夜で並んだ保護者がいたことが報道されている[16]。このように無償化が実施されて以降、保護者の教育熱は高まる傾向が強く、受けることのできる教育の質に敏感である。別の言い方をすれば、子どもの受ける教育の質は家庭の経済力によって左右され、すべての子どもに最低限の質が保たれた教育機会が平等に与えられているわけではないのである。

公立および私立小学校数の推移を表したのが**表6-6**である。初等教育無償

表6-6　ケニアの小学校数（公立・私立別）の年次推移

種別	2001年	2002年	2003年	2004年	2005年
公　立	17,544	17,589 (＋45)	17,697 (＋108)	17,804 (＋107)	17,864 (＋60)
私　立	1,357	1,441 (＋84)	1,857 (＋416)	1,909 (＋52)	1,985 (＋76)

注：カッコ内は対前年比増加数。
出所：Central Bureau of Statistics, 2006：39

化が導入され就学者数が劇的に上昇した2003年に増加した小学校は、公立ではなく私立である。私立校は前年に比べ3割近く増加している。無償化実施が計画的に行われたわけではないので、公立校数が増えるはずもないが、民間は素早く反応している。慈善団体により新たに設立された学校もあるが、ビジネスとして小学校経営に乗り出す起業家が多いのである。逆に言えば、このような小規模な私立校には公立校で豊富な経験を持った校長が配置されており、保護者にとってはかなりの授業料（毎学期100ドル程度、高いところでは300ドル：小学校教員の月給が100ドル程度であるのでかなりの出費である）を払ってでも通わせるだけの魅力があるのである。この背景には、公立小学校に対する不信もある。

　私立校のない地方では、公立校間の格差が顕著になりつつある。たとえば、ナロック県S地区で唯一寮が整備されているO校には、周辺の学校の高学年（4〜8年）の生徒が転入（入寮）を希望する例が多い。2004年7月に確認したところでは、当時の生徒数732人（女子320人）のうち、110人（女子50人）が隣接校からの転入生であった。生徒が転出する側の学校から見れば、たとえば、2004年のE校6年生7人うち5人がO校に転校している。このように、地域でKCPE成績上位の学校へは周辺からの転入希望者が殺到する一方で、成績中位の学校では成績上位の生徒が転出することになり、学校間の格差はますます広がることになる。新入生の数においても、O校は無償化の前後で1年生の数が75人（2002年）から151人（2003年）に倍増しているが、O校から5キロメートル程度しか離れていないL校では26人（2002年および2003年）と変化がない。

おわりに

　無償初等教育は、長期的にはすべての国で実現されるべきであろう。しかし、ケニアのように教育システム全体がさまざまな非効率性と問題点を包含し、その改善を行わないまま無償化を進めることは、政治的な意義を除けば、子どもたちが裨益するものではない。家計のなかで教育費用の負担を軽減することは就学を促進する要因の一つではあるが、伝統や価値観、カリキュラ

ムなど複合的な要因があり、それらは無償化だけで改善されることではない。すなわち、不就学の理由は貧困だけではなく、学校や社会に対する不信もある。子どもたちを無理に学校へ囲い込むことで教育の効果があると考えるのも間違いである。教育へのアクセスと同時に教育の質が問われるべきであり、学習の成果がない限り貧困家庭では子どもを継続的に学校へ送ることもないであろう。

　質の伴った初等教育の完全普及は、現在のケニアの経済状況からすると、保護者やコミュニティの負担なくして実現不可能である。伝統的に自助（ハランベー）の精神が根づいているケニアの社会において、この民衆の力を教育の現場で生かしてきたのがケニアの教育文化であった。そのような学校文化を支援するような国の方策がなければ、援助に依存し続けるだけになってしまう。また、初等教育の無償化が学校レベルでどのような影響を及ぼすのか、子どもを送る家庭側の視点から学校の意義と価値をそれぞれの社会の文脈において問い直す必要がある。

　仮に教育を受ける機会は平等に保障されても学校間の格差はますます広がり、保護者の経済力により子どもの受けることのできる教育の質が規定される傾向が強い。アフリカなど途上国の初等教育は受験中心の傾向が強く、中等学校進学が目標である。したがって、子どもの権利として一般にイメージされるような生活スキルを学ぶ教育とは異なる。国際社会が支援しようとしているEFAに対する期待と学校現場レベル（教師、生徒、保護者）の現実はずいぶん乖離している。国家レベルの就学率向上は無償化により容易に達成されるが、計画性のない急激な就学者数の増加が学校現場でどのような歪みを生み出すかは明らかである。子どもの立場から見れば、EFA政策により新たに教育の機会を得た者もいるが、一方でそれ以上の数の在校生は教育の質の低下という危機に直面していることを忘れてはならないであろう。

※本稿は、いずれも拙稿の「ケニアにおける初等教育完全普及への取り組み―無償化政策の現状と問題点―」『比較教育学研究』30号（2004年）、「アフリカ地域における教育開発の現状と課題―国際協力は貧しい人々の役に立っているのか―」『比較教育学研

究』31号 (2005年)、および「受験中心主義の学校教育―ケニアの初等教育の実態―」『国際教育協力論集』9巻2号 (2006年) の一部を統合し、さらに大幅に加筆修正を加えたものである。

注

1. 1990年代のアフリカの平均経済成長率は2.4％であったが、2000-2004年は4.0％に上昇するとともに、マクロ経済指標も改善している国が多い (World Bank, 2006: 1)。
2. 教師生徒比率が45人以上の国は24カ国あるが、そのうち21カ国がアフリカ諸国である (UNESCO, 2004: 113)。
3. 無償化導入の背景には、大統領選の公約として使われるなど、政治的な色彩が強い。
4. 本章でも頻繁に引用しているが、ほぼ毎年 UNESCO から刊行される *EFA Global Monitoring Report* からは、最新の情報が簡単に得られる。
5. 世界銀行の報告書 (World Bank, 2000) には、援助依存から脱却することの重要性が述べられているが、現実には初等教育の完全普及が国際開発目標になり、世界銀行自身が援助依存を促進しているような一面もある。
6. 教育省組織の人材の能力強化が急務であるが、若い優秀な行政官は、その給与の低さから援助機関に転職することも少なくない。
7. ケニアの場合、教育援助を多くの国際機関・国から受けているが、隣国のウガンダと比べれば援助依存度はかなり低い。
8. 1998年以降、教員数の増加を抑制しているが、2006年に7,000人の増員を発表した。
9. この研究は NGO により実施されたものであるが、公正にケニアの教育を論考したものとして、その成果は高く評価されている。
10. 中途退学に関しては、個人的な要素、たとえば年齢、母親の教育レベル、宗教などが、男子より女子生徒の中途退学に影響があることがわかっており、逆に言えば、女子の中途退学の抑止には、学校側だけの努力では限界がある (Lloyd et al., 2000)。学校側からだけの視点で考えていては、仮に教育費用の負担はなくとも、生徒の就学を持続させることは容易でない。
11. これを裏づけるように、ケニアでは学歴別の失業率を見ると、小学校卒業より中等学校卒業のほうがその数値が高い (Ministry of Education, Science and Technology, 2003: 129-130)。
12. サイトティ教育大臣 (当時) による FPE のワークショップ配布資料 (Saitoti, 2003) による。政府発表の年報 (Central Bureau of Statistics, 2003) では、2002年の生徒数は、637万人となっている。
13. 総就学率が100％を超えたのは今回が初めてではない。これまでの最高値は1980年に115％を記録している。
14. この「ハランベー」は、不透明な資金管理と学校運営を助長し、汚職の温床になってきた現実もある。
15. KCPE の成績によりケニアの小学校は序列化されている。過去に公表された KCPE

学校別ランキング（上位200校）を調べると、実にその9割は私立校であり、あとの1割の公立校は全寮制の学校である（Express Communications Ltd., 2003: 94-95; Express Communications Ltd., 2005: 118-119）。寄宿制の学校は寮費が必要であり、同じ公立校であっても裕福な家庭の子どもだけが通える。

16 無償化実施直後は授業料等を課すことが厳しく制限されていたが、現在では、都市部の優良校のほとんどで、補習代や施設整備費の名目で保護者から一定額を徴収している。

参考文献

北村友人（2004）「基礎教育への国際的な資金援助の試み─EFAファスト・トラック・イニシアティブ導入の背景と課題─」『国際協力研究』20巻1号，53-63頁．

外務省編（2004）『政府開発援助（ODA）白書2003年版』国立印刷局．

斉藤康雄（2001）「基礎教育の開発10年間の成果と課題─ジョムティエンからダカールへ─」江原裕美編『開発と教育─国際協力と子どもたちの未来』新評論，301-320頁．

澤村信英（2004a）「エチオピアの初等教育─アクセス改善と教育の質をめぐって─」日本比較教育学会第40回大会発表要旨集録．

澤村信英（2004b）「危機に立つケニアの教育─失われた20年─」『国際教育協力論集』7巻2号，69-80頁．

平野克己（2002）『図説アフリカ経済』日本評論社．

前田美子（2002）「セクターワイドアプローチにおけるオーナーシップ形成─ウガンダの教育セクターを事例として─」『アフリカ研究』61号，61-71頁．

Abagi, O. and Odipo, G. (1997). *Efficiency of Primary Education in Kenya: Situational Analysis and Implications for Educational Reform*. Nairobi: Institute of Policy Analysis and Research.

Amutabi, M. N. (2002) Political interference in the running of education in post-independence Kenya: a critical retrospection. *International Journal of Educational Development*, 23, 127-144.

Central Bureau of Statistics (2001). *Economic Survey 2001*. Nairobi: Government Printer.

─── (2003). *Economic Survey 2003*. Nairobi: Government Printer.

─── (2006). *Economic Survey 2006*. Nairobi: Government Printer.

Express Communications Ltd. (2003). *Kenya Education Directory 2003 Edition*. Nairobi: Express Communications Ltd.

─── (2005). *Kenya Education Directory, 2005 Edition*. Nairobi: Express Communications Ltd.

Grace, M., Chimombo, J., Banda, T. and Mchikoma, C. (2001). *The Quality of Primary Education in Malawi*. Paris: UNESCO/IIEP.

Kazamira, E. and Rose, P. (2003). Can free primary education meet the needs of the poor?: Evidence from Malawi. *International Journal of Educational Development*, 23, 501-516.

Lloyd, C. B., Mensch, B. S. and Clark, W. H. (2000). The Effects of Primary School Quality on School Dropout among Kenyan Girls and Boys. *Comparative Education Review,* 44(2), 113-147.

Lockheed, M. E. and Verspoor, A. M. (1991). *Improving Primary Education in Developing Countries.* Oxford: Oxford University Press.

Makau, B. M. with Kariuki, M. W., Obondoh, A. and Syong'oh, G. A. (2000). *Harnessing Policy and Planning for Attainment of Education for All in Kenya.* Research Report Prepared for ActionAid, Nairobi.

Malawi Ministry of Education (1998). *Education Basic Statistics 1997.* Lilongwe: MDX.

Milner, G., Chimombo J., Banda, T. and Mchikoma, C. (2001). *The Quality of Education: Some policy suggestions based on a survey of schools, Malawi.* Paris: UNESCO.

Ministry of Education, Science and Technology (2003). *Report of the Sector Review and Development Direction.* Nairobi: MoEST.

Otiende, J. E., Wamahiu, S. P. and Karugu, A. M. (1992). *Education and Development in Kenya: A Historical Perspective.* Nairobi: Oxford University Press.

Republic of Kenya (1964). *Kenya Education Commission Report (Part I).* Nairobi: Government Printer.

――― (2000). *Totally Integrated Quality Education and Training (TIQET).* Nairobi: Government Printer.

Saitoti, G. (2003). Lecture delivered at the workshop to review progress on implementation of free primary education, Nairobi, 28-30, July.

Sifuna, D. N. (1980). *Short Essays on Education in Kenya.* Nairobi: Kenya Literature Bureau.

Uganda Bureau of Statistics (2000). *Statistical Abstract 2000.* Kampala: Uganda Bureau of Statistics.

UNESCO (2004). *EFA Global Monitoring Report 2005: The Quality Imperative.* Paris: UNESCO.

――― (2005). *EFA Global Monitoring Report 2006: Literacy for Life.* Paris: UNESCO.

――― (2006). *EFA Global Monitoring Report 2007: Strong foundations early childhood care and education.* Paris: UNESCO.

World Bank (2000). *Can Africa Claim the 21st Century?* Washington, D.C.: The World Bank.

――― (2003). *African Development Indicators 2003.* Washington, D.C.: The World Bank.

――― (2004). *Education for All–Fast Track Initiative: Framework.* Washington, D.C.: The World Bank.

――― (2006). *African Development Indicators 2006.* Washington, D.C.: The World Bank.

第3部
EFA に向けた取り組みに関する分野横断的な課題

第7章　教育の質に関する課題
—— EFA達成に向けての質の重要性と質の測定法

齋藤　みを子

はじめに

　1990年から「万人のための教育（Education for All: EFA）」目標の達成へ向けた努力が積み重ねられるにつれ、基礎教育の就学率は世界中すべての地域で急速な伸びを示してきた。それにもかかわらず、ある地域や集団においては、学校に行ったことのない子ども、初等教育さえも満足に修了できない子ども、そしてたとえ修了しても読み書き計算ができない子どもが数多く存在する。教育への参加を保障されていない国々や社会階層の人々にとっては、EFAの達成だけでも難題であり、そのうえ万人のための「質のよい」教育を普及させるということは一層高いハードルとなっている。

　基礎教育における学業成績の向上は、世界銀行（World Bank）などの政策文書上では重視されているものの（World Bank, 1995, 1999）、1990年より15年間にわたり世界銀行が手がけてきた開発途上国（以下、途上国）での初等教育プロジェクトは、就学率を高めることが主な優先事項であり、子どもたちの学習到達度を重要視するものは非常に少ないとして世界銀行のIndependent Evaluation Group（2006）によって、批判を受けた。そのため、「ミレニアム開発目標（Millenium Development Goals: MDGs）」の達成を強調するとともに学力向上を援助する方向へ、EFAの「ファスト・トラック・イニシアティブ（Fast Track Initiative: FTI）」を途上国やそのパートナーの間で見直す必要があると、レポートの中で指摘された。

　本章では、EFA達成における教育の質の重要性について述べるとともに、国際的に受け入れられている教育の質の定義を提示し、教育の質の測定に関する課題について論じる。

1. なぜ教育の質が大切か

　1990年のジョムティエン会議ではEFA理念が打ち出され、教育の質という意味では、一定の年齢層の一定の比率の者に必要とされるレベルまで、学習到達度を向上させることがひとつの到達目標としてかかげられた（本書の第1章を参照）。さらに2000年のダカール会議では、EFAの概念がより幅広く解釈され、教育の質的改善の重要性が確認された。つまりEFAを2015年までに達成させるためには、もはや教育への参加という量的な拡大だけでは充分ではなく、すべての国が、認識でき測定可能な結果を得るために、あらゆる局面の教育の質を改善し、さらにその質を高い水準で保証していくことが必要であると強調されたのである（UNESCO, 2000）。

　学校の環境や生徒の学力などの質的な向上に配慮することの必要性は、教育普及の戦略としても国際的に認識されている。たとえば子どもの教育への投資に関する親の選択は、学校教育の質にも左右される（UNESCO, 2004）。さらに、良質な教育の普及は、個人的な所得、経済的成長、社会的成長、保健衛生の向上などの開発における主要目標に対して経済的な面での貢献が大きいと考えられている（Hanushek and Wößmann, 2007）。すなわち、高レベルの読解力や計算力の結果として、職場の生産性が向上し、革新的な考えが打ち出され、新技術を迅速に覚えることができるようになる。これらはあくまでも経済発展が望ましいものであるという前提にもとづいた考え方であるが、この問題についての議論は本章では控えることにする。

　教育の質的向上の重要性が認識されるに伴い、国家の莫大な教育費に対するアカウンタビリティとして、教育の質に関する情報を収集することへの要求が高まってきている。先進国では、2000年以降に国際的なメディアの関心が盛り上がるよりもおよそ50年前から、国際比較調査を通して初等・中等教育の質を定期的に測るメカニズムが設けられてきた。その先駆的な取り組みが教育到達度国際評価学会（International Association for the Evaluation of Educational Achievement: IEA）による国際学力調査であり、1958年のパイロット・スタディをはじめとし、第1回国際数学調査（First International Mathematics

Study: FIMS)、第1回国際科学調査 (First International Science Study: FISS)、第2回国際数学調査 (Second International Mathematics Study: SIMS)、第2回国際理科調査 (Second International Science Study: SISS)、6科目調査などが実施された (IEA, 2005a, 2005b)。さらに、1980年代には読解力調査 (Reading Literacy Study: RLS)、クラス環境調査、学校でのコンピュータの役割の研究 (Computers in Education Study: COMPED)、さらに1990年代から2000年代にかけて第3回国際数学・理科調査 (Third International Mathematics and Science Study: TIMSS)、国際読解力推移調査 (Progress in International Reading Literacy Study: PIRLS)、市民教育調査 (Civic Education Study: CIVED)、TIMSSの後定期的に繰り返されている国際数学・理科傾向調査 (Trends in Mathematics and Science Study: TIMSS) など、小学生、中学生、高校生を対象として数々の研究調査が行われてきた (Elley, 1992; Beaton et al., 1996; Martin et al., 1996)。これらの研究を契機に、あらゆる国で統一学力検査が行われるようになった。また、経済協力開発機構 (Organization for Economic Cooperation and Development: OECD) が1997年から計画実施を始めた生徒の学習到達度調査 (Programme for International Student Assessment: PISA) は、対象年齢は15歳のみではあるが、IEAの研究調査に類似した測定手法を用いたものであり、2000年から3年ごとに調査が行われ、読解力、数学、理科の分野での評価が行われている (OECD, 2001, 2004)。

途上国でも数は少ないながらも、1990年初頭からのEFA推進の動きとともに、社会的経済的に類似した近隣諸国間のネットワークを通した比較調査が地域的に履行されている。たとえば1991年にジンバブエの教育省とユネスコ (United Nations Educational, Scientific and Cultural Organization: UNESCO) の教育計画国際研究所 (International Institute for Educational Planning: IIEP) が共同企画した教育の質に関する研究調査は、その後15教育省[1] (14ヵ国) をメンバーとする「教育の質測定のための南東部アフリカ連合 (Southern and Eastern Consortium for Monitoring Educational Quality: SACMEQ)」へと発展した。小学校6年生の学習環境、つまり学校、教室、教師のバックグラウンドなどに関する質的な情報のほか、1995年–1997年には読解力、2000年–2002年には読解力と算数が測定された。そして、2007年には読解力、算数、保健衛生の知識を測定する準備が

開始された。このSACMEQも、IEAやOECDと類似した調査手法を用いている。また、フランス語圏アフリカ諸国では、仏語国教育大臣会議(Conférences des Ministres de l'Éducation des Pays Francophones: CONFEMEN)による「学校教育システムの分析プログラム (Programme d'Analyse des Systèmes Éducatifs des Pays de la CONFEMEN: PASEC)」が、さらに中南米ではユネスコのラテンアメリカ・カリブ海地域事務所(Oficina Regional de Educación para América Latina y el Caribe: OREALC)の主導により1997年から国語と算数の分野で「ラテンアメリカにおける教育の質評価研究 (Laboratorio Latinoamericano de Evaluación de la Calidad de la Educación: LLECE)」が始められた (Postlethwaite, 2004b; Kellaghan, 2006)。

さらに、教育の質に関する大規模な測定調査を国レベルで行っている例もある。たとえば、日本では深刻な学力低下が懸念される中、PISAやTIMSSなどの国際調査への参加に加え、2007年には43年ぶりの全国学力・学習状況調査が実施された (アサヒ・コム, 2007)。また途上国でも2001年にベトナム教育省が世界銀行の財政支援とIIEPの技術支援を受けて行った小学校5年生のプロジェクトでは、読解力と算数の学習到達度を含む、教育の質に関するさまざまな側面を測定した (World Bank, 2004)。これは、世界銀行にとっては非常に珍しい、学習到達度を測る試みであった (Postlethwaite, 2004a; World Bank Independent Evaluation Group, 2006)。その他、カンボジア、インド、ネパール、スリランカなどでも、国レベルで独立した教育の質に関する調査を行っている (Kellaghan, 2006)。

このように、良質の教育は国家の経済的発展と個人の福利に必要不可欠であるという視点から、そして教育の拡大に伴う投資に対する監査という意味でも、先進国・途上国ともに、教育の質に関する情報収集の試みが積極的に行われている。国レベルでのメカニズムにおいては、法律や条令によって定められた範疇で教育水準を分析するが、ネットワークを通して研究調査を実施するメカニズムにおいては、他国の教育政策、習慣、伝統などと照らし合わせながら教育の質を比較することができる。このように、とくにネットワークのメカニズムでは、質向上のための教育環境のあり方に関してさまざまな可能性を見出すことができると言えるだろう (Ross et al., 2006a)。

2. 教育の質の概念と定義

(1) 質の語源

教育の質の定義が多様であるのは、「質」に関する概念の解釈が多様であることに帰する。その語源であるギリシャ語の "qualitas" は、プラトンやアリストテレスが物に差異があることを示すために使った言葉である (Peters, 1969)。ここでは「質」という単語が "quality of person" のように名詞として用いられ、「性質」「特性」「属性」などを持ち合わせているか否かを表し、価値判断は伴わない中立的な使い方である。ところがプラトンやアリストテレスは、他にも「質」という単語を "quality person" のように装飾語としても使った。それは、「良質な」「優れた」「秀でた」という意味であり、普通より卓越しているという比較による評価を行う意図が入っており、そこには明白な比較の規範が必要とされる。そこへさらに「質」という単語を形容詞化させた使い方では、"qualitative change" のように「量的」に対立した「質的」という区別が生じる。たとえば、「教育の現状を量的に判断するのではなく質的に判断する」という使い方である (Coombs, 1969; OECD, 1989; Ross and Mählck, 1990; 浜野, 2005)。

ところが、世界中のどの教育システムにおいても、ある程度の質と量を同時に変化させていかなければ教育の発展にはつながらない。だが、実はここに量的な教育計画と質的な教育計画を区別する意義があり、それぞれの要素が、教育の成長と変遷を含む過程の全体と相互に作用することが認識できるのである (Coombs, 1969)。

(2) 教育の質の多次元性

教育の質の定義をめぐっての哲学的な討論の中で、ビービー (1969) は教育の質とは多次元的な社会の目標に基づく学校教育システムの目標に関連するものであるが、そもそも社会というのは「何カ国語も操る九つ頭のモンスター」であるがゆえ、それを絶対的に定義するのは不可能だとした。

ピーターズ (1969) も「質」には多数の基準があり、「何のための質」かとい

う目的を問いただされなければいけないと主張し、教育の目的である「人間を形成すること」には、産物としての判断基準と過程としての判断基準があると提示した。教育を産物として判断する基準とは、形成されたという面でのあらゆる基準を満たす度合いのことであり、結果中心であるのに対し、過程としての判断基準の中では、生徒が教育を受ける前の状態を考慮に入れ、教育を受けていく進歩の度合いを見ることになる。

ロスとメルク (1990) によると、先述のビービー (1969) は後に教育の質の定義を「質的変化」という言葉にまとめている。これは、現存の習慣、建物、生徒、教師、試験の増減という「量的変化」とは区別される。そして「質的変化」の要素としては、第一に、教室内の質的変化 (すなわち、何がどのように教えられているか) と、第二に、生徒の流れの質的変化 (すなわち、誰がどこで教えられているか) が含まれている。

その後、教育の質に関するさまざまな意味論が教育界では議論されたが、ロスとメルク (1990) はビービー (1969) が提起した「教室内の質的変化」という問題に的を絞り、実践的な定義を試みた。ロスとメルク (1990) によれば、教育の質を計画するということは、生徒が学校教育システムから与えられた学習を行う環境を改善することであり、その環境改善によって生徒の知識、技能、価値観が向上することが期待される。この環境とは、学校の雰囲気、教師の資格、授業のプロセス、効果的なリーダーシップ、適切な経営管理、能率のいい教育へのインプット、公平なアウトプットの配分、教育方針や投資のことである。このような情報をいかに公正に測定し、それを政策決定にまで導くかといった具体的な手法にも言及している。

そのほか、クーンブス (1969) は「良質」の定義に必要な "standard" の定義も、質の定義と同様につかみにくいと指摘している。ある文脈では、建築物や人材の規格のように、ある一定の場所と時に相対的に適切であるという、任意に定められた具体的な規範の意味を持つ。しかし、教育業績の国際的水準といったような文脈では、すべての国が努力して辿り着くべき絶対的に望ましいレベルという空論的な意味を持つ。

OECD (1989) も、「何かの目的に必要とされる優秀さの度合い」の重要性を

指摘し、"standard"の概念を教育において解釈する仕方をいくつか提示している。一つ目には「水準」の意味で、教育の平均的到達レベルとして、二つ目には「標準」という社会共同体の教育に対する期待として、そして三つ目には「基準」という意味で教育の目標としての解釈がある。そして、教育とは組立工場における流れ作業のようにインプットを増やして生産性を上げるのではなく、より根本の社会的目標を考える必要があると述べている。そのための教育の質にかかわる重要な分野は、革新的カリキュラム、評価やモニター方法、教師の能力や言語、学校の構成や時間割、学校が利用できる物理的・財政的な資源などが挙げられている。

(3) 実用主義的意味論の展開

しかし、これらの哲学的な議論の流れとは別に、1970年代にはアダムス (1978) を中心に、質の意味論がもう少し実用主義的に展開された。そこでは、何が学力向上に有意義かを見出すことに焦点が置かれた。そして、教育の質を改善するために世界各国で試された学習現場での経験や実施成功例の数々を吟味することによって、「質的な教育計画」の展望が紹介された。先のクーンブス (1969) の視点とは異なり、質的な教育計画と量的な教育計画を区別する理由として、教育省での業務が知的および物理的に供給(量的)と結果(質的)に分けられていることを根拠とした (Ross and Mählck, 1990)。

また、子どもの権利を重要視する「良質の教育」の定義は、主に国連児童基金 (UNICEF) やユネスコに見られる。ユニセフがダカールの国際会議で提示した教育の質の定義には、学習者、環境、内容、過程、結果の五つの側面があげられた。これらの側面は、すべての子どもたちが生存し、保護され、成長し、参加できる権利のもとに成り立っている (UNESCO, 2004)。

ユネスコの「21世紀教育国際委員会」の報告書に謳われた「学習の四つの柱」――知ることを学ぶ、為すことを学ぶ、他者と共に生きることを学ぶ、人間として生きることを学ぶ――は、「良質の教育」の構成要素であると示唆されている (Ibid.)。この報告書の中で天城勲 (1997) は、教育の基本機能が存続するためには質と適切性[2] (relevance) が重要な鍵であり、そのための教育政

策は次の三つの側面から考察すべきであると述べている。一つ目は教師の質の向上(教員養成、資格、採用と配置、現職教員教育、労働条件、給与)、二つ目はカリキュラム開発や立案(教授方法、教科書、教材)、三つ目は学校経営の改善(校長の指導力、教員の経営協力)である。

　ピゴッツィー(2004)も、ユネスコのフレームワークとして「教育の質(quality of education)」よりむしろ「良質の教育(quality education)」の概念を、人権という視点から提示した。それには、まず学習者の環境レベルと学習体験をもたらす教育システムのレベルがあり、それぞれのレベルに5つの局面があると解釈した。学習者の環境に関するレベルには、学習者を区別なく常に探し求めるメカニズム、学習者が学習場面に持ってくる過去の経験や個人的特徴、国際社会の変化に沿った学習内容、多様な学習者に対する公平な待遇の学習者中心の授業プロセス、そして平和で安全な環境が含まれている。また、教育システムのレベルでは、公明な経営や管理、有益な政策の執行、法令権が保護されているフレームワーク、資源と人材、学習成果を測定するメカニズムが挙げられている。

　しかし、UNESCO(2004)のグローバル・モニタリング・レポート(Global Monitoring Report: GMR)の中では、もう少し狭い意味で教育の質が解釈されている。教育の質には二つの要素があり、一つ目は学校教育システムにおける明白な目的である学習者の知的認識力の発育、二つ目は責任感のある国民としての価値観や態度を増進させ、感情的な発育を育てるための教育の役割であると述べている。しかしながらGMRの中では、教育の質を測定するための指標として、この二つの要素とはまったく無関係な4年生までの生存率のみが報告されている。

　アンダーソン(2004)は、教師の有効性に関する概念的フレームワークの中で教育の質を捉え、6つの構成要素がそれぞれ影響しあうと提示している。それは、(1)教師の特性(職業的特性、考え方、希望、リーダーシップ)、(2)生徒の特性(知識とスキル、適正、態度と価値観)、(3)カリキュラム(水準、学習単位)、(4)教授(授業、生徒とのやり取り)、(5)教室(環境、雰囲気、習慣、構成、計画、管理)、(6)学習(生徒による学習への取り組み、学習の成果)である。これらの構成要素をそれぞれ測

定するための調査書も提示されている。

　このように、教育の質の定義はさまざまな角度から解釈されているが、共通して認識できることは、質というのは時と場所によるものであり、社会的文脈の中で捉えられた価値観にもとづいているということである。それゆえに、具体的な指標を策定するのが困難な概念も数多い。そうしたなか、国際調査や地域調査などで一般的に確立されてきたのが、学習到達度と学習環境に関する限定的な背景要素である。

3. 教育の質の調査における研究デザイン

(1) 学力テスト対象母集団および標本

　さて、教育の質に関する調査を実施するにあたり、その研究デザインにおいていくつかの重要な課題がある。まず、対象母集団を学年ベースにするか年齢ベースにするかということがある。OECD の PISA では、どの学年であるかにかかわらず学校教育システムのすべての15歳の生徒の中から標本を採り調査した。この手法には、留年制度や融通の利く入学制度の度合いによっては、何学年にもわたり標本を採らなければいけないという技術上の不便さがある (Postlethwaite, 2004b; Grisay and Griffin, 2006)。また、学年によってアクセスできる施設や器具が異なる場合は複雑であり、教室の特性などの測定値に安定性を持たせるための標本設計には、さらなる注意が必要である。

　PISA が特定の年齢集団を対象としたのに比べ、TIMSS や PIRLS では9歳と14歳が一番多く存在する学年をそれぞれと、学校教育の最終学年とを対象に調査した (Postlethwaite, 2004b; Grisay and Griffin, 2006)。この手法では、国内では同学年を対象にしていることになるが、国際的にはさまざまな学年を比較することになる。ここでは、少なくとも学校でのカリキュラムが同様な者の比較を目的としている。

　また、比較的留年率の高い地域で調査をするにあたり、標本を採ることがより簡単であるという理由から、SACMEQ では何歳であるかにかかわらず、小学校6年生に焦点を当てた。学習環境が学力に及ぼす決定要素を調べるた

めには、学年ベースのほうが年齢ベースに比べて理にかなっていると言える。その反面、SACMEQ での平均年齢の幅は、モーリシャスの約11歳からタンザニア本土の約15歳とかなり幅の広いものであった (Ross et al., 2004)。

(2) 時間を隔てた変化や付加価値の測定

　教育の質をモニターするためには定期的に時間を隔てた測定が必要であるが、それには少なくとも二つの調査手法がある。一つは IEA、OECD、SACMEQ のような断面的 (cross section) で、毎回、同様の対象母集団の中から1回きりの標本のデータを集めることである。もう一つは、長期的 (longitudinal) で、同じ標本から2度にわたってデータを集めることである。先のピーターズ (1969) のいう「過程としての教育の質」を測る際には、長期的な調査のほうが生徒の成長の付加価値を測るうえで、より適切である。しかし、同じ標本を時間を隔てて追跡し、調査し、分析の段階で情報を統合させることは、複雑な手続きを要する。長期的な調査では、教師の影響を測る際には、同じ学年度内で2度データを採り、学校の影響を測る際には入学時とその数年後にデータを採るといったことに留意する必要がある (Ross et al., 2006b)。

(3) 教育の質の測定に用いる科目

1. 基本教科のテストの枠組み

　学習環境の量的変化 (すなわち、現存の建物、生徒、教師、試験の増減など) については、どの国でも学校人口調査などを通じて組織的に測定されている。学習到達度の測定においては、国際調査や地域調査などで、国語や算数などの基本教科の学力を測るのが標準的な主流となっているが、テストの枠組みは必ずしも同じではない。たとえば IEA の TIMSS では、参加国の正規の基本カリキュラムにもとづきテストが作られた。テストの枠組みは、「内容」と「認識レベル」の二つの次元にまとめられた。算数においては、代数、測定、幾何、統計の「内容」が、事実や手順の知識、概念利用、問題解決、論理立ての「認識レベル」によって定義された。SACMEQ もそれに類似し、数、測定、グラフ・データの3部門の「内容」が、知識、理解、応用の3段階の「認識レベル」によっ

て定義された。読解力においては、IEAのPIRLSもSACMEQもともに、物語的文章、解説書的文章、記録書的文章の「内容」が用いられ、物語的文章、解説書的文章の分野では逐語的、言い換え、推測、主旨把握の「認識レベル」、記録書的文章の分野では情報探し、情報の探求と単純処理、情報の探求と複雑処理の「認識レベル」によって定義された。

　それに比べ、OECDのPISAのテストは学校教育の基本カリキュラムにもとづくのではなく、どの教科においても学校で学んだことのほかに、将来、実際の社会生活のなかで何ができるのかということに焦点がおかれている(Postlethwaite, 2006; Postlethwaite and Leung, 2006; Ross et al., 2006b)。これは、対象母集団を学年ベースではなく年齢ベースにしていることにも関係する。PISAでは、読解力、数学的リテラシー、科学的リテラシーの3つの分野を測定しているが、たとえば数学的リテラシーの問題は3つの側面を扱っている。第一に、「内容」の側面は、量、空間と形、変化と関係、不確実性の4つの包括的アイディアから成り、第二に、「プロセス」の側面は、再現クラスター、関連付けクラスター、熟慮クラスター、能力クラスターに分類され、第三に「状況」の側面は私的、教育的、職務的、公共的、科学的状況から成る(OECD, 2001, 2004; Ross et al., 2006b)。

　このような違いがあることを認識したうえで、国の優先事項に沿った学習到達度を測ることが大切になってくる。もし、ある国で優先事項がカリキュラムの目標に置かれているなら、その国の教育の質を評価するにはTIMSSやSACMEQ的なテストの枠組みのほうが公平であるといえる。しかし、もし国での優先事項が将来の生活のための準備が学校で行われているのかを測定することにおかれているのであれば、PISAでとった方法が最も適しているということになる。

2. 持続可能な開発のための教育 (Education for Sustainable Development: ESD)

　一方、2002年に持続可能な開発に関するヨハネスブルグ国際会議が開かれて以降、基本教科のほかに、持続可能な開発についての学習の重要さが指摘されている(Ross et al., 2006b)。ところが、持続可能な開発のための教育の

定義は「将来の世代の必要性や有効な資源を犠牲にせず、現在の世代が社会的・経済的・環境的に満足できる技能を育む」とされており、非常に曖昧であり、これを具体的に測定することは困難である。持続可能な開発のための能力を生活技能 (life skill) と連結させるという動きもあるが、さまざまな国際機関によって提言されてきた定義はいずれも普遍的なものとしては受け入れられていない (Ibid.)。そのため、今後、国際的で実質的な定義を確立し、生活技能に結びつける可能性を探求し、具体的なテストの枠組みを考えていくことが必要となってくる。

3. 科目に対する態度や姿勢の測定

ポッスルツウェイト (2004b) が指摘しているように、OECD の PISA や IEA の TIMSS などでは感情についての測定が行われている。しかし、学校や科目に対する生徒の態度や姿勢は教育のアウトプットの重要要素であるにもかかわらず、この分野は知識や技能の測定と比べて、確固たる地位が築き上げられていない。しかも、1995年の TIMSS の結果によると、シンガポール、韓国、日本などのアジア諸国の数学の成績の高さが注目されたが、皮肉なことに数学に対する生徒の感情は肯定的なものとは言えなかった。感情の分野を測定するための定義づけや手法の開発が不十分であることは否定できないが、学力と態度・姿勢との間に相関関係が見られない理由を探求し、学習環境の改善に結びつけることは重要な課題である。

(4) 学習到達度を表す指標

1. 平均点

学習到達度は、果たしてどのような指標で表すのか。最もわかりやすい方法が俗に言う優劣比較表 (league table) であり、それぞれの科目の平均点を国ごと、または地域ごとに計算することにより、近隣諸国や類似した政策を持つ国との比較ができる。ここでの比較単位が国であっても国内の地域であっても、あくまでも指標は平均点ということになる。SACMEQ においても、平均点をサブ・グループごとに計算し、地域格差、男女格差、社会経済格差

などを測った(Saito, 1998, 2004)。また、この平均点を教科の中の分野ごとによっても計算しており、これは教師にとっては学習のギャップを認識するための肝要な情報になった。

2. 国のベンチマーク

次に、国のベンチマーク標準を何パーセントの生徒が満たしているかという情報が、各国の教育省にとっては有用である。第1回SACMEQ調査では、国ごとが定めたカリキュラムを基準にして、それぞれの国が小学校6年生としての望ましいレベルと最低限のレベルを定め、それぞれ何パーセントの生徒がそのレベルに達したかを計算した。これは優劣比較表よりも意味があり、公平な測定法であると考えられている。

3. 能力プロフィール

また、平均点や合格・不合格のレッテルだけでなく、どのくらいの割合の生徒が何をできるかというプロフィールに対しての分布を測定することも可能である。この手法は、PISA、TIMSS、PIRLS、SACMEQなどで使われている。たとえば第2回SACMEQ調査では、生徒と教師にテストを行い、ラッシュ測定法(Rasch Measurement Approach)(Rasch, 1980)を用いて、**表7-1**のような8段階のスケールを作成した。これらの段階は階層的であり、たとえばレベル3(基本的読解力)の生徒は、レベル1(読解力以前)とレベル2(緊切読解力)には到達したが、レベル3の習得率がほぼ半々であり、レベル4(意味のわかる読解力)には達していないという意味である。ここには、小学校6年生に何ができるのかといったことが描写的に示されているため、優劣比較表での順位づけよりも有益である。

また、**図7-1**(175頁)に示すように、国内の何パーセントの6年生がどのレベルに達しているかといった情報は、教育省やカリキュラム作成者にとって大切な情報である。ここでは、生徒一人一人がどのレベルに到達したかという情報も得られるため、その段階で強調すべき効果的な授業方針や学習の目処が判断でき、教師や親へのフィードバックとしても使用できる。

174　第3部　EFAに向けた取り組みに関する分野横断的な課題

表7-1　SACMEQの読解力および算数のプロフィール

SACMEQの能力レベル	読解力	算　数
レベル1	読解力以前：具体的な概念や日常的な単語と絵を合わせ、簡単で短い指示に従うことができる。	計算力以前：ワンステップの足し算・引き算ができ、簡単な形を識別できる。数字と絵を合わせる。整数を数えられる。
レベル2	緊切読解力：前置詞や抽象的概念を含む単語と絵を合わせる。簡単な構造の見覚えのある言葉などの手がかりを使い、進行方向に読み、解釈ができる。	緊切計算力：繰り上げや基本的な概算での見直しを含むツーステップの足し算・引き算ができる。絵を数字に変換できる。見覚えのある物質の長さを見積もる。ありふれた多次元物体を識別できる。
レベル3	基本的読解力：簡単な文章を進行方向または逆方向に読むことで、単語や句や熟語をマッチさせたり、文章の穴埋めや隣同士の単語をマッチさせたりしながら意味を理解する。	基本的計算力：1つの計算を何回か繰り返しながら、簡単なグラフや表に表された言語的情報を解釈する。図での情報を分数に変換する。整数の位を千の位までわかる。日常の簡単で一般的な測量の単位を解釈する。
レベル4	意味のわかる読解力：進行方向または逆方向に読み、文章のあらゆる場所に位置する情報を結びつけ解釈できる。	初歩的計算力：言語や図による情報を、簡単な計算問題に変換する。整数、分数、小数の複合的計算を正しい順序で使う。
レベル5	解釈できる読解力：進行方向または逆方向に読み、文章のあらゆる場所に位置する情報を文章以外の物（記憶された事実など）を基にして、意味を完成させ、文脈の前後関係を結びつけ、解釈できる。	計算力堪能：出された問題解決のために言語、図、表の情報を計算操作に変換する。日常の測量単位や整数や異種混合の数字を必要とする、複合的計算を正しい順序で行う。あるレベルの測量単位を、もう1つの単位に変換する（たとえばメートルからセンチメートル）。
レベル6	推測できる読解力：物語、解説書、記録書などの長い文章を進行方向または逆方向に読み、筆者の意図を推し量るためにあらゆる場所の情報を結合させる。	数学上熟練：分数、割合、小数を含む、複合操作の問題を正しい順序で解く。言語や図の情報を象徴的な代数方程式に変換し、出された問題を解決する。問題に含まれない外からの知識を用いて答えを確かめ、推測する。
レベル7	分析できる読解力：物語、解説書、記録書などの長い文章を進行方向または逆方向に読み、あらゆる場所から情報を見つけ、結合させ、筆者の私的信念（価値観、先入観、偏見など）を推察する。	問題解決：測量単位における表、チャート、視覚的象徴的表現からの情報を抜粋し、数段階の問題を認識し、換算する。
レベル8	批判力のある読解力：物語、解説書、記録書などの長い文章を進行方向または逆方向に読み、あらゆる場所から情報を見つけ、結合させ、筆者が持つトピックや読者の特徴（年齢、知識、私的信念、価値観、先入観、偏見など）を推察し評価する。	抽象的問題解決：言語的情報や図からの情報に組み込まれている述べられていない数学的問題の特質を察知し、問題解決のために、この情報を象徴的、代数的な法則式に変換する。

出所：SACMEQ Archive (Ross et al., 2004) より筆者が翻訳。

(5) 教師の質の測定

　次に、教師の質という問題を考える。教育の質は教師の質に影響され、ほとんどの国で教師の給与が学校教育にかかわる支出の大半を占めるなか、教

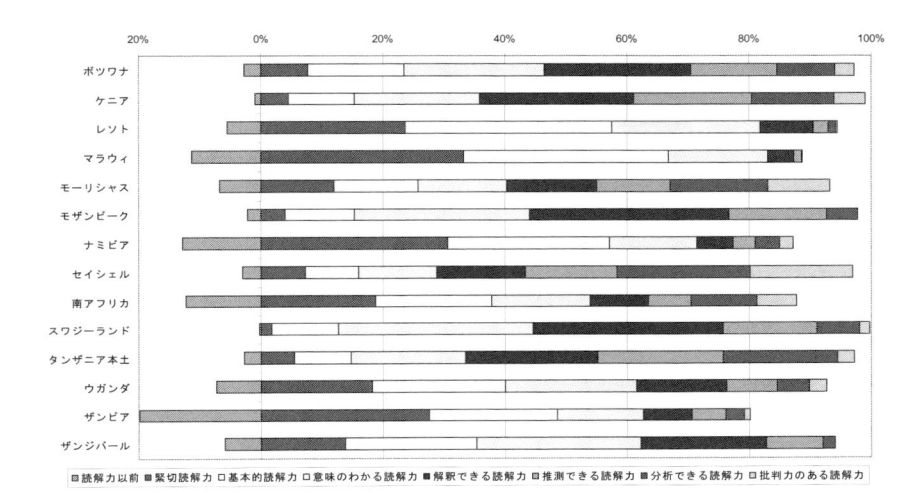

図7-1 SACMEQ-II 諸国の読解力の能力別分布（2000年）

出所：SACMEQ Archive (Ross et al., 2004) より筆者作成。

員養成は教育政策上の重大な側面である。しかしながら、教員評価については、多くの研究調査においてあまり開拓されていない分野でもある (Anderson, 2004)。たとえばOECDのPISAを例にとってみると、生徒や学校長からのデータは集められたが、教師からの情報は何も集められなかった。またIEAのTIMSSやPIRLSのように教師のバックグラウンドに関する情報を集めることはあっても、教師の能力を測定したという例はほとんどない。その中で、2000年の第2回SACMEQ調査および2001年の世界銀行・IIEP共同企画によるベトナムの小学校5年生に対する調査では、教師の読解力と算数の能力を測ることに成功した。

これらの調査では、ラッシュ測定法で、生徒用のテスト問題と共通の設問を何題か含めることによって、生徒と教師がまるで同じテストを受けたかのごとく、同一の線上に並べて比べた（図7-2を参照）。これにより、教師の科目知識に関するギャップを認識することができ、それを直接、教員養成プログラムへのフィードバックにしたのである。

このSACMEQの調査では、教師の成績と生徒の成績に高い相関関係があ

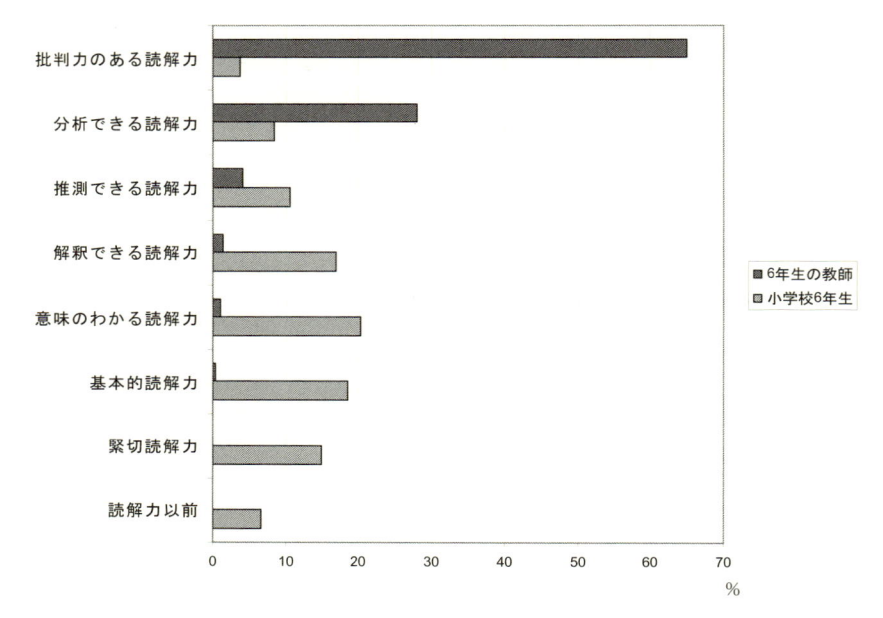

176　第3部　EFAに向けた取り組みに関する分野横断的な課題

図7-2　第2回 SACMEQ 調査における小学校6年生の生徒と教師の読解力能力別分布 (2000年)
出所：SACMEQ Archive (Ross et al., 2004) より筆者作成。

ることが確認された。教授法が生徒の学習到達度に及ぼす影響は、教師の科目知識が充実された状態で初めて出てくると報告もされている (Duthilleul and Allen, 2005)。ただし、教師の生徒への影響力を考慮する際、小学校高学年の生徒を教える教師は、低学年で接触のあった教師のすべての代理的教師という意味でしかない (Postlethwaite, 2004b)。そのため、実質的な意味での小学校高学年の学力に貢献する教師の有効性を、具体的に測定する方法をさらに探究する必要がある。

　図7-3と図7-4に示すように、ベトナムの調査でも生徒の成績と教師の成績の相関関係は、省（プロヴィンス）レベルで読解力は0.82、算数は0.78であった。ベトナムでは、教員養成は省ごとに個別に企画されており、国家レベルの教師検定は設けられていなかった。もちろん、教育省はこれに対する救済策を考慮すべきだが、ここで注意しなければならないこととして、教員養成プロ

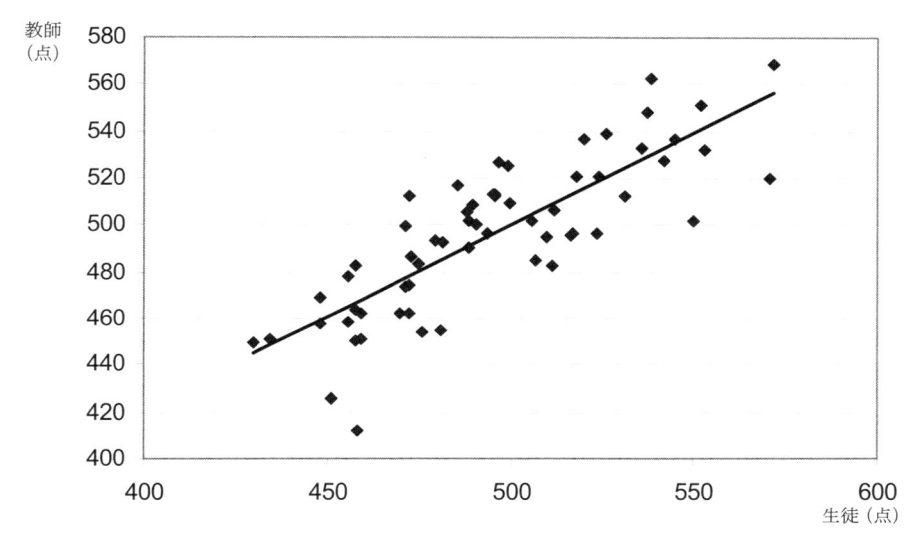

図7-3 ベトナム小学校5年生の生徒と教師の読解力平均点の相関関係(2001年)

出所：World Bank, 2004.

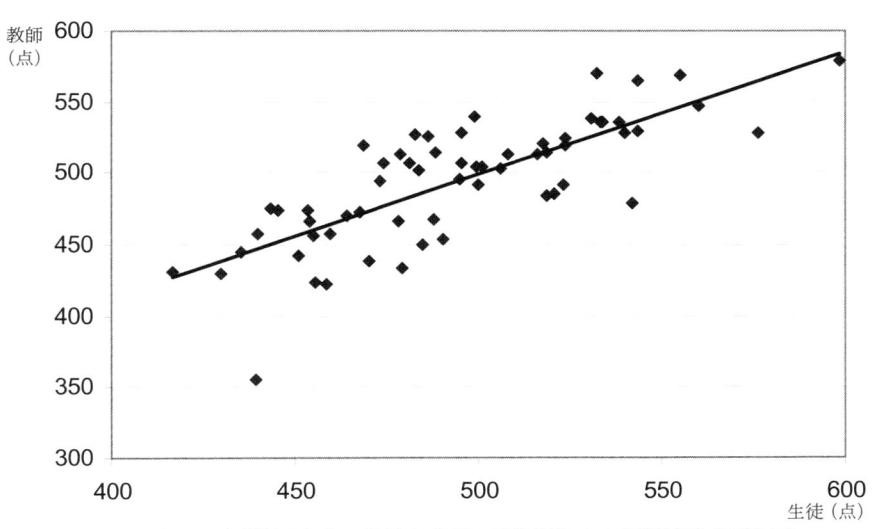

図7-4 ベトナム小学校5年生の生徒と教師の算数平均点の相関関係(2001年)

出所：図7-3に同じ。

グラムの中で重視すべきものは果たして科目知識なのか、教授法なのかという問題や、これらの分野をどのぐらいの割合にすれば学習効果がよりあるのかといった問題がある。

一般的に教員組合の強い反対があるため、教師の能力を測定することは非常に困難である。しかし、上述のメリットがあることを主張し、研究調査に対する教員組合の理解を得ることは、教育政策を策定する上でも価値のあることであろう。

(6) 学校資源の質の測定

1. 教育生産性の研究

1990年代にはEFAの推進により、多くの途上国で学校教育システムの急速な拡大が見られ、教育資源への膨大な投資が必要となった。ベイノン(1997)によると、典型的な教育予算の中で教員給与の次に占有率が高いのは学校の施設・設備である。これらの途上国では1980年代から1990年代にかけての経済危機や財政難により、教育財源の効率的な使用が強調された (Siniscalco and Ross, 1997)。結果として、政策決定の際に教育のインプットとアウトプットを包括する教育生産性を重視することを求める動きが始まった。

学校へのインプットと学校からのアウトプットの関係については、数々の論争がある。まず、アメリカの公立学校での教育機会について研究した コールマンら (1966) は、学校のインプットは生徒の学力テストの成績に無関係であるとして、世界中の教育行政官たちにショックを与えた。この研究では、学校での学習にまつわる背景的要素よりも生徒の社会経済環境の方が、成績に対してより影響があると報告された。それに続き、イギリスの生徒を追跡したピーカー (1971) は、成績を向上させるうえで学校での学習環境による効果はないと結論を出した。そして、むしろ生徒の環境とそれ以前の学習の方が大切であると指摘した。

1980年代から1990年代にかけて、これらの調査結果は多くの研究者たちからの批判を受けた (Heyneman, 1980; Heyneman and Loxley, 1983; Fuller, 1985, 1987; Hanushek, 1995, 1997; Fuller and Clarke, 1994)。これらの批判を総括すると、とくに

途上国では先進国に比較すると、学校の特性が成績に及ぼす影響は、就学以前の要因を調節した後でも、かなり強く出るということである。これは、社会経済指標の作成に用いられた項目が、先進国の基準に基づくものであったという点にも問題があった。

2. 学校資源尺度

先のコールマンら (1966) やピーカー (1971) に対する批判にもみられるように、発展レベルの異なる先進国と途上国において同じ基準で教育システムを測ることは問題である。シュライカー、シニスカルコとポッスルツウェイト (1995) によると、最貧国 (Least Developed Countries: LDC)[3]ではほとんどの学校に図書館も水道も椅子も本もない。もし、このような国で先進国の学校調査票が使用されたときには、質問の性質や量度において適切性に欠けていると非難されるべきであろう。逆に、水道が学校に引かれているかどうかなどは途上国においては適切な質問であっても、先進国では意味がない。これと同様に、途上国においてコンピュータに関する質問は適切ではない場合も多い。それに比べて、先進国ではコンピュータの有無だけでなく、何台あるかを質問した方が、学校のレベルを知る道標になるであろう。

学校の所有物レベルを測る時、ただ一つの項目では信頼性のある指数は得られない (Siniscalco and Ross, 1997)。典型的な学校調査票には、インフラの有無、建築物や備品の質、文房具や器具の使用可能性など、あらゆる性質にかかわる質問が載せられている。これらの項目の間には、相互関係があるものもある。たとえば学校図書館は、貸し出し用の本と、それを並べる本棚との間に関係がある。または、上下関係がある項目もある。たとえば電気が通っていることは、テレビやビデオなどの電気機器を使うために必要な条件である。言い換えると、電気も通らないような状況の学校には、おそらくこれらの電気機器はないであろう。

IEA が先進国30カ国において行った読解力調査のデータをもとに、シニスカルコとロス (1997) はラッシュ測定法を使って国際的な読書資源尺度を構築した。資源レベルを資源尺度で測定した結果、資源レベルは一貫して読解

力の成績と相関関係があるという結論が導き出された。また、途上国では齋藤 (Saito, 2005) が同じくラッシュ測定法を使って、1995年と2000年に生徒、教師、学校長から集めた学校資源に関する質問を総括し、SACMEQ のための学校資源尺度を構築した。学校資源の所有数を用いた従来の測定方法と比べて、この指標を使うとより多くの項目の連結が可能になるため、学校資源と生徒の成績との間により強い相関関係がみられた。また、この指標はさまざまな発展レベルの学校や国の間で比較をするうえで、信頼性のある有効な尺度と言える。さらに、この指標により SACMEQ-I から SACMEQ-II への学校資源の変化も測定可能になった。この学校資源指標を基に、体系的な資源プロフィールも作成され、より効果的な予算計画、物資調達、優先事項の決定、水準の決定を行うにあたり、それぞれの発展レベルにおいてより適切な資源項目を検証するためのガイドラインとして使用することができる。しかし、齋藤も指摘したが (Saito, 2005, 2007)、学校の質的な意味においてラッシュ測定法の項目交換の可能性をさらに探求する必要がある。

(7) アクセス vs. 質 vs. 平等性

ビービー (1969) が指摘するように、良い学校教育システムであるかを判断するには、その国の掲げる目標としての基準が必要になる。EFA という目標のどの分野を優先的に達成させるかということは、それぞれの国の歴史的背景や発展レベルなどによって異なるであろう。

2003年に開かれた SACMEQ の教育大臣会議において、第2回 SACMEQ 調査のデータおよびユネスコの統計を利用し、参加国がそれぞれ EFA 目標をどの程度まで達成したかを測る試みがなされた (SACMEQ, 2003)。表7-2は、アクセス、質、平等性のそれぞれの部門においていくつもある指標の中から抜粋したものである。アクセスの部門では純就業率と留年経験率、質の部門では、読解力の点数と非読者の割合、平等性の部門では、学力の学校内偏差、学校間偏差、男女格差である。それぞれの部門で14教育省[4] (13カ国) に関するデータの間に順位をつけ、それをグラフにしたものが図7-5である (例として4教育省のみ提示)。これらの情報によると、モーリシャスやセーシェルはア

表7-2 SACMEQメンバーのアクセス、質、平等性の比較

	アクセス		質		平等性		
	純就業率＊ (％)	留年経験 (％)	読解力 平均点	レベル2 以下 (％)	学校内 偏差	学校間 偏差	男女格差 (女－男)
ボツワナ	88	31	521	10.5	78	20	＋27
ケニア	87	64	546	5.5	79	36	0
レソト	67	61	451	29.3	34	13	＋8
マラウイ	101	66	429	44.5	25	7	－6
モーリシャス	97	19	536	18.8	148	38	＋28
モザンビーク	55	78	517	6.3	42	12	－4
ナミビア	91	54	449	43.4	75	45	＋5
セーシェル	100	10	582	10.3	153	12	＋64
南アフリカ共和国	97	42	492	31.1	150	104	＋27
スワジランド	76	59	530	2.0	47	17	＋9
タンザニア本土	59	23	546	8.3	81	28	－16
ウガンダ	109	53	482	25.5	83	48	＋6
ザンビア	66	52	440	47.5	72	23	＋1
ザンジバル島	71	28	478	19.8	50	12	－2
SACMEQ	83	46	500	21.6	100	37	＋11

出所：SACMEQ, 2003 から筆者が抜粋。＊は UNESCO の統計を SACMEQ が引用。

クセスもほぼ完全であり質も安定している反面、平等性においては必ずしも教育省が満足するような結果とはなっていないようである。なぜなら、学校間の格差は小さくても、学校内の格差が大きいからである。モーリシャスでは中学校入学に対するプレッシャーがあり、より質の高い中学校に入るために75％強の小学校6年生がプライベート・レッスン（日本の塾や家庭教師）を受けていたのである。当然、高所得の家庭の子どもはプライベート・レッスンを受け、学力を向上させているのだが、家庭の社会経済レベルを調整すると、モーリシャスの平均点は SACMEQ の平均点を下回るということが実証された（Ross and Zuze, 2004）。

それに対し、モザンビークでは平等性に問題はなく、質も SACMEQ の平均よりは高いが、就学人口が非常に低い。仮に就学人口が増加し、教育がエリート以外の子どもたちにも普及した場合、学力やその偏差に問題が出ることも予想される。

このように、それぞれの国が EFA 目標を達成するためにそれぞれ異なっ

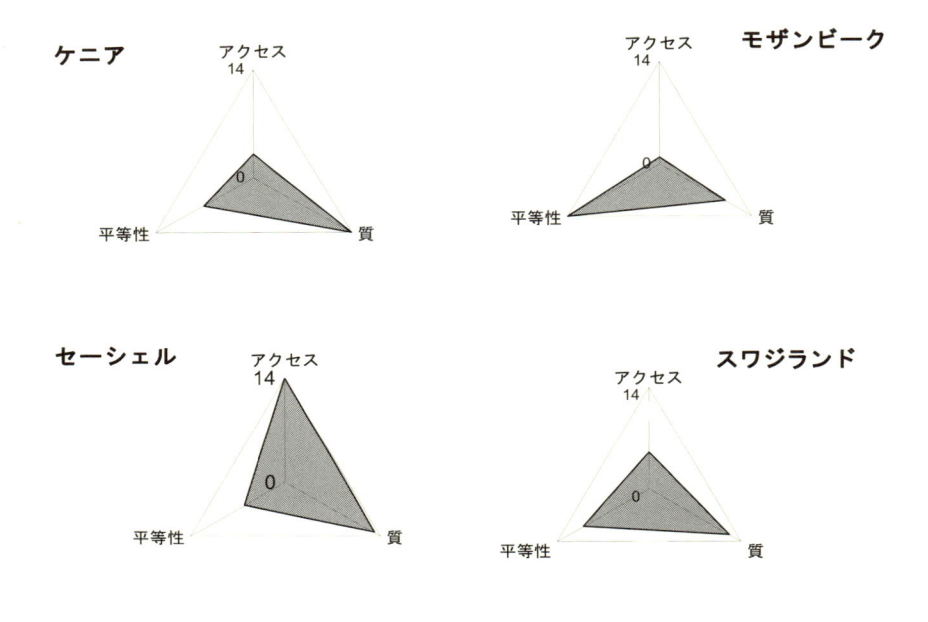

182 第3部 EFAに向けた取り組みに関する分野横断的な課題

図7-5 アクセス、質、平等性のパターン——4教育省の例

出所：SACMEQ, 2003 から筆者が抜粋。

方針を採っていることが認識され、各国の教育政策の策定にあたりそれらの知見を活用することができるのである（Dolata et al., 2004）。

(8) 教育の質の情報から政策形成へのインパクト

　教育の質に関する情報を集めることで調査が終了するわけではなく、その情報が教育の質向上のための政策形成に反映されなければ意味がない。従来、教育大臣が主導して策定される教育政策には客観的・学術的な情報が使われないことが多く、その一方、大学での研究は研究者の個人的な興味に動機づけられた研究が多く、これらの要因によって教育政策の形成にあたって研究成果が活用されないというのが、典型的な研究と政策の関係であった。SACMEQ では、教育大臣が考える優先事項と政策的課題に基づき研究課題を提示することにより、研究と教育政策の絆が保たれている（齋藤・黒田,

2003)。

　研究成果を政策決定者、教育関係者、一般市民にまで浸透させる過程は、先進国においても課題である。たとえばドイツの一般市民は、ドイツの学校教育が先進国の中で最も優れた教育を供給していると信じ込んでいた。しかし、2000年に施行されたPISAの優劣比較表の中では、15歳のドイツ人生徒たちの順位は他のOECD諸国と比べてあまり高いものではなかった。しかも、国内での偏差値の幅が大きいことに驚かされた。ドイツの政府高官、教育行政官、学校長、教師、親たちのPISAの結果に対する反応は、まず突然のショックであり、それに続き国の教育システムに対する失望であった。しかし、他国との比較を通して、教育関係のあらゆるアクターたちの間で対話（ダイアログ）が重ねられ、その結果として、教育の構成や内容の再検討などを通した教育改革が開始された（Ross et al., 2006a; Rubner, 2006）。

　また、逆にフィンランドでは従来、同国の学校教育システムの質がそれほど良いものであるとは思われておらず、2000年の調査結果についても国民の多くはPISAの存在をほとんど知らないほどであった。ところが、その調査結果が国際的に発表されるや否や、日本をはじめとするOECD諸国の教育関係者たちから教育現場の秘密を垣間見ようとして授業参観に訪れたいという希望が次々に寄せられ、そこで初めてフィンランドの教育関係者たちは同国がPISA参加国の中でトップの学力であったことを知ったのであった（Ross et al., 2006a）。こうした好結果に当初は疑惑すら持つ人もいたが、徐々に正確な情報が浸透し、この情報を教育改革案に反映させるまでに及んだ。その中の具体的なものには、男子生徒の読解力を高めるための北欧諸国でのプログラムを計画することなどがある（Linnakylä, 2006）。

　さらに、SACMEQ参加国である南アフリカ共和国は、PISAでのドイツと同様に優劣比較表の平均点が優れないだけではなく、国内の学校間の偏差値がどの国よりも大きいことを大臣会議の最中に初めて知らされた。最終的にはこうした結果を受け入れたものの、当時の反応は否定的なものであった。つまり、大臣や政策決定者たちは不意打ちが苦手なのである。第1回調査も第2回調査も同様に、SACMEQの国内報告書の最終章には政策提言がまとめ

てあり、参加国は報告書を出版する前に、研究責任者が教育大臣に政策提言の要点をあらかじめ伝えることになっていた。こうしたことをもともと実践していた国では、調査結果に関する情報を開放することに対して無理なく承諾が得られた。

　途上国では、ドナーからの基金などを用いて一層の教育投資が実施されていく中、それらの国の教育省としては教育投資の利益についてのフィードバックを求めている。たとえば、SACMEQの第1回調査と第2回調査を両方経験した6カ国の教育省のうち、ケニアを除く5カ国の学校システムで、第1回目調査に比べて第2回目調査での読解力が低下した。こうした結果は、これらの国の教育大臣にとって、教育への予算を増やしていく正当な理由を失わせることになる。そうした状況を避けるため、これらの国の研究責任者たちは、悪い知らせと良い知らせのバランスをうまくとって報告している。たとえばナミビアなどでは、良い知らせとしてSACMEQ-Iに比べて学校資源のより公平な分布が向上したとして政府の努力を賞賛した上で、学力低下の懸念を発表している (Murimba, 2005)。

　また、先にも述べたように、セーシェルは読解力と算数の学力において、第2回SACMEQ調査参加国の中でトップの一つに入る順位であったが、その一方、学校内における偏差値のばらつきが広かった。これは、教育法規の中では奨励されていない能力別クラスが、多くの学校で実施されていることが原因であった。そこで、セーシェルの研究責任者の情報普及の戦略により、教育大臣は速やかに教育関係者たちの緊急会議を開き、能力別クラスを廃止するための教育改正の動きを開始したのである (Leste, 2005)。

　このように、研究担当者である教育行政官たちと政策決定者たちとの間の対話を活発化することにより、集められた情報がより有効に活用されることも可能になる。

(9) 教育の質向上のための国際協力

　国際機関や研究所には、教育の質に関する情報や成功例を、より能率よく伝えるという特殊な役割がある。しかし、TIMSSやPISAは教育情報の形成

と普及が目的であるのに対し、SACMEQでは情報形成のための教育行政官たちの能力開発が最優先課題であるため、情報の普及は情報収集の時期からかなり遅れてしまう。

SACMEQは「実践的に学習する」という原則にのっとり(Saito, 1999)、教育行政官たちの能力開発のプロセスには、まず政策決定者たちの優先事項にもとづいた研究課題を提示することから始まり、情報収集のための調査書の作成、科学的な標本の採り方、情報収集の細部計画と調整、情報処理と分析、報告書作成、情報の普及といった、教育政策研究のすべての領域における訓練が含まれている。たとえば、モザンビークやザンジバル島では約2年かけてデータの改善をしている(Ross et al., 2004)。このような教育行政官のための研修は、実はそれぞれの国におけるSACMEQの第二次的産物になっている。このようなプロセスは時間がかかるものの、長期的な視点において有益であるといえよう。

おわりに

本章では、EFA目標における教育の質について、その重要性、定義、測定における課題を論じた。グローバル化した今日の競争社会では、教育の質の充実に対して大きな期待がかけられている。多くの国が教育の質に関するデータを集めているが、教育政策へのインパクトを持たせるためには、研究と政策の連帯を持つことが重要な鍵であるといえる。

最後に、教育の質は、社会の目標によって左右されるがゆえに、社会という本体のあらゆる構成物のバランス軸であるべきである。そのための教育の質を測定することに関しては、社会が変化するのに伴い、現在まであまり開拓されていない分野での教育の質について、普遍的で具体的な定義と指標の形成を提示するなど、重要な課題が残されている。

注
1 ボツワナ、ケニア、レソト、マラウイ、モーリシャス、モザンビーク、ナミビア、セーシェル、南アフリカ共和国、スワジランド、タンザニア(本土)、タンザニア(ザンジ

バル島)、ウガンダ、ザンビア、ジンバブエの15の教育省がSACMEQのメンバーとして登録されている。
2 天城 (1997) の日本語版では「妥当性」と翻訳されているが、本稿では「適切性」という訳語を用いる。
3 国際連合の定義によると、所得、人材、経済的な面で、あるレベルに達しない国はLDCと定められる (Wikipedia, 2007)。
4 ジンバブエは第2回SACMEQ調査に参加しなかった。

参考文献

アサヒ・コム (2007) 全国学力・学習状況調査―教育. 平成19年5月23日、http://www2.asahi.com/edu/chousa2007/index.html からアクセス.
天城勲 (1997)「学校教育の質の向上」天城勲監訳『学習：秘められた宝―ユネスコ「21世紀教育国際委員会」報告書』ぎょうせい, 161-162頁. 原本 UNESCO (1996). *Learning: The treasure within. Report to UNESCO of the International Commission on Education for the Twenty-first Century*. Paris: UNESCO.
浜野隆 (2005)「第4章：初等教育」黒田一雄・横関祐見子編『国際教育開発論：理論と実践』有斐閣, 82-102頁.
齋藤みを子・黒田一雄 (2003)「発展途上国における教育の質に関する政策的調査の運営方法に関する一考察」『教育基本法と教育政策 第10号』日本教育政策学会, 156-165頁.
Adams, R.S. (ed.) (1978). *Educational planning: Towards a qualitative perspective*. Paris: UNESCO-IIEP.
Anderson, L.W. (2004). *Increasing teacher effectiveness*. Fundamentals of educational planning 79. Paris: UNESCO-IIEP.
Beaton, A., Martin, M., Mullis, I., Gonzales, E., Smith, T. and Kelly, D. (1996). *Science achievement in the middle school years*. Boston: IEA, TIMSS International Study Center.
Beeby, C.E. (1969). *Educational quality in practice*. In Beeby, C.E. (ed.), *Qualitative aspects of educational planning* Paris: UNESCO-IIEP, 39-68.
Beynon, J. (1997). *Physical facilities for education: What planners need to know*. Paris: UNESCO-IIEP.
Coleman, J.S., Campbell, E., Hobson, C., McParttand, J., Mood, A., Weinfall, F. and York, R. (1966). *Equality of educational opportunity (Colemam) Study (EEOS)*. Washington, D.C.: Department of Health, Education and Walfare.
Coombs, P. (1969). *Time for a change of strategy*. In Beeby, C.E. (ed.), *Qualitative aspects of educational planning*. Paris: UNESCO-IIEP, 15-35.
Dolata, S., Ikeda, M. and Murimba, S. (2004). Different pathways to EFA for different school systems. *IIEP Newsletter,* January-March 2004. Paris: UNESCO-IIEP.
Duthilleul, Y. and Allen, R. (2005). Which teachers make a difference? Implications for policy makers in SACMEQ countries. Paper presented at the SACMEQ Research Conference.

Paris: SACMEQ.
Elley, W. (1992). *How in the world do students read?* Hamburg: International Association for the Evaluation of Educational Achievement (IEA).
Fuller, B. (1985). *Raising school quality in developing countries: What investments boost learning?* (Report No. EDT7). Washington DC: The World Bank.
——— (1987). What school factors raise achievement in the third world? *Review of educational research,* 57 (3), 255-292.
Fuller, B. and Clarke, P. (1994). Raising school effects while ignoring culture? Local conditions and the influence of classroom tools, rules, and pedagogy. *Review of educational research,* 64 (1), 119-157.
Grisay, A. and Griffin, P. (2006). Chapter 4: *What are the main cross-national studies?* In Ross, K. and Genevois, I. J. (eds.). Cross-national studies of the quality of education. Paris: UNESCO-IIEP, 67-104.
Hallak, J. (2000). *Education: Quality counts too.* Paris: OECD Observer. http://www.oecdobserver.org/news/fullstory.php/aid/367.
Hanushek, E.A. (1995). Interpreting recent research on schooling in developing countries. *The world bank research observer,* 10 (2), 227-246.
——— (1997). Assessing the effects of school resources on student performance: An update. *Educational evaluation and policy analysis,* 19 (2), 141-164.
Hanushek, E.A. and Wößmann, L. (2007). *Education quality and economic growth.* Washington, DC: The World Bank.
Heyneman, S.P. (1980). Differences between developed and developping countries: Comment on Simmons and Alexander's "Determinants of school achievement". *Economic development and cultural change,* 28 (2), 403-406.
Heyneman, S.P. and Loxley, W.A. (1983). The effect of primary-school quality on academic-achievement across 29 high-income and low-income countries. *American journal of sociology,* 88 (6), 1162-1194.
International Association for the Evaluation of Educational Achievement. (2005a). *Brief history of IEA.* Retrieved 23 May 2007 from http://www.iea.nl/brief_history_of_iea.html.
——— (2005b). *Completed studies.* Retrieved 23 May 2007 from http://www.iea.nl/completed_studies.html.
Kelleghan, T. (2006). *Chapter 3: What monitoring mechanisms can be used for cross-national (and national) studies?* In Ross, K. and Genevois, I.J. (eds.), *Cross-national studies of the quality of education.* Paris: UNESCO-IIEP, 51-66.
Leste, A. (2005). Streaming in Seychelles: From SACMEQ research to policy reform. Paper presented at the SACMEQ Reseach Conference. Paris: SACMEQ.
Linnakylä, P. (2006). *Chapter 12: How can a country manage the impact of 'excellent' cross-national research results? (A case study from Finland).* In Ross, K. and Genevois, I. J. (eds.),

Cross-national studies of the quality of education. Paris: UNESCO-IIEP, 241-253.

Martin, M.O. and Kwelly, D.L. (eds.) (1996). *TIMSS technical report: Vol.1. Design and development*. Chestnut Hill, MA: Boston College.

Murimba, S. (2005). *The impact of the Southern and Eastern Africa Consortium for monitoring Educational Quality (SACMEQ)*. Prospect, vol.xxxv, no.1 (March 2005).

Organization for Economic Co-operation and Development (OECD) (1989). *Schools and quality: An International Report*. Paris: OECD.

――――― (2001). *Knowledge and skills for life: First results from PISA 2000*. Paris: OECD.

――――― (2004). *Learning for the tomorrow's world: First results from Pisa 2003*. Paris: OECD.

Peaker, G.F. (1971). *The Plowden children four years later*. London: National Foundation for Educational Resarch in England and Wales.

Peters, R.S. (1969). *The meaning of quality in education*. In Beeby, C.E. (ed.), *Qualitative aspects of educational planning*. Paris: UNESCO-IIEP, 149-167.

Pigozzi, M.J. (2006). *Chapter 2: What is the 'quality of education'? (A UNESCO perspective)*. In Ross, K. and Genevois, I.J. (eds.), *Cross-national studies of the quality of education*. Paris: UNESCO-IIEP, 39-50.

Postlethwaite, T.N. (2004a). *Monitoring educational achievement*. Fundamentals of educational planning 81. Paris: UNESCO-IIEP.

――――― (2004b). *What do international assessment studies tell us about the quality of school systems?* Background paper prepared for the Education for All Global Monitoring Report 2005 The Quality Imperative. 2005/ED/EFA/MRT/PI/40. Paris: UNESCO.

――――― (2006). *Chapter 5: What is a 'good' cross-national study?* In Ross, K. and Genevois, I.J. (eds.), *Cross-national studies of the quality of education*. Paris: UNESCO-IIEP, 105-120.

Postlethwaite, T.N. and Leung, F. (2006). *Comparing educational achievements*. In Comparative education research: Approaches and Methods (Edited by Bray, Mark Adamson, Bob and Mason, Mark). Hong Kong: Springer.

Rasch, G. (1980). *Introduction. Probabilistic models for some intelligence and attainment tests*. Chicago: The University of Chicago Press (original work published in 1960 by the Danish Institute for Educational Research), 3-12.

Ross, K.N. (1997). Research and policy: A complex mix. In *IIEP newsletter*, XV (1), 1-4.

Ross, K.N., Donner-Reichle, C., Jung, I., Wiegelmann, U., Genevois, I.J. and Paviot, L. (2006a). *Chapater 15: The 'main' messages arising from the Policy Forum*. In Ross, K. and Genevois, I.J. (eds.), *Cross-national studies of the quality of education*. Paris: UNESCO-IIEP, 279-312.

Ross, K.N., Paviot, L. and Genevois, I.J. (2006b). *Chapater 1: Introduction: The origins and content of the policy forum*. In Ross, K. and Genevois, I.J. (eds.), *Cross-national studies of the quality of education*. Paris: UNESCO-IIEP, 25-36.

Ross, K.N. and Mählck, L. (1990). *Planning the quality of education: The collection and use of data for informed decisión-making.* Paris: UNESCO-IIEP.

Ross, K.N., Saito, M., Dolata, S., Ikeda, M. and Zuze, L. (2004). *SACMEQ archive*. Paris: UNESCO-IIEP.

Ross, K.N. and Zuze, L. (2004). Traditional and alternative views of school system performance. *IIEP Newsletter.* October-December 2004. Paris: UNESCO-IIEP.

Rubner, J. (2006). *Chapter 13: How can a country manage the impact of 'poor' cross-national research results? (A case study from Germany).* In Ross, K. and Genevois, I.J. (eds.), *Cross-national studies of the quality of education.* Paris: UNESCO-IIEP, 255-263.

Saito, M. (1998). Gender vs. socio-economic status and school location differences in Grade 6 reading literacy in five African countries. *Studies in educational evaluation,* 24 (3), 249-261.

―――― (1999). A generalizable model for Educational policy research in developing countries. *Journal of international cooperation in education,* 2 (2), 107-117.

―――― (2004). Gender equality in reading and mathematics: Reflecting on EFA goal 5. In *IIEP Newsletter.* April-June, 2004, 8-9.

―――― (2005). *Establishing SACMEQ school resource index using Rasch measurement approach.* Paper presented at the SACMEQ Research Conference. Paris: SACMEQ.

―――― (2007). Construction and application of SACMEQ school resouces: Portray of school systems based on the Rasch scaling technique. *Journal of International cooperation in education,* 10 (1), 165-182.

SACMEQ (2003). *Towards a "SACMEQ index of education for all".* In Cross-national results from the SACMEQ II project. Working document for the SACMEQ Assembly of Ministers.

Schleicher, A., Siniscalco, M. T. and Postlethwaite, N. (1995). *The conditions of primary schools: A pilot study in the least developed countries.* A report to UNESCO and UNICEF. [Available from authors].

Siniscalco, M.T. and Ross, K.N. (1997). *The establishment of an international reading resources scale: An exploratory study using modern item response.* Paris: UNESCO-IIEP.

UNESCO (2000). *The Dakar framework for action: Education all—Meeting our collective commitments.* World Education Forum, Dakar, Senegal, 26-28 April. Paris: UNESCO.

―――― (2004). *EFA global monitoring report: Education for all—The quality imperative.* Paris: UNESCO.

Wikipedia (2007). *Least developed countries.* Retrieved on 23 May 2007 from http://en.wikipedia.org/wiki/Least_Developed_Countries.

World Bank (1995). *Priorities and strategies for education: A World Bank Review.* Washington DC: The World Bank.

―――― (1999). *Education sector strategy.* Washington DC: The World Bank.

―――― (2004). *Vietnam reading and mathematics assessment survey, volume 2.* Hanoi: The

World Bank.
World Bank Independent Evaluation Group (2006). *From schooling access to learning outcomes: An unfinished agenda—An evaluation of World Bank support to primary education.* Washington DC: The World Bank.

第8章　EFA に向けた識字への取り組み
──その課題と可能性

青木　亜矢

はじめに──識字と「万人のための教育（Education for All: EFA）」

　1990年のジョムティエン会議から16年以上が経過した現在、世界には依然として8億人近くの非識字者（15歳以上）および1億人以上の学齢期の非就学児が存在する。識字の達成は、基本的な人権の一部として、また生活向上、貧困削減への一手段として、「万人のための教育（Education for All: EFA）」およびミレニアム開発目標に、直接的、間接的に掲げられている。しかし、誰もが認める重要課題であるにもかかわらず、特に非就学児、青少年、成人を対象とした学校制度外のノンフォーマル教育の形態をとる識字教育は過去30年ほどにわたり、国際教育協力において確固たる支持を得られずにきた。また実際には、各国の識字状況を推測する有効なツールさえ確立されていないのが現実である。このような中で、識字をめぐるEFA目標は形骸化され、その達成が最も危ぶまれる項目のひとつとなっている。本章では、途上国における識字の現状とその取り組みについて考察し、主にノンフォーマル基礎教育の形態を通した識字教育の効果と実践方法を探り、識字および基礎教育達成への課題と可能性を論じることを目的とする。また、それらの課題をふまえ、本書第1部でも論じられた国際教育協力、パートナーシップについて本分野における今後のあり方を考える。

1．識字の定義と状況

(1) 識字の定義

　識字（リテラシー）の定義にはさまざまなものがあるが、第一に最も一般的

に受け入れられているのは、文字の読み書きの認知能力という解釈であろう。第二に、近年では、リテラシーを知識や情報を得ることができる能力と解釈をして、「情報リテラシー」、「メディアリテラシー」など、読み書き能力にとどまらない広範囲の定義をする向きもある。第三に、こうした「スキル」に基づいた識字定義の限界に対応して、読み書き能力をその学習者の社会環境で実際に活かすことができる能力として、識字の適用に重きを置いた解釈がある。機能的識字、等の考え方にこの定義が使われており、これもまた頻繁に使用されている。このほかにも、識字を読み書き水準といった特定の能力としてではなく、幅広い学習の過程を重視した定義も成人教育学の見地から提案されている。この考え方の最も広く知られる例にパウロ・フレイレの、識字を通じて学習者に自己の置かれる社会的立場を客観的、批判的に捉える能力を育て、社会改革につなげていく教育学がある(UNESCO, 2005)。

　本章では、識字の状況に関する考察では、第一の一般的な定義、文字の読み書きの認知能力を軸に、識字教育プログラムに関しては、それに加え、第三の識字能力の社会での応用の面も考察に入れていきたい。また、識字水準評価の考察でも触れるが、識字の定義は、各国、各評価調査ごとに違うのが現状であり、識字定義そのものが大きな論点となっている。さらに、識字定義、識字教育の国際的な潮流についてはすでに他書により詳しい説明がなされているので参照されたい(小林, 2002；黒田・横関編, 2005；UNESCO, 2005)。

(2) 世界の識字状況

　各国の最新の公式統計のまとめ(2000年から2004年の間のうち最も新しいものを採択)によると、世界の15歳以上人口の約18％にのぼる、7億7,100万人が非識字者であると推計されている。しかし識字に焦点を絞った2006年の『EFAグローバル・モニタリング報告書』(UNESCO, 2005)でも繰り返し指摘されるように、政府認定の非識字率は実際よりも低く推計されることが多く、この数字の解釈には注意を要する。識字のアセスメントに関しては第3節でも触れることとする。また前述の通り識字そのものの定義も国や調査ごとに異なるのが現状である。

　表8-1、図8-1に示されるように、これらの非識字者の大部分は南西アジア、

表8-1　地域別15歳以上非識字人口および非識字率の推移（1990～2004年）

地　域	非識字人口（千人）			非識字率（％）		
	1990	2000-2004	推移（％）	1990	2000-2004	推移（％）
全世界	871,750	771,129	－12.0	24.6	18.1	－6.4
途上国	855,127	759,199	－11.0	33.0	23.6	－9.4
サブサハラアフリカ	128,980	140,544	9.0	50.1	40.3	－9.8
アラブ	63,023	65,128	3.0	50.0	37.3	－12.6
中央アジア	572	404	－29.0	1.3	0.8	－0.5
東アジア太平洋	232,255	129,922	－44.0	18.2	8.6	－9.6
南西アジア	382,353	381,116	－0.3	52.5	41.4	－11.2
ラテンアメリカ・カリブ	41,742	37,901	－9.0	15.0	10.3	－4.7
中央・東ヨーロッパ	11,500	8,374	－27.0	3.8	2.6	－1.2

出所：UNESCO, 2005より筆者作成。

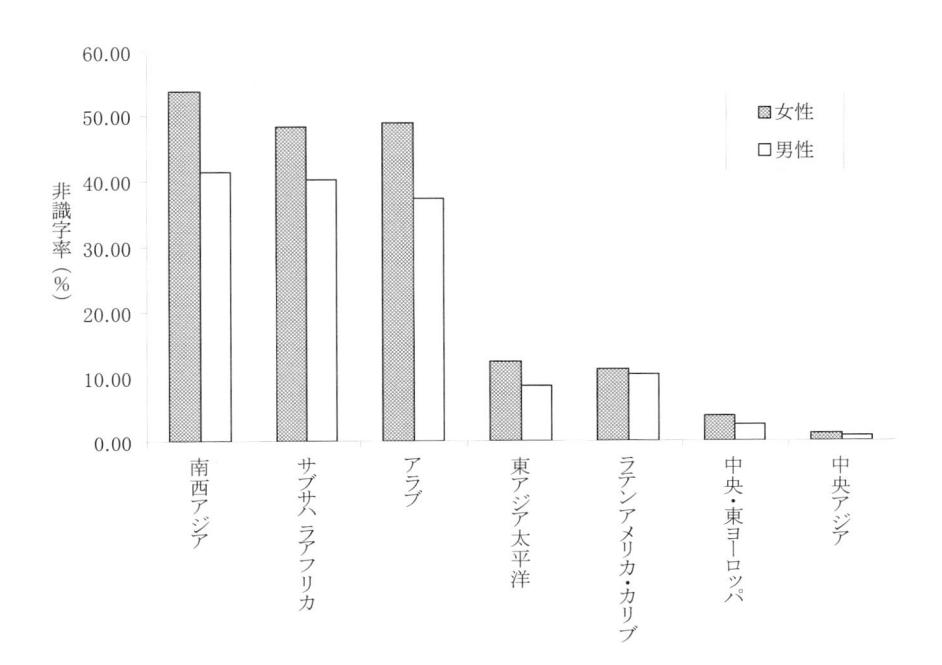

図8-1　地域および男女別15歳以上非識字率（2000～2004年）

出所：UIS, 2005より筆者作成。

サブサハラアフリカ、アラブ地域におり、識字率の男女格差もこれらの地域が最も顕著である。1990年時点と比較すると全世界で非識字率は25％から18％に、また非識字人口は約1億人減少したことが報告されているが、この改善には中国の約9,400万人の非識字者減少が大きく貢献している。

(3) 識字に関する国際目標と取り組み

　こうした識字の状況に応じて、国際社会は近年、さまざまな目標を掲げてきた。識字向上のための教育手段には長期的に見れば、すべての学校教育（フォーマル教育）が貢献すると考えられるが、包括的な識字へのアプローチには、柔軟な学習形態と内容をとるノンフォーマル教育、およびラジオ等を使った自己学習―インフォーマル教育が不可欠である。実際、多くの途上国は「持続的識字」、「機能的識字」能力を取得できるとされる4年程度の小学校教育を修得できない子どもたち、また低い教育の質の結果、小学校終了後も読み書き、計算のできない子どもたちを抱えている。こうした子どもたちは近未来の成人非識字人口の予備軍である。また今なお1億人以上存在する学齢期の非就学児、そして学校教育の恩恵を受けられなかった青少年、成人にとってノンフォーマル教育、インフォーマル教育は貴重な教育機会であるが、国際社会はその取り組みに関しては消極的であり、いまだ目標と掛け声に行動が伴わずにいるのが現状である。

　識字をめぐる主な国際目標には、**表8-2**に示されるように、初等教育など他のサブセクターと比較しても目標としてあいまいで、達成度の評価が難しいものが多い。たとえば現実的にすべての青年、成人に学習機会を保障し、その程度や質を評価するまでには多数の難点が存在する。また成人識字についても、「識字率」の50％改善と明記されているわけではなく、さらにこの目標を「識字率」と解釈した場合でも、次節で詳細されるようにその評価は非常に難しい。こうした形骸化された目標と、国際社会の消極的な識字への取り組みはどこから来るのであろうか。これにはいくつかの理由が考えられる。

　第一には、基本的な人権として教育をすべての人に提供するという理想と、限られた資源をどう最も効果的、効率的に投資するかという経済的側面に基

表8-2　識字に関する主な国際協力目標と取り組み

直接的目標— EFA ■ すべての青年、成人に適切な学習機会と生活技能習得プログラムを保障する。 ■ 2015年までに成人識字レベル（特に女性）を50％改善し、基礎・継続教育を提供する。 ■ 読み書き、計算および基本的な生活技能習得のために教育の質を改善する。
間接的目標— EFA、ミレニアム開発目標 ■ 2015年までに無償で質の高い初等教育をすべての子どもたちに保障する。 ■ 2015年までにすべての教育レベルにおける男女の格差を解消する。(注)
近年の主な国際的取り組み ■ 青年・成人基礎教育・技能習得イニシアティブ（Basic Education and Livelihood Opportunities for Illiterate and Semiliterate Young Adults:BELOISYA, 1998-2003）：世界銀行（The World Bank） ■ 国連識字の10年（United Nations Literacy Decade: UNLD, 2003-2012）：ユネスコ（UNESCO）、世界銀行（The World Bank）、国連児童基金（UNICEF）、他 ■ エンパワメントのための識字（Literacy Initiative for Empowerment: LIFE, 2005-2015）：ユネスコ（UNESCO）
近年の主な国際的評価調査 ■ 生活水準測定調査（Living Standards Measurement Study: LSMS, 1980-）：世界銀行 ■ 国際成人識字調査（International Adult Literacy Survey: IALS）、国際成人識字・生活技能調査（Adult Literacy and Life Skills Study: ALL, 1994-）：経済協力開発機構（OECD）、他 ■ 識字モニタリング評価プログラム（Literacy Assessment and Monitoring Programme: LAMP, 2003-）：ユネスコ統計機関（UIS）、ユネスコ（UNESCO）、他

注：2005年をめざしていた初等・中等教育レベルでの男女格差の解消は期限内には達成されなかったが、引き続き全ての教育レベルとともに目標とされている。

づいた現実との狭間で、ノンフォーマル識字教育はその効果、方法、効率性を十分に確立できていず、教育分野のほかのサブセクターや、他の開発分野との資源獲得競争の中で比較的弱い立場にいるということが考えられる。まず、不十分な資源投資とも関連して、識字教育プログラムの評価研究は慢性的に不足していることが挙げられる。また成人識字教育の効果は家族保健、子どもの教育、環境改善、経済活動、生活の質向上等多岐にわたるが、その直接効果の測定が難しいため過小評価されがちでもある。すなわち資源の不足は識字教育の効果を示す評価研究の不足を招き、研究の不足は投資不足を招くという悪循環を招いている。第二には、過去の経験に基づいた識字教育に対するドナー間の懐疑観が挙げられよう。過去半世紀、大規模識字キャンペーン、実験的世界識字プログラム等の試みがなされてきたが、結果については必ずしも芳しくはなかった。この歴史的背景を刷新するためにも、比較的新しい識字プログラムの効果、効率の適切な評価が求められる。第三には、識字教育の対象が社会的弱者であり、彼らのニーズが行政レベルに届きにく

いという事実がある。また成人教育は政府の対応によっては政治の手段として利用されやすい立場にあり、政権の交代を切り抜けにくいという持続性の問題もある。第四に、複数セクターにかかわる識字教育の実施とパートナーシップの複雑性が考えられる。たとえばほとんどの場合、初等教育は政府教育省と町村コミュニティ、そして場合によっては宗教系団体等の私学団体が実施者である。しかしノンフォーマルの識字教育では、政府教育省のほか、国によっては女性関連、保健分野、農業、環境、産業等々の省庁、さらには市民社会の多様な実施者を巻き込むため、団結した行動がとりにくいという状況がある。そして第五に、成人の学習および教育過程の研究の不足、また特に途上国の印刷物が寡少な地方における識字能力の維持といった課題、さらに教育言語選択の難しさが挙げられる。こうしたさまざまな理由が国際社会の識字に対する消極性を説明していると考えられる。では、それでもなぜ識字教育が必要なのか。次節ではその点を考察したい。

2. なぜ識字教育か？

(1) 識字教育の必要性——経済的側面

　識字を含めた基礎教育、継続教育の重要性は、教育が基本的人権の一部であるという前提を超えて、さまざまな開発効果をもたらすことからも説明ができよう。まず、その経済開発的側面について触れておこう。人的資本が経済成長の鍵であることは長年認識されてきたが、近年、主に先進国での研究によって、労働市場における役割と個人の収入水準、国家レベルでの生産性が、それぞれ識字能力の高低と関連することが明らかにされている (OECD and Centre for Educational Research and Education, 1992; OECD and Human Resources Development Canada, 1997; OECD and Statistics Canada, 2000)。また途上国においても、識字を主とした成人基礎教育プログラムが経済発展に貢献することが認められ、貧困削減戦略に積極的に取り入れるよう推奨されている (Aoki et al., 2002)。図8-2は、成人非識字率と1人当たり国民総生産 (Gross National Product: GNP) の関係を80カ国のデータを基に示したものである。

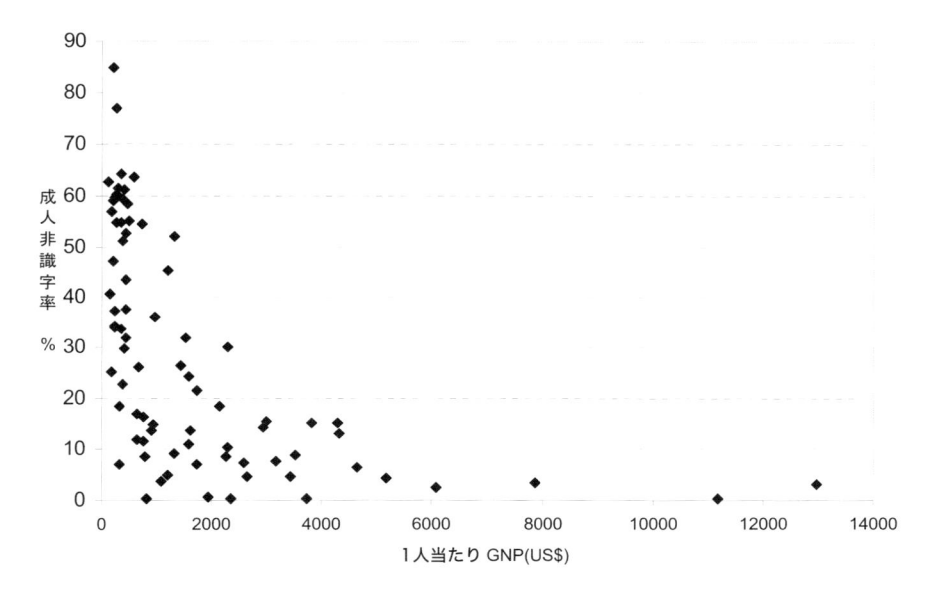

図8-2 成人非識字率と1人当たり GNP

出所：EdStats (World Bank, 2002) のデータより筆者作成。

(2) 識字プログラムの社会開発効果

識字および成人基礎・継続教育の効果は前述の経済的なものにとどまらず、幅広く個人、家族、社会レベルに恩恵をもたらすことが確認されている。表8-3は、17カ国の評価調査報告書をもとに成人識字プログラムの社会・経済開発効果をまとめたものである

表8-3 17カ国の成人識字・基礎教育の開発効果

- 子どもの学校参加、家庭内学習の補助
- 家族の健康と栄養状況の改善、家族計画の実施
- 生産性、収入の向上
- コミュニケーション、理解能力の向上
- 個人、家庭内、コミュニティ・レベルの自立促進とエンパワメント、男女平等の認識
- 社会的、政治的参加の増進、社会的権利・義務の認識

注：17カ国は以下。インド、インドネシア、ウガンダ、エクアドル、エルサルバドル、ガーナ、ケニア、スーダン、セネガル、タンザニア、ナミビア、ニカラグア、ネパール、バングラデシュ、ブルキナファソ、マリ、メキシコ。
出所：Oxenham and Aoki, 2002; Aoki, 2006.

このまとめにも示されるように、成人識字・継続教育の効果は、保健・栄養改善、子どもの教育の支持、家庭内・コミュニティへの好影響といった個人レベルの恩恵にとどまらない、外部効果の高さが特徴であろう。

3. 識字教育へのアプローチと評価

　第1、2節では、世界の識字状況、識字に関する国際的取り組み、そして識字教育プログラムの経済的・社会的開発効果を概観した。ここでは、多様なプログラムへのアプローチ、学習成果と識字アセスメントに関する問題、プログラム評価について触れたい。

(1) 識字教育プログラムの計画・実施に関する考慮事項

　青年、成人を対象としたノンフォーマル識字プログラムには、内容、実施機関、方法等、いろいろな選択肢および考慮点が挙げられる。カリキュラムの内容としては、大規模識字キャンペーンでみられるような伝統的な読み書き計算 (3Rs) に焦点を絞ったものから、近年では、ポストリテラシー（移動図書館などを通し習得した識字能力の維持をめざす活動）、ライフスキル（保健衛生に関する知識と方法など生活技能）の習得、そして農業技術など日常の経済活動に直接役立つ知識と職業技能を養い、必要に応じて経済活動拡大のために協同組合を立ち上げたり、マイクロクレジット（小規模資金融資）機関への連携をはかったりといった、より総合的で学習者の生活と必要性に基づいた内容のプログラムが増えている。**表8-4**は、プログラムの考慮事項と過去の研究、プログラム経験に基づいたそれぞれの項目に対する推奨事項をまとめたものである。

　ほとんどの項目につき、表8-4に挙げられている考慮事項、選択肢は、択一ではなくこれらの組み合わせで行われていると考えてよいだろう。成人識字・基礎教育プログラムの計画、実施において、これまでの研究、各国プログラム経験から、特に重要であると考えられている点を以下にまとめてみる。

　■ 中央政府の長期的コミットメントと官民関係機関、コミュニティとの連

表8-4　成人識字・基礎教育プログラムの考慮・推奨事項

項目	考慮事項、選択肢	推奨事項、追記
学習内容	読み書き計算、生活技能、専門技能等	学習者の必要に応じて生活に即した技能提供。ポストリテラシーの重要性。
管理・実施機関	中央政府（教育省、他省庁）、地方政府、国際機関、市民社会、私団体、コミュニティ等	中央政府の長期的コミットメントが重要。複数機関の協力。コミュニティの参加。
資金調達	中央政府（教育省、他省庁）、地方政府、国際機関、市民社会、私団体、コミュニティ、個人等	中央政府の長期的コミットメントが重要。複数機関の協力。個人、コミュニティ・レベルでの経済的自立促進。
規模	全国、対象を絞った全国、特定地域	各国の国内情勢、必要性、資金規模、キャパシティ等による。
対象者	非識字者、社会的弱者（女性、最貧困層、障害者等）	必要性、各国の政策と優先順位、資金規模等による。
ファシリテーター等雇用・研修	地方政府職員、政府短期契約職員、NGO職員、NGO短期契約職員、ボランティア、地方研修、反復研修	各選択肢に長所短所あり。
言語	単数または複数地方・国家言語、広域共通言語、国際言語	母語から始め、必要性と実施機関のキャパシティに応じて他の言語へ移行。
学習方法・教材	クラス形式（配布教科書、自作教材等）、遠隔学習（ラジオ、テープ等）	対象者と地域の適性、キャパシティ、コスト等による。
学習期間・時間・場所	数週間から数年、週2-3回、屋外、公共または個人の建物（小学校、村長宅等）	学習者の背景、必要性、地域の適性による。
修了証・達成度	修了証発行（学習達成度共通試験有・無）、修了証無	学習意欲向上および公教育への編入や、就職のため修了証発行を推奨。達成度の測定方法、是非については議論あり。
編入制度化	初等・中等・高等公教育への編入制度化、編入ケースバイケース、編入不可	編入の可能性は保障されるべきだが、制度化は達成度測定の是非とともに長所短所あり。

携と協力。
- 学習者の必要性、関心に基づいたカリキュラムを作成し、さらに当該コミュニティ外の状況、必要性に対応可能な能力、技術開発を促進すること。
- 学習者の必要性に基づいたプログラム参加、期間、場所等の選択。
- 地元出身で、できれば学習者自身が選択したファシリテーターの任命。
- 母語の使用と必要に応じた他言語への段階的拡大。
- 習得した識字能力の持続努力（ポストリテラシー）。

▪ 必要に応じて、学習者およびコミュニティの経済的自立を促進すべく、マイクロクレジット（小規模資金融資）機関との協力（World Bank, 2001; Oxenham and Aoki, 2002; Aoki, 2006）。

(2) 識字教育の内部効率と学習成果

　EFAをめぐる重要な課題のひとつは、いかに教育の質を上げ、中途退学者を減らし、学習の成果を上げるか、という点であろう。これは、フォーマル教育、ノンフォーマル教育を問わず、共通の課題である。そこで、ここでは成人識字教育の内部効率と学習成果について触れておこう。

　前述の17カ国のプログラム報告書の研究によると、識字教育プログラム参加者の出席率は45％から100％にわたり、その中央値は62％であった。このうち、修了者率が報告されている20のプログラムによると、参加者の修了率は48％から100％にわたり、中央値は78％であった。また、識字に限った学習の成果については測定基準が統一されていないため比較が難しいが、学習成果が報告された14のプログラム中、読み書き計算能力合格とされた学習者（修了者、中途退学者を含めて）の率は、5％から89％に広がり、中央値は56％であった（Oxenham and Aoki, 2002; Abadzi, 2003）。こうした数字は、たとえば初等教育の内部効率等と単純比較はできない。それは学習者の社会的役割の違い（成人の機会費用は、児童のそれよりも高いことが考えられる）、学習期間の違い（成人教育は長くても2－3年のプログラムが多い。また夜間学習の必要性など、時間的制限も存在する）、学習経過の違い（成人と児童の知識背景、学習経過の差）など、条件が異なるためである。しかし、成人としての社会的役割を果たしつつ、多くの障害を越えた上での学習成果、そして第2節で概観した多分野に及ぶ個人レベル、社会レベルの効果を鑑みると、成人識字プログラムの効率性、学習成果は、フォーマル教育と比較して必ずしも低いとはいえないだろう。

(3) モニタリング評価——役割と難点

　これまでにも触れたように、識字プログラムのモニタリング評価は、当サブセクターの弱点である。低い資金レベルとキャパシティがモニタリング評

価の不足を呼び、不十分なプログラム評価と分析研究が、サブセクター全体のさらなる資金不足を招くという悪循環を繰り返している。では識字プログラムのモニタリング評価の難しさは、どこに根ざしているのであろうか。ひとつには、ノンフォーマル教育の性質による難しさがあるだろう。ノンフォーマル教育の長所は、その柔軟性であるが、それゆえの難しさも多い。たとえば、クラスの開催時期、時間、場所が追跡不可能であったり、遠隔地域で開かれることが多く、情報の伝達が困難であったり、官民複数実施機関の連携努力の中で、モニタリング評価の責任と方法があいまいになったりといったものである。またたとえば、女性のクラスは昼間開催、男性のクラスは夜間開催、農繁期や雨季はクラスが不規則になるなど、モニタリング評価を行う側に負担となる条件も多い。外部の者が四輪駆動車で廻っても1日に4クラス程度が精一杯といった地理条件の中で、徒歩、自転車、バイク等でモニタリング評価を日々行うプログラムスタッフの苦労は計り知れない。と同時に、モニタリング評価の役割の真髄は、プログラム効果・効率の把握や資金調達といったアップストリーム（現場から政策レベルへの提言）の目的にとどまらず、学習者やファシリテーターへの励ましとしての役割、調査分析結果をきちんと地元に報告することによって修了率、学習成果の向上を図るといった地味ながら着実なものであるといえよう。

(4) 識字水準評価の現状

　識字の水準を測定し、それを比較することは、プログラム内での評価、国内評価、地域、国際的評価を問わず困難を伴う。成人識字率は、しばしば開発指標のひとつとして取り上げられるが、その数字の内実は非常にあいまいである。各国の政府公認の識字率は、多くが国勢調査等で、たとえば家族の代表者1人に家族全員、読み書きができるかという口頭質問ひと言で識字、非識字が判別されたものである。この場合、回答者が自分の名前を何とか読める程度であっても、商業の契約書が難なく書けるほどであっても識字者は識字者と記録される。また初等教育にわずかに参加したものでも自動的に識字者と換算する傾向も見られるが、教育の低い質、遠隔地で長期にわたって

読み書きから離れた状況にいるなどの理由によって、実際には初等教育、中等教育を修了しても、基本的な読み書き計算ができない青少年、成人は数多く存在する。さらに、どの言語で測定するか、多言語間でどう比較をするか、など課題は多い。

そのような中で、少しでも正確な識字状況の把握をめざして主に国際機関、大学等研究機関、NGOを主導としたさまざまな試みが進められている。表8-2でもまとめた国際的なアセスメントに加え、各国内で、そしてプログラムレベルでも、識字の直接測定とその結果に基づいた推計が行われている。しかし当然ながら、実際に読み書きの水準一人一人を測った結果の識字率と国勢調査の口頭試問による間接的な識字率の推計には格差があり、多くの政府は、より現状に近いと思われる直接測定の結果による推計を認めたがらない事実もある。

4. 識字教育の学習成果と開発効果——ガーナの事例

第4、5節では、これまでに概観した識字の状況、学習成果と開発効果、プログラムの計画、実施、評価に関する考慮点、課題等を具体的な事例を通して考察する。まず本節ではガーナの全国機能的識字プログラムの例を通して、主に参加者の学習成果とプログラムの個人、家庭、コミュニティに対するさまざまな効果を説明する。

(1) ガーナと全国機能的識字プログラムの概要

西アフリカの一国ガーナは、今日約2,100万人の人口のを抱える。国民1人当たりの国民総所得 (GNI per capita) は2006年時使用の統計で＄380であった (World Bank, 2004, 2005, 2006)。初等教育の純就学率 (net enrolment rate) は、約60％であり、成人非識字率は全体で約46％、女性の約54％と推計されている (World Bank, 2004; UIS, 2005)。

全国機能的識字プログラム (National Functional Literacy Program, 以下NFLP) は、教育省ノンフォーマル教育部の主導の下、世界銀行の支援を受けて2000年

に実施第二段階を開始した。世界銀行の資金融資、技術支援は2006年中旬で終了したが、その後政府が実施を継続している。プログラムの目的は主に15歳から45歳程度の青年、成人、特に女性と地方在住の貧困層を対象に、識字者の数を増やし、生活、職業にかかわる機能的知識と技能を促進することである。当プログラム下での機能的識字者 (functionally literate person) の定義は、「各々のグループ、コミュニティで、識字を伴う活動において有効な役割を果たすことができ、さらに個人およびコミュニティの開発のために、読み書き計算の能力を持続的に使用することができる者」である。

2000年から2005年までに計約70万人弱が3段階に分かれてプログラムに参加し、その後2006年までに参加者の数は100万人を超えている。2005年までの段階で、参加者の約62％が女性で、約60％が地方在住者であった。プログラムはガーナの主な15言語および実験的に英語で運営され、学習期間は21ヵ月（週3回、1日2時間程度）、ファシリテーターは学習者の指名するボランティアである。教材は、中央・地方政府の協力で製作、配布される。カリキュラムは、読み書き計算、保健・栄養、環境、市民意識などの生活知識と技能、職業技能と実践を含む、総合的識字プログラムである。

(2) 学習成果の評価

2004年に行った学習達成度調査 (Aoki, 2004, 2006) では、10のディストリクト (区) から、3つの違う学習段階にあるグループ (プログラム参加中2ヵ月程度時点：初期グループ、プログラム参加中10ヵ月程度時点：中間グループ、プログラム卒業または中退後：プログラム参加後グループ) のサンプル1,200名の読み書き計算能力の筆記調査から、1,078の有効回答を得、分析を行った。回答者の約76％がプログラムの主な対象年齢である15歳から45歳の間、残りのほとんどが46歳以上の学習者であった。教育背景は、72.4％がノンフォーマル教育のみ (NFLP以前にはまったく教育機会がなかったか、他のノンフォーマル教育のみ)、20.1％が初等教育 (中途退学、修了者含む)、残り7.5％が数年の中等教育経験者であった。この中等教育経験者の参加については、大きく分けて、ひとつには学校教育の質が低く、卒業後も読み書き計算能力が身についていない学習者の参加、

また識字以外の機能的知識と技能に惹かれて参加した者、そして学校では現在教えていない母語での読み書きを学習するために参加した者がある。

　まず、読む力については全体的に比較的高い能力が見られた。プログラム参加後グループ、プログラム中間グループ共に82％ほどが、それぞれの母語で難なく文章を読める読解力を示した。またこの2グループでそれぞれ14％程度が、最低1つの完全な文章を読める能力を記録した。

　次に書く力については、3つの能力の中で最も劣っていることがわかった。プログラムの目標である、短い手紙を書くことができたのは、プログラム参加後グループの約28％、中間グループの約22％にとどまった。プログラム参加後グループの約43％、中間グループの約48％が最低1つの完全な文章を書くことができた。

　計算（筆算、暗算）の能力については、プログラム参加後グループの59％、中間グループの54％がプログラム目標の6桁の四則計算ができた。両グループともさらに31-32％程度が3-4桁までの筆算、5桁までの暗算ができた。

　プログラム後グループについて、読み書き計算の力をまとめてみると、約66％が機能的識字レベルを示し、約29％が最低限の識字レベル、そして非識字者または非常に低い識字レベルを示した者は5％未満にとどまった。

　これらの結果からわかることは、参加率の差を考慮に入れても、21カ月（またはそれ以下）の学習を通して大多数の参加者が母語の読解能力を得ることができるということ、しかし同時にその習得した能力を持続することの難しさであろう。また、書く力を養い、それを持続することはさらに難しく、計算能力については、学習者の日常体験に基づく暗算の能力とそれを紙面に表す能力のより有効な連携方法、教授法の確立が必要であろうことが示唆される。

　また読み書き計算の総合点に影響する説明要因を見てみると、プログラム参加、参加以前の学歴、地域差、地域の経済的背景（年平均家庭当たり出費額）、および学習言語が有意に影響していることがわかった。この点において学習者の年齢差は得点の有意な説明要因とはならなかった (Aoki, 2006)。

(3) プログラムの開発効果

　それでは、読み書き計算以外の広範な開発分野へは、当プログラムはどのような効果をもたらしているだろうか。プログラムの評価調査研究（Aoki 2004b, 2006）では、12ディストリクト、35のコミュニティから、プログラム参加者と比較グループ計434人の個人調査とプログラム実施地域の村民のフォーカスグループ討議、オブザベーションを行った。その結果、参加者の間に知識水準、実践ともに、カリキュラムに含まれている保健・栄養、環境、市民意識などの生活知識と技能、職業技能と実践のさまざまな開発効果が認められ、比較グループのそれよりも高いことがわかった。

　まず、保健・栄養の分野では、多数の有効な効果が報告された。家族計画の知識は、保健分野に限らず、すべてのプログラムを通じて得られた知識の中で最も重要なものとして、男女を問わず大多数の参加者に挙げられた。たとえば、プログラム参加以前には、子沢山は女性の誇りだと考えられていたが、家族計画の知識を通じて、子どもの数を減らし、計画的に出産することで、より健康で幸せな子どもたちと家族を得ることをできた、といった報告である。その他、子どもの健康と栄養、予防接種、安全な飲料水の確保、食料保存等、多数の課題について、プログラムによって得られた知識、およびその知識の実践が報告された。しかし、エイズに関する分野では、正しい情報と誤った情報が混乱している状況が確認された。

　市民意識の向上、個人・家庭・社会レベルでのエンパワメント、子どもの教育支援の分野でも、非常に有益な効果が記された。たとえば、プログラム参加以前には、村の道路の悪状況や学校の不足は、政府の責任と考えられ何の行動もとられなかったが、参加後、村民の市民意識と団結力の向上により、道路の修繕、小学校建設などを自発的に始め、政府と協力して村の開発を進める方向に転換した等である。子どもの教育支援では、学齢期の子どもを持つプログラム参加者の98％が子どもを学校に参加させていたが、比較グループの親の間では49％にとどまっていた。また参加者は比較グループよりも、子どもの家庭学習を支援し、子どもや家族、他の者に対し教育を受けるよう勧める率が高いことがわかった。このほか、選挙権利の知識、税金の必要性

と使用目的、女性の家庭内および村レベルでの意思決定への参加などさまざまな効果が報告される一方、法律に関する知識、児童労働に関する知識等の不足も観察された。

　経済活動でも高い効果が見られた。参加者の83％がプログラム参加後に以前と比較して、所得または生産量が増加したと報告し、このうち実際の増加量（所得、生産量を含む）を挙げられたものによると、平均約3.3倍の増加が推計された。しかし小規模資金融資機関へのアクセスの不足やマーケティング等経営トレーニングの必要性など課題も残されている。

(4) ガーナ識字教育の学習成果と開発効果に関する事例に見られる主な示唆と課題

　以上を振り返って、識字教育の学習成果と生活技能と職業技能の取得とその実践という開発効果に焦点を絞った当事例の評価研究から指摘される主な示唆と残された課題をまとめてみよう。

　まず成人識字プログラムのもたらしうる識字学習成果については、年齢、機会費用、学習時間や場所の制限などさまざまな障害を乗り越えて、参加者は識字能力を習得しうることが確認された。読む力については高い学習達成度を示したが、一方で書く力の不足、暗算能力と紙面での数字の関係を強める必要性があることも指摘された。また、印刷物の限られた地方の環境の中でどのように識字能力全般の持続性を高めるかという点も課題として残る。

　生活技能と職業技能の分野では、プログラムで得られた知識や技術が参加者および家族、社会の生活の質向上、経済活動の自立と発展を促していることが示され、子どもの教育参加の増加、所得や生産量の増加など、参加者個人への利益にとどまらず、家族、社会への幅広い効果が多く確認された。特に女性、貧困層、学齢を過ぎた青少年や、学校教育の恩恵を受けずに育った成人といった社会的弱者たちにプログラムは有益な学習機会を提供していることが示された。

　同時に、課題として残される点は、第一に、より有効なパートナーシップの構築であろう。生活技能・職業技能取得分野ともに、教育以外の他セクターとの協力が不可欠であることから、公私多様なパートナーとの協力推進の重

要性が挙げられる。また貧困削減に直接影響する経済活動分野においては、習得された技能を活かすための経営知識取得の必要性、小規模融資機関へのアクセスの拡大の必要性があり、ここでも教育分野を超えたパートナーとの協力は不可欠である。第二に、識字プログラムのモニタリング評価、およびプログラムレベル、そして国レベルでの識字水準測定の充実と改善は、ともに強調されるべき課題である。モニタリング評価については、ミクロの学習現場レベルでは、学習者、ファシリテーターのプログラム参加と学習効果を促す材料として、またマクロの政策レベルでは、評価研究の充実はプログラムの質を高める上で、そしてよりよい政策指針を生み出すための材料としても重要であると考えられる。

5. 識字教育におけるパートナーシップの実践——バングラデシュの事例

　第4節では、西アフリカ、ガーナの事例を通して、識字プログラムの学習達成度、効果について検証した。本節では、南アジア、バングラデシュのポストリテラシー継続教育プログラムの事例を通じて、識字教育プログラムがどのようなパートナーシップのもとに行われうるかを考えたい。

(1) バングラデシュとポストリテラシー継続教育プログラムの概要

　バングラデシュは、今日約1億4,180万人の人口を抱え、国民1人当たりの国民総所得 (Gross National Income per capita) は2005年の時点で＄470であった (World Bank 2006)。初等教育の純就学率 (net enrolment rate) は、約84％、成人非識字率は全体で約59％、女性の約69％と推計されている (UIS, 2005; UNESCO, 2005)。

　ポストリテラシー継続教育プログラム (Post Literacy and Continuing Education for Human Development Program、以下PLCE) は、バングラデシュ政府および市民社会によって過去に実施されてきた数々の基礎識字プログラムの卒業者、そして小学校卒業または中退をした青年、成人を対象に、識字学習の復習と継続、職業技能習得、自立的経済活動の拡大を目的として2002年に発足した。

PLCEは、バングラデシュ政府教育省の下、世界銀行とスイス開発庁(Swiss Development Cooperation: SDC)の資金融資・援助と技術支援を得て、NGOが契約を請け負って実施運営されている。2007年までの間に、約124万人の学習者が見込まれている。

プログラムの1サイクルは、9カ月で、はじめの3カ月は識字の復習と継続、そして次段階で学ぶ職業技術の選択に焦点が置かれる。次の6カ月は、識字学習を継続しつつ、職業技術の習得、小規模資金融資への応募や企業との連携など、経済活動の自立と活性化をめざした活動が中心となる。職業技術のカリキュラムは、事前に行われた受益者および地域のニーズと適性調査の結果選ばれた11の分野(2006年初頭時点)が提供され、参加者とファシリテーター、運営NGOとの話し合いによって1つか2つの分野が選ばれる。主な習得分野は、農業技術、養鶏、乳牛の飼育、裁縫、石鹸・ろうそく・紙作り、自動車・モーターバイク・リクショーの修理、等である。

(2) プログラムの実施運営と役割分担

PLCEは、政府教育省、NGO、民間セクター、コミュニティの協力で運営されている。ここでプログラムの流れとそれぞれの役割を見てみよう。

前述のように、プログラムの内容は事前の受益者および地域産業、地方市民社会に対する調査の結果に基づいて、州ごとに配置された教育チームによってカリキュラムが作られた。NGO、Community Based Organization (CBO)の層が厚いバングラデシュでは、実施主体として市民社会が選択された。政府教育省下のプロジェクト実施部を通し、NGO・CBO(以下NGO)の公募が行われ、事前に合意された選択基準の下それぞれの地域での実施団体を選択、契約を結ぶ。この際、プロジェクトの実施を主に担当する団体、モニタリング評価を主に担当する団体の両方が選ばれる。契約を結んだNGOは、地域のプログラム参加希望者を募り、実施をサポートするコミュニティ委員会を発足させる。教室はそれぞれの村ごとに、教育省からの資金を使って、村との協力で簡単な建物の建設を行うか、賃貸をする。この際、村は土地や建材、労力の提供など何らかの貢献を行う。ファシリテーターは学習者によって指

名され、実施団体と契約を結ぶ。教材は中央から支給されるものと、特に職業技術の分野では地元の民間セクターや他省庁機関との協力で支給されるものとの両方がある。プログラムのモニタリングは、担当NGOとコミュニティ委員会、そして中央政府と契約を結んだ特別モニタリングスタッフによって行われる。このほか、潤滑なプログラム実施をめざして、定期的に教育省とNGO、州教育ティーム、モニタリングスタッフを交えて会合やトレーニングが行われている。

(3) PLCEパートナーシップの利点と難点

　このようにPLCEプログラムの運営は、公私両セクター、コミュニティの連携なくしては成り立たない。こうしたパートナーシップの利点をいくつか考えてみると、ひとつには、それぞれのパートナーの比較優位を活かして、全体としてプログラムを支えていく持続性を生み出すことではないか。たとえば、第1節でも述べたように、途上国の成人識字プログラムは初等教育と違い、政権の交代等の政治的状況の影響を受けやすい立場にある。現にバングラデシュの事例でも、プログラムの実施最中に、教育省ノンフォーマル教育部署の一時廃止と再構という中央政府レベルの大きな変換があった。この際にも、実施の中枢をなすNGO、コミュニティの存在のおかげで、プログラム運営は続けられた。さまざまなパートナーの連携を築くことで、その一部が何らかの理由により機能しなくなった場合でも、それを補い受益者の必要性に答えることができることは、パートナーシップ構築の大きな利点であろう。また、もうひとつには、限られた資源の有効利用である。特に、国の教育予算の1-2％程度が大部分という低予算のノンフォーマル教育では、他省庁、市民社会、民間セクター、コミュニティ、ボランティア、開発ドナー等々との協力なしには、サブセクターの前進は望みがたい。

　こうしたパートナーシップの利点の一方、その複雑性、連携の必要性ゆえの難しさも多いといえよう。PLCEの例で見ると、地方レベルのコミュニティ委員会の構成と運営に始まって、州以下それぞれのプログラムサポート委員会の構成と連携、中央地方ともに教育省と他省庁との協力と連絡、NGOと

政府間のコミュニケーション等、難点には事欠かない。また数多いNGOの中から、有能な団体を短期間に公正な判断のもと選び出すこと、9カ月という限られたサイクルの中で数多い実施団体の有効なプログラム運営を促進し、それをモニターすること、NGOが他のNGOのモニタリング評価を行うというタスクを円滑かつ公平に実施すること等々、今後とも検討されなければならないパートナーシップ形成に関する課題も多い。

6. おわりに——今後の取り組みへの可能性

本章では、識字教育の現状と課題をさまざまな角度から検討し、ノンフォーマル識字教育の果たしうる役割はEFAの達成、さらには幅広くミレニアム開発目標各分野、すなわち途上国の人々の生活の質向上に役立ちうることを示した。ここで本分野における今後の取り組みを考察するにあたって、識字教育に関する主な課題とその背景をまとめ、今後への可能性を探ってみよう。

(1) EFA達成に向けた識字教育に関する主な課題のまとめ

まず第一に、成人非識字者、そして経済的、身体的等さまざまな理由によって学校教育の恩恵を受けられない青少年といった社会的弱者の教育を受ける権利、必要性を認識し、彼等の複雑なニーズに応える国レベル、国際社会レベルのコミットメントの大切さが挙げられるだろう。ノンフォーマル識字教育は、フォーマル教育だけでは達成の困難な特に社会的弱者や中途退学者に対する基礎教育の提供、そしてフォーマル教育を補足する生涯学習機会の提供という両面から、本当の意味での「万人のための教育（Education for All: EFA）」目標を達成するために不可欠な取り組みであると考えられる。また、成人、青少年の基本的人権の一部としてのノンフォーマル識字教育の重要性に加え、彼らの教育によってもたらされる社会的、経済的効果、次世代の子どもたちの健康や教育へ与える好影響等についても本章で概説した。EFA達成のために、識字教育への、国、そして国際社会の強いコミットメントは、政策的、資金的両面から必要である。

第二に、これはフォーマル教育についても同様に該当する点であるが、学

習者中心の教育内容とシステムの提供と、教育の質向上である。すなわち、学習者の興味と必要性に応じた質の高い教育内容を掲示し、また、いったん習得された知識技能の持続をめざす必要性である。ガーナ、バングラデシュの両事例からも、教育内容、方法共に、受益者中心に構成することの有効性が指摘された。それと同時に受益者の日常環境における即実的な必要性を超えた、中・長期的、また地理的にもグローバルな必要性を鑑みた教育プログラムの開発が望まれる。いったん取得された知識技能の持続性の面においては、ガーナの事例でも指摘されたように、特に、教材や印刷物が限られた途上国の遠隔地域において、いかに識字や他の取得技能を継続的に開発できるかという課題が残される。

　第三に、識字教育プログラムの質向上のためのモニタリング評価の充実と、サブセクターの政策、資源調達のための評価研究の充実が挙げられる。この点においては、サブセクターへのコミットメント不足、資金不足が、モニタリング評価の不足を招き、評価研究の不足がサブセクターへの投資を鈍らせているという悪循環のメカニズムを本章でも説明した。また、識字水準のアセスメントに関する問題点も指摘された。より正確な識字測定法の確立と、その結果の建設的な利用は、本当の意味でのEFA達成のための課題である。

(2) 今後の取り組みへの可能性

　それではこうした課題に対し、EFA達成の目標に対し、各国、そして、多国籍・二国間ドナー機関、市民社会、民間セクター、大学・研究機関といった開発パートナーには、今後どのような取り組みが期待されるであろうか。

　ひとつには、本書第1部でも論じられた、よりよいパートナーシップの模索と構築であろう。パートナーシップの重要性は、開発のどの分野でも論じられる点であるが、特に、受益者の必要性が教育分野を超えて他分野にわたり、また確固たる資源確保がままならないノンフォーマル識字教育の分野では、パートナーシップの存在なしには、プログラムの持続的運営は非常に困難と考えられる。各パートナーの比較優位を活かし、弱点を補い合い、限られた資源をより効率的に有用するパートナーシップは、地方レベル、国レベ

ル、国際レベルを問わず、大切である。とりわけ、本サブセクターにおいては、教育分野以外のパートナー、そして民間セクターとの協力をさらに進めることが望まれる。

　また、地道で質の高いモニタリング評価や研究活動、その研究結果に裏づけられたアドボカシー活動の役割も無視できない。ノンフォーマル識字教育の役割、効果、効率等についての研究を進め、その結果を現場の改善に活かし、プログラム、政策レベルに建設的に活かしていく努力が必要であろう。加えて教育にかかわるさまざまな国内外のパートナーは、ノンフォーマル識字教育の多様な役割と効果を、教育分野内のみならず、たとえば、開発計画省、国会といった国全体の政策決定の中枢に訴え、反映させていく役割も担っている。これには識字教育の受益者が一般的に社会的弱者であり、彼らのニーズが政策レベルに届きにくい事実を忘れてはならない。

　それと関連して、EFA、そしてそれ以前の国際教育開発の歴史を鑑みて、学校教育だけでは達成し得ない学習ニーズの存在を認め、それを満たすべく革新的な教育システムを試みることの重要性が挙げられる。これは、依然として存在するフォーマル教育へのアクセス、ドロップアウト、教育の質、成人・青少年の非識字等の問題点を見ると明らかである。したがって、従来の小学校、中学校教育の拡大といった枠組みを超えた、柔軟で受益者中心で、実現可能な教育システムを模索していく必要性があるだろう。その意味でノンフォーマル、インフォーマルの教育手段の可能性は、EFA、生涯学習といった理念を理念で終えず、実現に向けていくために、追求していく価値が高いのではないか。

　最後に、ノンフォーマル識字教育がEFA、ミレニアム開発目標に果たす役割の真髄は、声無き社会的弱者を中心としたすべての大人、青少年と子どもたちの学ぶ権利、よりよい生活を送る権利をいかに守り、貧困削減、生活の質向上に直接貢献し、彼らの必要性、意思が広く社会政策と方向性に反映されることではないか。パートナーシップの確立、その他の課題を乗り越え、この目標に少しでも早く近づけることを願ってやまない。

参考文献

黒田一雄・横関祐見子編 (2005)『国際教育開発論』有斐閣.
小林和恵 (2002)『非識字問題への挑戦―国際社会の取り組みとフィールドからの活性化の試み』国際協力事業団.
千葉杲弘監修, 寺尾明人・永田佳之編 (2004)『国際教育協力を志す人のために―平和・共生の構築へ』学文社.
Abadzi, Helen (2003). *Adult Literacy: A Review of Implementation Experience.* Washington, DC: The World Bank.
Aoki, Aya et al. (2002). Chapter 19: Education. Klugman, Jeni (ed.), *A Sourcebook for Poverty Reduction Strategies,* Vol.2. Washington, DC: The World Bank. 231-278.
Aoki, Aya (2004a). Supporting Functional Literacy and Skills Development Programs: Different Approaches, Common Goals and Challenges. *International Journal of Adult and Lifelong Education,* Vol.2. No.2, 10-17.
―――― (2004b). *Ghana National Functional Literacy Program II. Assessment of Beneficiaries' Learning Achievement and Development Impact.* Accra: Ministry of Education, Youth and Sports. Republic of Ghana.
―――― (2006). *Research on Learning Achievements and Development Impact of Adult Education: The Case of Ghana's National Functional Literacy Program.* Ph.D. dissertation. Tokyo: Tokyo Institute of Technology.
OECD and Centre for Educational Research and Education (1992). *Adult Illiteracy and Economic Performance.* Paris: OECD.
OECD and Human Resources Development Canada (1997). *Literacy Skills For Knowledge Society.* Paris: OECD.
OECD and Statistics Canada (2000). *Literacy in the Information Age: Final Report of the International Adult Literacy Survey.* Paris: OECD.
Oxenham, John and Aoki, Aya (2002). *Including the 900 Million Plus.* Unpublished paper.
UIS (2005). Literacy Statistics. http://www.uis.unesco.org (June 14, 2005).
UNESCO (2005). *EFA Global Monitoring Report 2006 ? Literacy for Life.* Paris: UNESCO.
World Bank (2001). *BELOISYA: Basic Education and Livelihood Opportunities for Illiterate and Semiliterate Young Adults.* Washington, DC: The World Bank.
―――― (2004). *World Development Indicators.* Washington, DC: The World Bank.
―――― (2005). Country at a Glance. EdStats. http://devdata.worldbank.org/edstats/cg.asp (February 1, 2006).
―――― (2006). EdStats. http://www1.worldbank.org/education/edstats/ (August 18, 2006).

第9章　障害児とEFA ——インクルーシブ教育の課題と可能性

黒田　一雄

はじめに

　障害は、開発途上国（以下、途上国）における児童の就学を妨げる、おそらく最も深刻な要因の一つであろう。「万人のための教育（Education for All: EFA）」の達成は、障害児の就学促進なしには考えることはできない。本稿の目的は、EFAの達成における障害児の問題に焦点をあて、1994年のサラマンカ宣言以降、世界的な潮流となりつつあるインクルーシブ教育の可能性と課題を検証することにある。

1. 途上国における障害児の就学状況

　障害には、認知障害、言語障害、肢体不自由、知能障害、聴覚・視覚障害等、さまざまな障害が存在する。その世界的な状況を統計的に把握する数々の試みが行われているが、障害の定義が国によって異なり、また途上国によっては、国民の障害の状況を把握する制度的な枠組みが未整備なことから、その正確な把握は困難とされる。たとえば、フィルマー（2005）は世界各国の家計調査を基にして障害者の状況を分析しているが、国によってどのような障害を統計調査の対象にしているかが異なり、同じ国の中でも年によって障害の定義が異なっていることを示唆している。こうした限界を認識しつつ、彼は国連の障害者統計（United Nations statistical database on disability, DSITAT）に収められている途上国における1970年から92年までの65の調査を総合的に分析して、障害者の人口に占める割合の平均を1.7％、14歳以下の児童に占める割合の平均を0.7％と推計している。しかし、WHO（1978）は世界の全人

口に占める障害者の割合を約10％と推計しており、この10％という数字は、長らく多くの国際的な政策形成の場で活用されてきた（たとえば、1991年のUN Rapporteur on Human Rights and Disabilities でもこのWHOの推計が使用されている）。このように、障害者の状況の統計的把握の結果には、相当のばらつきがある。

　それでは、途上国における障害児の教育、特に初等教育へのアクセスはどのように把握されているのだろうか。ユニセフのある試算は、途上国においては、1億5千万人の児童が障害を有しており、そのうち3％しか就学していない、としている（Habibi, 1999）。世界銀行の文書では、世界全体で1億1,500万人いるとされる未就学児童のうち、4,000万人が障害児と推計され、障害児のうち5％未満しか初等教育を修了できないとしている（World Bank, 2003）。世界教育フォーラムにおいて、フィンランドが中心となって組織した障害児教育に関する会合の報告書序文では、障害児の1〜3％しか特殊学校に行けず、通常の教育はほとんど障害児を受け入れていない、という記述がある（Kokkala and Savolainen, 2000）。また、途上国の中では比較的豊かとされるアジア太平洋地域に限定したものであるが、学齢障害児の就学率は5％以下との推計もある（Ilagan, 2000）。この4つの記述は、未（非）就学児の母数の推計がそれぞれ異なっているが、障害児の就学状況が極端に深刻な状況にあることを示していることでは一致している。

　しかし、上記のフィルマー（2005）の9カ国における11の家計調査による障害児の就学状況の分析によると、6歳から11歳の障害を有する児童の就学率を、最も低いブルンジで14.6％（2000年）で、高いところではジャマイカで70.5％（1998年）だという推計もあり、障害児の就学率は、世界的な推計ほどには低くない。これはフィルマーの分析において、もともと障害児の全児童に占める割合が世界的な推計より相当に低かったこと（障害をより限定的に定義していること）と、考え合わせると、興味深い。つまりは、明確な障害を有する児童においても、就学率は世界的な推計ほどには低くない、ということを示している。ただ、彼は障害児と障害を有しない児童の就学率の比較も行っており、統計のある中で最も格差の小さいモザンビークでそれぞれ34.2％と49.2％（格差15％、1996年）から、最も大きな格差の存在するインドネシア

でそれぞれ29.2％と88.5％（格差59.3％、2003年）まで、障害児と障害を有していない児童の就学率には、どの国においても大きな格差が存在することが明らかにされており、障害児の就学の相対的な困難さは確認されている。

以上のように、障害児の就学状況を示す統計結果には大きなばらつきがある。これは特に「障害」の定義が国によって相当に異なることや、世界的推計では特殊学級や養護学校のような特殊教育のみが障害児教育の場との認識があるように考えられるが、実際には多くの障害児が通常学級に通っていること、障害児の就学の統計的把握のための国際的な標準設定の取り組みが未だ十分でないことなどが理由として考えられる。しかし、上記のすべての統計的記述は、障害児が、障害を有しない児童に比べて相対的に劣悪な就学状況にあることを示していることでは一致している。

また、特に「Last 5％, Last 10％」と言われるような、多くの途上国で初等教育の純就学率が90％を超え、最後に残った極端に就学困難な状況にある児童の就学機会の確保を考えることがEFA政策の最重要課題になりつつある状況の中では、少数民族・少数言語の児童、僻地の居住する児童、遊牧民等定住しない社会集団に属する児童等と並び、障害児に対する就学機会の提供はEFA政策においてさらに重要性を増しつつある政策分野であると考えられる。

2. 障害児教育をめぐる国際的潮流——インクルーシブ教育とEFA

途上国における障害を有する児童の教育機会の確保に関する国際的取り組みは、植民地時代の宗教的理念を基とした慈善的な取り組みに端を発する。現在も多くの途上国において、ミッショナリーによって設立された障害児教育施設（多くは盲聾学校）が、近代学校教育における障害児教育の始祖だとされている（実際には、それぞれの国・地域において、伝統的・インフォーマルな障害児教育システムがこのような学校設立以前に存在していた国も多い）。

第二次世界大戦後には、ユネスコ、ユニセフ、WHO、ILO等の国連機関を中心に、障害児教育に関する国際的な議論と制度的フレームワークの形成

が試みられた。1948年の「世界人権宣言」により、「教育が人権である」と規定されたことは、障害児教育に国際社会が取り組むことの有力な根拠になったが、特に1959年の国連総会において「児童の権利宣言」が採択され、障害児に特別な教育が提供されるべきことがより明確な形で国際的に合意されてからは、ユネスコを中心にして、「特殊教育 (Special Education)」についての専門家会合や研究・研修活動が国際的な枠組みの中で行われるようになった。その後、1981年は、国連によって「国際障害者年」とされ、「完全な参加と平等」をスローガンにさまざまな国際的な活動が実施され、1983年から1992年の「国際障害者の10年」とも相まって、障害児の教育機会確保への国際的取り組みは次第に活性化してきた。

　このような「参加と平等」を目指す方向性の中で、障害児教育においても、障害児をいわゆる健常児から隔離して教育する「特殊教育」ではなく、障害児を健常児と共に教育する統合教育 (Integration) の方向性が次第に主張されるようになった。

　1989年にユニセフのイニシアティブにより締結された「子どもの権利条約 (the Convention of the Rights of the Child)」では、下記のように、障害児の「可能な限り（の）社会への統合」に貢献するように、教育などの社会的サービスが与えられるべきことが、宣言され、世界人権宣言ともに、障害児の教育を人権として捉える考え方の重要な拠り所となっている。

　　子どもの権利条約　第23条
　　障害を有する児童が可能な限り社会への統合及び個人の発達（文化的及び精神的な発達を含む）を達成することに資する方法で当該児童が教育、訓練、保健サービス、リハビリテーション・サービス、雇用のための準備及びレクリエーションの機会を実質的に利用し及び享受することができるように行われるものとする。

　　　締約国は、国際協力の精神により、予防的な保健並びに障害を有する児童の医学的、心理学的及び機能的治療の分野における適当な情報の交換（リハビリテーション、教育及び職業サービスの方法に関する情報の普及及び利用

を含む)であってこれらの分野における自国の能力及び技術を向上させ並びに自国の経験を広げることができるようにすることを目的とするものを促進する。これに関しては、特に、発展途上国の必要を考慮する。

(日本ユニセフ協会「子どもの権利条約全文」より)

　1990年の「万人のための教育世界会議」は、基礎教育が基本的な人権であることを国際社会が再確認する機会となり、特に途上国の障害児の教育機会については、EFAの政策的コンテキストの中で議論がされるようになった。「ジョムティエン宣言」には、後のサラマンカ宣言で明確に示された、個々の生徒の違いを積極的に捉えようとする考え方が、すでに示されている。
　1994年にスペインのサラマンカで開催された特別なニーズ教育に関する世界会議は、「特別なニーズ教育における原則、政策、実践に関するサラマンカ声明並びに行動の枠組み (Salamanca Statement on Principles, Policy and Practice in Special Needs Education and a Framework for Action)」(以下、サラマンカ宣言)を採択した。サラマンカ宣言は、統合教育の考え方をさらに進化させ、下記のように教育におけるインクルージョン (Inclusion)、インクルーシブ教育 (Inclusive Education) の考え方を提唱した。

　　　われわれは以下を信じ、かつ宣言する。
・すべての子どもは誰であれ、教育を受ける基本的権利をもち、また、受容できる学習レベルに到達し、かつ維持する機会が与えられなければならず、
・すべての子どもは、ユニークな特性、関心、能力および学習のニーズをもっており、
・教育システムはきわめて多様なこうした特性やニーズを考慮にいれて計画・立案され、教育計画が実施されなければならず、
・特別な教育的ニーズをもつ子どもたちは、彼らのニーズに合致できる児童中心の教育学の枠内で調整する、通常の学校にアクセスしなければならず、

・このインクルーシブ志向をもつ通常の学校こそ、差別的態度と戦い、すべての人を喜んで受け入れる地域社会をつくり上げ、インクルーシブ社会を築き上げ、万人のための教育を達成する最も効果的な手段であり、さらにそれらは、大多数の子どもたちに効果的な教育を提供し、全教育システムの効率を高め、ついには費用対効果の高いものとする。

（国立特殊教育総合研究所「サラマンカ声明／サラマンカ宣言」より）

　サラマンカ宣言以降、「特別なニーズ教育」は、障害児の教育をその議論の中心・根源としながらも、障害児の教育だけではなく、人種や言語、居住環境など、ほかのあらゆる特別な状況とそれへの対処の必要性を有する児童の教育を対象として、国際社会で認知されるようになった。

　2000年の世界教育フォーラムでは、フィンランド政府を中心に、スウェーデン政府、USAID、ユネスコが協力して、サラマンカ宣言をベースにした特別ニーズ教育の戦略セッションを開催し、EFAにおける障害児やインクルーシブ教育が議論の対象となった。しかし、このフォーラムで採択された「ダカール行動枠組み」には、サラマンカでの会議への言及はあるものの、障害児やインクルーシブ教育についての具体的な考察や方向性の提示は見られなかった。また同年に採択されたミレニアム開発目標（Millennium Development Coals: MDGs）にも、教育分野では初等教育の完全修了と教育における男女間格差の是正のみが取り上げられ、MDGs全体でも障害者のかかえる課題に対する認識が弱かった。

　このように、障害児教育やインクルーシブ教育は、2000年以降、特にEFAのための世界的な国際協力や開発政策の潮流において、中心的な課題と認識されていたとは言いがたい。しかし、ユネスコによって、2003年には「Overcoming Exclusion through Inclusive Approaches in Education —A Challenge and a Vision」が、2005年には「Guidelines for Inclusion: Ensuring Access to Education for All」が刊行されるなど、EFAにおけるインクルーシブ教育の提唱を中心とした議論が近年活発化する兆候がある。

3. インクルーシブ教育とは何か

 それでは、インクルーシブ教育とは何か？ この具体は、サラマンカ宣言には記されていない。日本の障害児教育政策においては、近年「特殊教育」から「特別支援教育」への転換が図られようとしており、その背景にはサラマンカ宣言によるインクルーシブ教育の提唱が重要な契機の一つになったと考えられる。しかし、「インクルーシブ教育」という言葉は、日本における議論の過程の政策文書においては使用されておらず、ここから正式な定義を見つけることは困難である。また、米国でも同様に、インクルーシブ教育の定義が政府の文書によって確認できないことから、ある専門家は、National Center on Inclusive Education and Restructuring の以下のような定義を紹介している。(ガーナー編, 2006：56)

> インクルーシブ教育は、重度の障害児を含むすべての児童・生徒に対して、社会の完全な一員として実り多い生活を準備するために、近隣にある学校の年齢相当の学級において、必要な補助具と支援サービスとともに、効果的な教育サービスを受ける公正な機会を用意することである。

 この定義は、障害児教育の視点からインクルーシブ教育を捉えた場合にわかりやすい様態を示している。しかし、インクルーシブ教育はしばしば「多様性」のキーワードで、その尊重こそが教育の質を向上させるという言説をもって語られ、きわめて思想的な側面を有する。このような思想性は、上記の定義には含まれていない。
 ガーナーは、その共編著『世界のインクルーシブ教育』の編者序文において、「(インクルーシブ教育の) 概念上の疑問は、完全には答えられていないままであるか、まだ探られていないか、あるいは部分的に探り始めた段階である」とし、明確な概念規定の欠如こそが「インクルーシブ教育に関する論争が健全であり、活力があることのシグナルであるといえよう」と述べている (ガーナー編, 2006：25)。このようにインクルーシブ教育に明確な定義をすること自体が現

状では困難な課題である。

そこで、途上国における EFA における障害児教育・インクルーシブ教育を議論するという目的に資するため、EFA を推進してきた代表的な国際機関であるユネスコと世界銀行のインクルーシブ教育に関する定義を紹介する。

ユネスコの政策文書はインクルージョンを「すべての学習者の学習、文化、地域社会への参加を促進し、教育の中でも、教育そのものからも排斥されないような状況をつくることによって、彼らの多様なニーズを明確にし、応えていこうとする過程」とし、インクルーシブ教育を「正規・非正規の教育環境における広範囲にわたる学習ニーズに適切な対応を提供していくこと」であり、かつこれを「(特別のニーズを有する) 学習者の一部がいかにして主流の教育に統合していくか、という周辺的な課題のことではなく、教育システム全体をいかにして学習者の多様性に対応するように変容させていくかを模索する方向性である」としている。そして、そのうえで、インクルーシブ教育の目的は「教師と学習者が多様性を積極的に評価し、問題 (problem) としてではなく、挑戦 (challenge) や豊かさ (enrichment) と捉えることができるような状況を意図する」としている (UNESCO, 2003、筆者邦訳)。

また UNESCO (2005) では表9-1のようにインクルーシブ教育とインクルージョンを説明している。

一方、世界銀行がサラマンカ宣言と同じ年に出版したレポート「Provision

表9-1　インクルージョンの定義

インクルージョンは：	インクルージョンでないものは：
・多様性を歓迎する。 ・現在排斥されている学習者だけではなく、すべての学習者に利益をもたらす。 ・排斥されていると感じている可能性のある、学校の中の児童をも対象とする。 ・特定の児童に対して、彼らを教育から除外するのではなく、平等かつ一定の教育機会を提供することである。	・特殊教育のみの改革 (インクルーシブ教育は正規・非正規教育の双方の改革である)。 ・多様性にのみ対応する (インクルーシブ教育はすべての学習者の教育の質をも改善する)。 ・特殊学校 (インクルーシブ教育は通常の学校システム内での学生に対する追加的支援である)。 ・障害のある児童のニーズの達成のみを考える。 ・ある学生の犠牲の上に、ある学生のニーズを達成しようとする。

出所：UNESCO, 2005: 15 筆者邦訳。

for Children with Special Educational Needs in the Asia Region」には、表9-2、表9-3のように「インクルーシブなあり方 (Pattern)」や「インクルージョンを促進するシステム」を説明しており、児童それぞれのニーズや能力に配慮して、都市部エリート層だけでなく、貧困層や僻地・農村に居住する特別なニーズを有する児童に対しても、統合的な教育・学習機会を提供することを「インクルーシブなあり方 (Inclusive Pattern)」とし、学生の配置や教員養成・研修、家庭とのあり方を「インクルージョンを促進する統合システム」を定義している。

表9-2　伝統的なあり方とインクルーシブなあり方

伝統的なあり方	インクルーシブなあり方
・都市部・エリートに生まれた障害等の特別なニーズを有する児童に限定された特殊教育 ・分離された教育と学習の機会 ・「正常」と「異常」という2種類で児童を分類する考え方 ・すべての「正常」な児童は、皆同質だとする幻想	・貧困層や僻地・農村に居住する特別なニーズを有する児童を含めた、すべての人々・児童のための教育 ・統合された教育・学習の機会 ・すべての児童がそれぞれに異なるニーズと能力を有しているという認識

出所：Lynch, 1994: 18 を基に筆者邦訳・加筆・修正。

表9-3　分離教育システムとインクルーシブ教育システム

伝統的な分離教育システム	インクルージョンを促進する統合システム
・「普通学級」と「特殊学級」への「2種類の学生」の分離的な配置（一度普通学級から外された学生は再度普通学級に戻ることは珍しい）。 ・特殊教育は、物理的にも「特殊学級」「特殊校」で「普通教育」とは分離して実施される。 ・「普通の」学生向けの教員養成。 ・「普通学級」の教師と「特殊学級」の教師は別々の現職員訓練を受ける。 ・「普通の」学生と特別の教育ニーズを有する学生の対する教育計画・政策が別々に立案される。 ・「普通の」教育と特殊教育が別々に評価・監視される体制。 ・特殊教育は普通学級で提供されない教育内容を提供している。 ・特殊教育の教師は特別の教育ニーズを有する児童の家庭とのみ連絡し、「普通学級」の教師は、「普通の」学生の家庭とのみ連絡をとる。 ・家庭は特殊教育の存在のみを知らされる。	・柔軟性をもってそれぞれのニーズに対応した学生の学級配置。 ・普通教育と特殊教育の教師がともにインクルーシブ教育を学ぶ環境。 ・普通学級にいる特別なニーズを有する児童に対する対処方法を含んだ普通学級の教員養成。 ・普通校や普通学級における特殊教育や特殊なサービスの提供。 ・「普通の」学生と特別なニーズを有する学生の双方を内包した教育計画・政策の策定。 ・「普通の」教育と特殊教育が統合して評価・監視される体制。 ・普通教育の中にいる児童にも提供される特殊教育。 ・普通教育の教師と特殊教育の教師の双方の協力によって、保護者や家庭の教育への参加を促進する。 ・家庭はインクルーシブ教育の理念を知らされる。

出所：Lynch, 1994: 55 を基に筆者邦訳・加筆・修正。

以上のように、世界銀行、ユネスコの主要文書からは、すべての学習者はそれぞれ個別の教育ニーズを有しているという基本的な認識のもとに、インクルーシブ教育を、学習者の障害をも含んだ多様性を積極的に評価し、これを教育の質の改善にもつなげられるように、障害児のみではなく、すべての学習者を巻き込んで、教育システム全体を変革していく過程である、という定義が読みとれる。

4. なぜインクルーシブ教育なのか

では、以上のようなユネスコと世界銀行によるインクルーシブ教育の定義を念頭に、改めて、サラマンカ宣言におけるインクルーシブ教育の考え方を反芻してみると、そこにはまったく異なった二つの理念的な枠組みが同居していることに気づかされる。一つは、教育は児童にとって基本的な人権であり、特にすべての児童が同じ環境で「一緒に」教育される必要があるという政治的なメッセージである。前述のサラマンカ宣言には「インクルーシブ志向をもつ通常の学校こそ、差別的態度と戦い、すべての人を喜んで受け入れる地域社会をつくり上げ——」とあり、インクルーシブ教育を社会変革の手段、政治的な過程として位置づけ、ゆえにこの振興を図らねばならないという考え方が色濃く示されている。このような考え方は、「すべての子どもは——機会が与えられなければならず」「教育システムは——実施されなければならず」「特別の教育ニーズをもつ子どもは——通常の学校にアクセスしなければならず」と、「なければならない」ずくめで、きわめて規範的・価値的な性格を有する。

このような主張は、前述のように、世界人権宣言に代表される障害者の教育・学習権という基本的人権の確保という国際的・伝統的な言説と信条を基にしていることは明らかである。しかし同時に、この人権的・政治的主張には、障害者に単に同等の教育機会が提供されれば良いというのではなく、分離的な状態ではない「インクルーシブ」な状態で教育が提供されることに重点が置かれている。つまり、「差別的態度と戦い」とのくだりには、障害児

などの特別な教育ニーズを有する児童を「隔離」する従来の特殊教育のあり方が、結局そういう児童や成人を社会において周辺化し、一方で「健常」とされる人々の利益を守る役割があるのだという考え方が反映されている。構造主義社会学においては、ブルデューやボウルズ、ギンティスらの主張するような、教育制度の不平等が社会制度の不平等を再生産するという考え方を基にして、教育における分離主義も、社会の不平等や差別を構造的に再生産するという考え方が存在する。このような考え方を基として、インクルーシブ教育は「差別的態度と戦うもっとも有効な手段」だという主張の根幹があると考えられる（Bourdieu and Passeron, 1977; Bowles and Gintis, 1976）。インクルーシブ教育はまさに、教育の社会的再生産機能を乗り越え、差別のない社会を構築するための手段として位置づけられている。

　今一つの理念的な枠組みは、実践的経験の集約や教育学研究の蓄積から、インクルーシブ教育をEFAや教育の質の向上に有効な手段だとする実証的な主張である。「インクルーシブ志向をもつ通常の学校こそ、——万人のための教育を達成する最も効果的な手段であり——、大多数の子どもたちに効果的な教育を提供し、全教育システムの効率を高め、ついには費用対効果の高いものとする」というサラマンカ宣言に示された主張は、教育が人権であるとか政治的な役割を有するという絶対的な声明とは性質の異なった、インクルーシブ教育の機能的な側面を積極的に評価する考え方である。

　この教育・機能的アプローチも、前述の人権・政治的アプローチと同様、従来型の特殊教育・分離教育への批判的な分析をその端緒とする。つまりは、障害児を「健常」児から分離した特殊教育においての学習成果と、インクルーシブ・統合的な教育環境にある障害児の学習成果を比較して、後者が必ずしも前者を上回るわけではない、費用対効果の観点から見ると、非常に費用のかかる前者のアプローチは、費用が比較的少なくてすむ後者のアプローチよりも、有効な政策手段である、とする考え方である（代表的なものは、Galloway and Goodwin, 1987; Lipsky and Garner, 1996）。

5. 人権・政治的アプローチと教育・機能的アプローチの相克

　それでは、人権・政治的アプローチと教育・機能的アプローチという二面性は、インクルーシブ教育を EFA 政策の中で展開するときにどのような意味をもちうるのか。いくつかの観点を示したい。

　第一に、人権・政治的アプローチにもとづくインクルーシブ教育の提唱は、障害者・障害児の権利保護を集団として、長期的に達成しようとするための方策ではあるが、必ずしも教育を受けている（もしくは受けようとしている）障害児個々人の便益に立脚するものではないということである。反対に、インクルーシブ教育は、時には支配的なイデオロギーとして、障害児個人の利益・不利益を鑑みることなく、障害児をインクルーシブな教育・学習環境に押し込めようとする危険性をはらむ。障害や特別の教育・学習ニーズが多様であるという前提と、リソースが有限であるという前提に立てば、総合的には、適した教育・学習環境がインクルーシブな状況でないこともありうるのは、当然の結果であろう。

　たとえば、重度の障害を有する児童が、インクルーシブな教育環境で学習する権利と、他の学生がその児童の特別なニーズを理解し、教育・学習のあり方そのものを変革していく必要性を主張して、通常の学級に配置された場合、どのように理想的な教育支援や機材の提供がなされようとも、その個人にとっては学級内におけるいじめや差別の可能性や学習到達度の違いからくる劣等感を感じる可能性から完全に自由になることは困難であろう。ことに、リソースが限られ、インクルーシブな教育環境の提供が必ずしも十分な追加的教育支援とともになされない途上国のコンテキストでは、上記のようなインクルーシブ教育の否定的な効果が増幅される可能性が高い。このような状況下で、それでも敢えて、常に障害児や特別のニーズを有する児童の教育をインクルーシブに行わなければならない、と主張することは、現実的ではない。

　第二に、社会的なインクルージョン、つまりは障害をもたない人々が障害者の状況を理解し、平等で協力的な状況をつくり上げていくためには、第一

の点を認識しながら、徐々に教育現場をインクルーシブな状況に変容させていくよりも、有効な方策は存在しないということも事実であろう。その意味では、インクルーシブ教育を、個々の障害児の状況とリソースの有限性に十分に配慮しながらも、暫時的に進めていくことは、長期的な社会改革の手段として重要なアプローチである。ただし、このような暫時的なアプローチをとるときにも、障害者とそうでない人々の関係を対立的な関係と捉えるか否かは、根本的な論点となる。つまり、社会・経済的階層対立における教育の再生産論と同様にして、教育における分離・特殊教育を、障害児・障害者の社会的立場や状況の構造的な原因として批判的に捉えることは、その発展過程の歴史的分析においては一定の妥当性をもちえても、途上国もあわせた多くの国における現状の障害児教育の現場からは、相当の違和感のある議論だと考えられるからである。

　第三に、翻って、教育・機能的アプローチは、政策的・実践的な観点からは有用で実証的なアプローチに見えるが、本当にその実証が客観的・学術的整合性のあるものと言えるか、十分な検討を要する。つまりは、インクルーシブ教育に対する人権・政治的アプローチからの需要が、インクルーシブ教育の有効性に関する研究のあり方にも影響を与えているのではないかとの疑義である。

　また、一般に特殊教育はインクルーシブ教育に比して費用がかかるとされるため（理想的なインクルーシブ教育は決して小さな財政的投入では実現しないのだが）、これが両者をめぐる有効性の研究のあり方にも影響を与えているのではないか、との疑義もある。特に途上国においては、財政の窮乏化とEFA実現の社会的要請の結果、インクルーシブ教育を正当化したいという政策的意図が強く働きうる。このような意図は、「意図的」でないにしても、研究者の研究のあり方に影響を与え、期待された研究結果を導く可能性がある。特に特殊教育がインクルーシブ教育（もしくは統合教育）に比して、学習効果の面で、もしくは費用対効果の面で、有効・効率的でない、とする研究結果は、先進国における研究成果としては一定数存在しているが、途上国のコンテキストではほとんど存在しない。これは、先進国と途上国では学習成果に影響を与

える因子が異なっているという、教育生産関数分析の有名な研究結果を考え合わせると、インクルーシブ教育への投資資源が限られた途上国において、先進国に見られたような学習成果の傾向が見られるかどうかは、相当に疑問であろう（教育生産関数に関する議論は、Heyneman, Farrell and Sepulveda-Stuado, 1981; Harbison and Hanushek, 1992 に詳しい）。このような「実証研究」から導かれた、インクルーシブ教育の教育・機能的効果を基とした政策的方向性には、今後さらなる検証が必要であろう。

　第四に、第三のようなチャレンジは存在するが、近年のインクルーシブ教育に関する教育・機能的なアプローチからの議論のなかで特に説得力のある論点は、特別な教育ニーズを多様なものと認め、児童を障害児と「健常児」というような二分法で扱わない、という点である。これは、盲聾や肢体不自由などの比較的明確に認識できる障害だけではなく、情緒障害や学習障害等の従来明確には認識されにくかった障害が、特別な教育ニーズとして、教育現場において明らかにされてきたことを背景にしている。

　また、EFA というコンテキストでは、途上国における特別な教育ニーズは、必ずしも心身的な障害だけではなく、少数言語や少数民族、親の就労活動の特殊な形態等、多岐にわたるということも背景にある。つまりは、従来健常とされ、画一的に対処されてきた児童にも多様なニーズが存在し、また特別のニーズの中にも広範で連続的なニーズが存在することから、このように多様な特別な教育ニーズを特殊学級と通常学級という二種類の教育システムで対応することは不可能だという認識が、インクルーシブ教育の必要性を正当化しているのである。

　第五に、人権・政治的アプローチにおいては、「多様性を内包するインクルーシブ教育は、多様な学生の参加を可能にするという点で、学生にとって理想的な教育環境を生み出し、よって『教育の質』が高い」、という論理の展開がなされる（代表的な例は、UNESCO, 2003）。しかし、試験によって測られる学力を「教育の質」の代理変数として志向する、より偏狭な教育体制においては、教室内の多様性は平均的な学習達成度を阻害する要因として捉えられることが多い。教育・機能的アプローチにおいては、この学習達成度においても、

インクルーシブな状況のほうが、そうでないシステムよりも高いパフォーマンスを示す可能性が示唆されているが、上述のように、その客観的妥当性には疑問が残る。インクルーシブ教育と教育の質の正の相関を単なる理想論ではなく、現実的な政策提言とするためには、「教育の質」の構成要素を見直し、その中で多様性の観点をどのように位置づけるか、について社会が合意できる定義をまず行い、そのうえで、インクルーシブ教育の費用対効果を実証するという手順をとるべきであろう。

6. 再度、インクルーシブ教育とEFA

以上のようにインクルーシブ教育は、人権・政治的アプローチと教育・機能的アプローチの並存と相克によって、特徴づけられた。しかし、このような二つのアプローチは、EFA の政策的理念的議論のなかでも見られたことであり、この並存が EFA のコンテキストで達成したものを吟味することが、インクルーシブ教育の今後を展望するうえで、有効ではないかと考えられる。ジョムティエン会議以降の EFA の国際的潮流には、ユニセフ・ユネスコを中心とした、Basic Human Needs（BHN）もしくは基本的人権としての基礎教育という「人権アプローチ」と、世界銀行・国連開発計画を中心とした、最大の社会的収益率・最大の社会経済開発効果・投資効果が期待できる教育サブセクターとしての基礎教育という「開発アプローチ」が、お互いを友好的なパートナーとし、「基礎教育の重視」というメッセージを政策的優先課題としていわば「共闘体制」を敷いたことに成功の基がある（詳しくは黒田・横関, 2005）。EFA に範をとれば、インクルーシブ教育においても、政策担当者は、人権・政治的アプローチと教育・機能的アプローチの違いをはっきりと認識し、障害児に対するより広範で良好な教育機会の提供という短期の目標と、インクルーシブで平等な社会の構築という長期の目標を政策的にバランスさせることによってのみ、インクルーシブ教育の理念を成功裏に障害児に対する教育機会の拡大という実践に結びつけることができるのではないだろうか。

謝辞　本稿の論考は、科学研究費基盤研究B「スリランカにおけるインクルーシブ教育を組み込んだ初等中等教員養成モデルの構築」(研究代表者：古田弘子・熊本大学助教授)によるスリランカ現地調査での考察が基になっている。また、本稿は、広島大学教育開発国際協力研究センター『国際教育協力論集』第10巻第2号 (2007) 収録の同名の研究ノートを許可を得て修正加筆したものである。関係者に深く感謝したい。

参考文献

国立特殊教育総合研究所「サラマンカ声明」(http://gauguin.nise.go.jp/db1/html/h06_06.html, 2007年3月7日).

黒田一雄・横関祐見子編 (2005)『国際教育開発論－理論と実践』有斐閣.

ダニエルズ・ガーナー編, 中村満紀男・窪田眞二監訳 (2006).『世界のインクルーシブ教育』明石書店.

日本ユニセフ協会「子供の権利条約全文」(http://www.unicef.or.jp/about_unicef/about_rig_all.html, 2007年3月7日).

文部科学省・特別支援教育の在り方に関する調査研究協力者会議 (2003)『今後の特別支援教育の在り方について (最終報告)』文部科学省.

リプスキー・ガートナー (2006)「インクルーシブ教育－民主制社会における要件」ダニエルズ・ガーナー編著, 中村満紀男・窪田眞二監訳『世界のインクルーシブ教育』明石書店, 54-78頁.

Bourdieu, P. and Passeron, J. (1977). *Reproduction in Education, Society and Culture*. London: Sage.

Bowles, S. and Gintis, H. (1976). *Schooling in Capitalist America*. London: Routledge and Kegan Paul.

Filmer, D. (2005). *Disability, Poverty and Schooling in Developing Countries: Results from 11 Household Surveys*. SP Discussion Paper No. 0539. Washington, D.C.: The World Bank.

Fuller, B. (1987). What School Factors Raise Achievement in the Third World? *Review of Educational Research*, Vol.57, No.3, 255-297.

Galloway, D. and Goodwin, C.(1987). *The Education of Disturbing Children: Pupils with Learning and Adjustment Difficlties*. London: Longman.

Habibi, G. (1999). *Education Update,* Vol. 2 issue 4. New York: UNICEF.

Harbison, R.W. and Hanushek, E.A. (1992). *Educational Performance of the Poor: Lessons from Rural Northeast Brazil*. Washington, D.C.: The World Bank.

Heyneman, S.P., Farrell, J.P. and Sepulveda-Stuado, M.A. (1981). Textbooks and Achievement in Developing Countries: What we Know. *Journal of Curriculum Studies*, Vol.13, No.3, 227-246

Ilagan, V. (2000). Inclusive Education in the Asia-Pacific Region: Are the disable included? In Savolainen, H., Kokkala, H. and Alasuutari, H. (eds.), *Meeting Special and Diverse Educational Needs - Making Inclusive Education a Reality*. Helsinki: Ministry of Foreign

Affairs of Finland and Niilo Maki Institute, 120-127.

Kokkala, H. and Savolainen, S. (2000). Foreword. In Savolainen, H., Kokkala, H. and Alasuutari, H. (eds.), *Meeting Special and Diverse Educational Needs - Making Inclusive Education a Reality*. Helsinki: Ministry of Foreign Affairs of Finland and Niilo Maki Institute, 5-9.

Lipsky, D. K. and Gartner, A. (1996). Equity Requires Inclusion: the Future for All Students with Disablities. In Christensen, C. and Rizvi, F. (eds.), *Disability and the Dilemmas of Education and Justice*. Buckingham: Open University Press.

Lynch, James (1994). *Provision for Children with Special Educational Needs in the Asia Region*. Washington D.C.: The World Bank.

UNESCO (2003). *Overcoming Exclusion through Inclusive Approaches in Education ? A Challenge and a Vision*. Paris: UNESCO.

───── (2005). *Guidelines for Inclusion: Ensuring Access to Education for All*. Paris: UNESCO.

World Bank (2003). *Education NOTES Education for All: Including Children with Disabilities*. Washington D.C.: The World Bank.

World Health Organization (1978). *Classification of Disability. Document Pro 29*, Annex 1, Para 1. Geneva: WHO.

第10章　EFAにおけるライフスキルの意義

勝間　靖

はじめに──教育と健康

　「万人のための教育 (Education for All: EFA)」世界会議が1990年にタイのジョムティエンで開催されて以来、基礎教育の拡充は国際的に重要な目標となった。EFAに取り組む上での分野横断的な課題の一つとして、健康教育とライフスキル (生活技能) の普及がある。EFAの達成にとって、健康の課題を避けて通ることはできない。それは、子どもの教育と健康との間には密接な関係があるからである。このことは、たとえばHIV／エイズの広がりによって教育システムそのものが崩壊しつつある地域があることからも明らかであろう。しかしながら、これまで十分に取り組まれてきたとは言い難い。教育と健康の両者を、それぞれ別分野の課題として扱う傾向があり、分野横断的に捉えようとしてこなかったことが原因の一つではないかと思われる。以上のような背景から、本章においては、健康教育という課題を中心に取り上げながら、教育と健康に関するグローバルな課題におけるライフスキルの意義について論じたい。

　「世界教育フォーラム」が2000年にセネガルのダカールで開催されたが、そこで採択された「ダカール行動枠組み」においては、ライフスキルの普及が明示的に謳われた。子どもの教育と健康との関連性については長らく指摘されてきたが、それでは健康教育がどのように行われるべきかについては十分に議論されてこなかった。また、ライフスキルについても、その概念についてさえ、はっきりとした合意があるとは言えない。

　以下では、HIV／エイズに焦点を絞りながら、教育と健康をめぐって行われてきたこれまでの議論を整理したい。まず、第1節では、EFAを脅かすも

のとして、HIV／エイズを中心とした疾病の問題をあげる。たとえば、具体的には、HIVに感染した教員が、教育の現場から離れざるを得ない事態が生じている。また同時に、HIV／エイズの影響を受けた子どもが、教育を受ける権利が収奪されている点についても指摘する。そして、第2節で、学校保健についての国際的なアプローチと、そこにおける健康教育の位置づけについて説明する。第3節では、HIV／エイズに関連した健康教育のあり方について整理したい。健康教育の内容と方法について、ライフスキルを重視した視点から見ていくことにする。そして、最後に、2000年のミレニアム・サミットと国連特別総会において採択された「国連ミレニアム宣言」と、それに派生する「ミレニアム開発目標」の達成を国際社会が目指す過程で、国際教育の目標と国際保健の目標との双方をつなぐ概念として、EFAの議論の中から発展してきたライフスキルが重要な役割を果たすことを論じたい。

1. HIV／エイズの教育に対する影響

　信頼のおけるデータは十分にないが、疾病の蔓延による教育への悪影響は一般的によく知られている。とくにHIV／エイズの広がりは、最も憂慮すべき問題の一つであろう。HIV／エイズは、教育の供給面だけでなく、需要面にも悪影響を及ぼしてきており、教育システムそのものを揺るがしている。とくにアフリカにおいて深刻であるが、アジアを含めた他の大陸においても問題が広がりつつある (Wingaarden and Shaeffer, 2005)。

(1) 教育供給への影響

　HIV／エイズに起因した教員の死亡については、国際的に比較できるデータが十分にない。しかし、その数と比率が増加傾向にあることを示唆する研究がある。たとえば、ザンビアでは20％の教員がHIVに感染しているという (Kelly, 2000)。また、マラウイやウガンダの一部地域においては、その比率は30％を超えるという報告もある (Coombe, 2000)。エイズに起因した病気によって一人の教員が命を失うことは、教室にいる全員の生徒が教育を受ける

機会を失うことにつながりかねない。したがって、HIVに感染した教員の増加、そして、その結果として増えると考えられるエイズによる教員の死亡は、子どもに対する教育サービスの提供を危うくすることになる。

　こういった状況において、エイズで命を失った教員の代わりに、新しい教員を採用して訓練する必要が出てくるわけだが、その費用は教育セクターにとって大きな負担となる。たとえば、スワジランドにおいてエイズで死亡した教員の後任を配置するためにかかる計算上の費用は、2016年までには2億3,300万米ドル近くに達すると推定されている (Kelly, 2000)。これは、国家予算を超える規模であり、完全な実施は実際には不可能である。

　また、教員本人が死に至らないとしても、HIV／エイズは、教員の常習的な欠勤を増やす。教育に注がれる時間が減り、授業計画の中断もたびたび起こる。それによって、教育の量も質も低下することは明白である。教員の常習的な欠勤は、少なくとも次の三つの要因によって引き起こされると考えられる (World Bank, 2002)。第一に、HIVに感染した教員は、病気そのものの悪化によって、だんだん長期にわたって休むようになる。また、給与が減らないように、正式には病気休暇をとらないことが多い。そうすると、代理教員を雇用することも難しくなる。第二に、教員の家族の中にHIV／エイズで苦しむ者がいる場合、その教員は看病や葬式のために休みをとるようになる。

　第三の理由は、HIV／エイズによる心理的な影響である。教員本人または家族がHIV／エイズに苦しむとき、治療や葬式の経済的な負担に加え、繰り返される悲しい出来事のためトラウマに悩まされることが多い。たとえば、ザンビアでのサンプル調査によると、エイズの発症によって病に倒れているか、命を失った親戚を持つ教員のうち、3分の2以上は、その問題について友人や家族に話せないでいるか、話したがらなかった (Kelly, 2000)。このような孤立感や恐怖感は、教員が効果的な教育活動を続けることに悪影響を及ぼしている。

　教育供給の問題として、村落地域からの頭脳流出も深刻である。村落地域で教育に携わることができる人材がますます不足している。教員を含め、エイズに苦しむ人びとは、病院やクリニックに近いところで生活しようとする。

教員は都市に集中する傾向があり、村落地域への配置が以前にも増して難しくなってきている。

(2) 教育需要への影響

　HIV／エイズが教育供給の面で問題をもたらしている点については合意があるのに対して、その教育需要への影響については明確でない。母子感染などを原因とするHIV／エイズによって、乳幼児の人口は減少すると考えられるが、それでも学齢期の人口は一般的に増加している。また、エイズは、学齢期の子どもの死亡に直結しない。つまり、乳幼児にとっての主な感染経路は母子感染であり、命を失うのは幼い子どもである。そして、母子感染によってHIVに感染した乳幼児のうち学齢期まで生存するのは半数以下である。したがって、5歳から14歳までの年齢層のHIV感染率は、他の年齢層のそれよりも低くなる傾向にある。

　その後、子どもが思春期を迎えて性的に活発になると、HIV感染率は上がっていく。そして、アフリカの15歳から24歳までの子どもをみると、女の子の感染者数は、男の子の2倍以上となっており、女性がとくに脆弱であることを示している (UNICEF, UNAIDS & WHO, 2002)。その意味で、感染率の低い5-14歳はHIV／エイズ予防にとって最も重要な年齢層だと言うことができる。

　学齢期の子どもの人口の増減について明確な方向は示すことができないが、就学率については、とくに貧困層の間で減少する傾向が報告されている。HIV／エイズによって多くの世帯はさらに貧しくなっており、そのため、子どもが教育を受ける機会を奪われる場合がある (国連児童基金, 2005)。

　エイズ孤児の増加も、教育需要に影響を与える要因の一つである。子ども本人がHIV／エイズの影響を直接的に受けなくても、親のいずれかまたは両親のHIV感染は、子どもの生活に深刻な悪影響を与える。HIV／エイズで親を失った18歳未満の子どもは、2003年までに1,500万人に達した。その10人のうち8人はサハラ以南のアフリカに住んでいる子どもである。アフリカにおけるエイズ孤児の数は、2010年には1,800万人を超えると推定され

ている（同上書）。

　最近の調査をみると、10歳から14歳のエイズ孤児のうち、両親を失った子どもは、父母のいずれかを失った子どもよりも、出席率が低かった(UNICEF, 2004)。直感的にも当然の結果ではあるが、このデータは、エイズ孤児が教育を受ける機会を奪われていることを実証的に示している。

(3) HIV／エイズと教育に関するグローバル・イニシアティブ

　以上のようなHIV／エイズの教育への深刻な影響は、国際教育開発に携わる者の危機感を一層高めることになった。また同時に、HIV／エイズの問題に取り組む上で、教育が重要な役割を果たすことも強く認識されるようになった。このような背景から、HIV／エイズ予防のための教育開発戦略を策定しようという動きが活性化した (UNESCO, 2004; DFID et al., 2002)。

　そして、国連の中からの動きとして、2004年3月、国連エイズ合同計画 (Joint United Nations Programme on HIV/AIDS: UNAIDS) を支える国連機関である国連難民高等弁務官事務所 (UNHCR)、国連児童基金 (UNICEF)、世界食糧計画 (WFP)、国連開発計画 (UNDP)、国連人口基金 (UNFPA)、国連薬物犯罪事務所 (UNODC)、国際労働機関 (ILO)、国連教育科学文化機関 (UNESCO)、世界保健機関 (WHO)、世界銀行は、「HIV／エイズと教育に関するグローバル・イニシアティブ」を立ち上げた。その主たる目的は、子どもや若者を対象としたHIV予防のための教育プログラムを各国政府が実施できるよう支援することである (UNAIDS & UNESCO, 2005)。また同様に、NGOからも、子どもや若者をHIV／エイズから守るために、EFAを効果的に促進することが提唱された (Global Campaign for Education, 2004)。以下では、学校保健についての国際的なアプローチとそこでの健康教育の位置づけについて整理した上で、HIV予防のための健康教育のあり方について論じる。

2. 学校保健への国際的なアプローチ

　学校保健のための国際的なアプローチについては、すでに別のところで紹

介されているが (勝間, 2005a, 2005b)、ここでは健康教育に焦点を絞りながら簡単に整理しておきたい。

「ダカール行動枠組み」は、その目標3と6において、ライフスキルの重要性に言及している。そして、そういった教育開発目標を実現するための戦略として、「安全で、健康で、包括的で、均等に投資された教育環境」をつくることを提案している (戦略8)。ここでいう教育環境の具体的な内容としては、「適正な水と衛生の施設」「保健・栄養サービスへのアクセスまたは連携」「教員と学習者の肉体的・心理社会的・情緒的な健康を向上させる政策と行動規範」「自尊心・健康・個人の安全に必要とされる知識・態度・価値・ライフスキルにつながる教育内容および実践」があげられている (World Education Forum, 2000)。

EFA の実現へ向けた「ダカール行動枠組み」の戦略8については、その国際的なアプローチとして、FRESH (Focusing Resources on Effective School Health: 効果的な学校保健への資源の集中) に注目する必要がある。

(1) FRESH における健康教育の位置づけ

「世界教育フォーラム」において、WHO、UNESCO、UNICEF、世界銀行は、効果的な学校保健プログラムを共同で推進していくことに合意した (WHO, UNESCO, UNICEF & World Bank, 2000)。これが FRESH であるが、それは次の4つの柱によって支えられている。つまり、「保健分野の学校政策」「健康的な学習環境へ向けた安全な水と衛生の提供」「スキルを基礎とした健康教育」「学校での保健・栄養サービス」である。これらの4つの柱を強化するために重要なこととして、教員と保健医療従事者 (そして教育セクターと保健セクター) との効果的なパートナーシップ、コミュニティとの連携、そして生徒たちの意識の向上と参加の拡充があげられている。

ところで、FRESH を提案した WHO、UNESCO、UNICEF、世界銀行は、その後の2004年、ほかの国際機関とともに、前述の「HIV／エイズと教育に関するグローバル・イニシアティブ」を立ち上げている点をおさえておきたい。

さて、FRESH の 3 つ目の柱が、スキルを基礎とした健康教育である。これは、知識、態度、スキルの発達を通して、健康的な生活様式と状況を創出・維持しようとする教育のことである。ここでの知識とは、情報とその理解である。そして、態度は、個人的な偏向や選好を意味する。スキルについては、ライフスキルと「その他のスキル」とに区別することができる。
　ライフスキルは、「個人が日々の要求や挑戦を効果的に対処できるようにする、適応的で前向きな行動のための能力」(UNICEF, WHO et al., 2003: 13) とWHO によって定義されている。ライフスキルの中核的な内容は、心理社会的な能力や対人スキルである。それは、人びとが十分な情報に基づき意思決定し、問題を解決し、批判的・創造的に考え、効果的に意思疎通し、健康的な関係を築き、他人と共感し、健康的かつ生産的に処世できるよう手助けする。これに対して、「その他のスキル」は特定の分野ごとの実践的なスキルや技能であり、たとえば、手洗いによる衛生管理がそこに含まれる。

(2) 健康教育とライフスキル

　健康教育を計画する際に、4 つの段階を想定することができる。つまり、目標、目的、内容、方法である。目標と目的を明確にした上で、内容や方法が検討されることになる。目標は、健康やそれに関連した社会的な問題に対して良い影響を与えることであり、一般的な言葉で表される。たとえば、「マラリアによる子どもや妊産婦の健康問題を防ぐ」というのがそれである。このような一般的な目標へ向けて、より特定された行動や状況に影響を与えようとするのが目的である。この例では、「マラリアを予防するため、子どもや妊産婦が蚊帳の下で寝るようにする」というのが目的である。別の例として、「マラリアに罹ってしまった場合、適切な治療を求められるような状況を作り出す」というのも目的に相当する。
　健康教育の内容とは、特定の知識、態度、スキルである。それによって、より多くの人びとが健康的な行動をとるようになり、健康的な状況が作り出されることが期待される。たとえば、マラリアは、マラリア原虫を媒介する蚊 (ハマダラカ) に刺されることによって感染する (金子, 2005)、という情報を

知ってもらうことが重要である。そして、ハマダラカに刺される機会を大幅に減らすものとして、蚊帳を適切に使用するための知識を得てもらう。その上で、自分自身の健康、さらには最もリスクの高い子どもや妊産婦の健康を守ろうとする態度を身につけてもらう。このような、特定の分野における知識と態度を普及させるためには、焦点を絞ったメッセージを健康教育に携わる関係者が共有することが必要となってくる。

共通のメッセージに合意するための国際的な試みとして重要なのが、1989年に UNICEF、WHO、UNESCO によって共同出版された *Facts for Life* である。「生きていくための情報」とも言うべき内容で、子どもと女性の健康を守るために知っておくべき知識が、HIV／エイズやマラリアの他、予防接種、怪我、災害と緊急事態などの分野ごとの主要メッセージとして簡潔にまとめられている。あまりメッセージが多すぎると受け手に効果的に伝わらないという配慮から、それぞれの領域ごとに、5から9のメッセージに限っているのが特徴である。

さて、健康教育の内容として、知識と態度に続くのが、スキルである。スキルは、前述のとおり、分野横断的なライフスキルと、その他の分野ごとの実践的な技能とに分けられる。マラリアの例では、自分の住むコミュニティからマラリアをなくそうと考え、蚊帳を普及させるためのキャンペーンを始めるような、意思決定と問題解決のライフスキルを考えることができる。

ライフスキルの類型の仕方にはいろいろある。3つの分野に分けることも可能であるが (勝間, 2005a)、ここではさらに細分化した5つの分野を紹介したい。つまり、(1)意思決定と問題解決、(2)批判的思考と創造的思考、(3)コミュニケーションと対人関係、(4)自己認識と共感、(5)ストレスと感情への対処、である。

ライフスキルが重視されるのは、知識と態度だけでは、行動変化をもたらすことが困難だからである。HIV／エイズについての知識を伝えられても、健康を促進しようという態度がなければ、その知識が適切に使われる可能性は低い。さらに、知識と態度が備わっていても、スキルがなければ、行動変化を期待することができない。もちろん、コンドームの入手方法や使い方と

いった「その他のスキル」は当然に重要である。しかし、それ以前に、たとえば、性交渉を望まないときに、その意思を効果的に表現し、上手に拒否するといった対人関係のライフスキルが望まれる。上記の5つの分野におけるライフスキルについては、HIV／エイズに応用した具体的な例を後述することにする。

3. HIV／エイズと健康教育

　HIV感染の経路は、性交渉による性感染の他にも、血液感染、母子感染がある。血液感染には、麻薬中毒者の間での注射器の回し打ちも含まれる（若杉, 2005）。もちろん、それぞれの感染経路について対策を考えることが重要であるが、HIV感染の約4分の3は性交渉によるものである。また、子どもや若者の教育との関連で言えば、性交渉によるHIV感染についての健康教育が最も緊急な課題となってくる。

(1) 教育水準とHIV感染

　一般論として、受けた教育の水準が高ければ、HIV／エイズの感染率が低いだろうと想定することができる。しかし、興味深い現象として、一国ごとに個人の教育水準をみた場合、むしろ、高い教育を受けた者ほどHIVに感染している確率が高いのである（世界銀行, 1999）。もちろん、教育そのものとHIV感染との直接的な因果関係と言うよりは、高学歴の結果として、所得が高くなり、行動範囲が広くなるため、複数のパートナーと性交渉をもつ機会が増えるという説明もできる。

　また、教育による行動変化を期待するにしても、1980年代や1990年代前半の調査の結果をもとに、教育とHIV感染予防との関係を議論するのは適当でないという指摘がある。調査の対象となった人びとがHIVに感染したのは、調査から何年も前であるが、その当時にはHIV／エイズについて一般的によく知られていなかったからである（Kelly, 2000）。さらに、学校教育におけるHIV／エイズについての教育は、ごく一般的な内容で、知識偏重であることが多く、そもそも、性交渉によるHIV感染を予防するための実践

的な内容ではなかった。したがって、行動変化をあまり引き起こさなかったとも考えられる。このような背景から、今日では、ライフスキルを基盤とした健康教育の必要性が訴えられるようになっているのである。

(2) *Facts for Life* における HIV／エイズ

　前述のとおり、*Facts for Life* が1989年に最初に刊行されたのは、UNICEF、WHO、UNESCO の 3 つの国連機関の合意によった。その後、1993年の第 2 版では UNFPA が加わった。そして、2002年の第 3 版出版に際しては、UNDP、UNAIDS、WFP、世界銀行も加わり、合計 8 つの国際機関による広範な合意に基づいて *Facts for Life* が普及されるようになった（UNICEF, WHO et al., 2002）。そして、この本は215以上の言語に翻訳されており、世界200カ国以上で1,500万冊以上が使われている。

　HIV／エイズについては、すべての家族とコミュニティが知っておくべきものとして、9 つの主要なメッセージが記されている。その内容は、以下の通りである (Ibid.)。

1. エイズは、不治の病気だが、予防可能である。エイズを引き起こすウイルスである HIV は、無防備な性交渉 (コンドームを使わない性交)、検査を受けていない血液の輸注、(多くの場合、麻薬の注射に用いられる) 汚染された針や注射器によって、または、感染した女性から妊娠・出産・母乳育児を通して子どもへ、広がっている。
2. 子どもを含め、すべての人びとは、HIV／エイズの危険に直面している。みんなが、この病気についての情報と教育、そして危険を軽減するためのコンドームへのアクセスを必要としている。
3. HIV に感染している疑いがあれば、守秘のカウンセリングと検査を受けるため、保健医療従事者か HIV／エイズ・センターに連絡すべきである。
4. 性交渉を通して HIV に感染する危険は、以下の方法で軽減することができる。性交渉をもたないこと、性交渉の相手の数を減らすこと、感染していないパートナーの場合には二人の間の性交渉に限ること、より安

全に性交渉を行うこと（性交しないかコンドームを使用すること）。適正で一貫したコンドームの使用は、HIVの蔓延を防ぎ、命を救うことができる。
5. 少女はHIV感染にとくに脆弱であり、自分自身を守るため、そして望まない性交渉や無防備な性交渉から守られるよう支援を必要としている。
6. 親と教師は、若者がHIV／エイズから自分を守れるよう手助けできる。男性用または女性用のコンドームの適正で一貫した使用を含めて、病気に罹ったり、それを広げたりするのを避けるための方法を伝えていくことができる。
7. HIVは、妊娠・出産・母乳育児を通して、母親から子どもへと感染される。妊娠している女性や、なりたての母親がHIVに感染しているか、またはその疑いがある場合、検査とカウンセリングを受けるために、資格のある保健医療従事者に相談すべきである。
8. HIVは、滅菌されていない針や注射器によって、とくにそれが麻薬の回し打ちに使われるとき、広がっていく可能性がある。使用済みのカミソリの刃やナイフ、皮膚を切断または貫通する器具の使用には、HIVを蔓延させる危険が伴う。
9. 性病に罹っている人は、HIVに感染する危険や、他人にHIVをうつす危険度が高い。性病をもつ人は、迅速な治療を求めるとともに、性交を避けるか、より安全に性交渉（性交を伴わない性交渉か、コンドームを使った性交渉）を行うべきである。

以上のような *Facts for Life* が世界的に普及されていることの意義は、HIV／エイズ（およびその他の健康分野）に関して、一般の人びとが最低限必要な知識と態度についての国際的な合意を形成しているという点である。これによって、健康教育の内容についての国際的な標準化が行われている。もちろん、この内容を、多様な状況にある現場にそのまま一律的に持ち込み、画一的な健康教育を行うことは避けなければならない。しかし、国際機関、政府、教育省、保健省、NGO、教員、保健医療従事者など、多様なアクターが分

野横断的に健康教育に取り組む場合、議論の出発点としての「標準」があることは歓迎すべきことであろう。

(3) ライフスキルを使ったHIV／エイズ教育

前述のとおり、ライフスキルには、(1)意思決定と問題解決、(2)批判的思考と創造的思考、(3)コミュニケーションと対人関係、(4)自己認識と共感、(5)ストレスと感情への対処、という5つの分野がある。ここでは、HIV／エイズの分野における例を**表10-1**にして紹介しておきたい。

表10-1　ライフスキルとそのHIV／エイズへの応用

	ライフスキルの内容	事　例
ライフスキル1	意思決定	エイズで倒れた両親の世話をするため学校に来なくなった友達について、どうしたら手助けできるか相談して決める。
	問題解決	年長の少年のグループが、少女に対して叫んだり、脅かしたりした。この少女は、次に同じことが起こった場合、どう対応すべきか考えている。
ライフスキル2	批判的思考	少女が一人で歩いていると、知らない男が車で送ろうと言ってきた。少女は、危険だと考え、その誘いを断った。
	創造的思考	HIV陽性の少年は、将来の仕事の選択肢をあげ、その仕事を得るためには何をすべきか熟考する。
ライフスキル3	コミュニケーション	子どもが、自分の叔父さんがHIV陽性だということで恐怖心を抱いていた。その恐怖心について、両親や兄に伝え、相談することができた。
	対人関係	友達たちから、週末、一緒にナイトクラブへ行って、飲もうと誘われた。断るとからかわれることは分かっていたが、仲間からの圧力に屈せず、NOと言った。
ライフスキル4	自己認識	少女が自分の性的欲求を意識し、それによって合理的な判断が鈍るかもしれないと認識するようになる。このような自己認識は、無防備な性交渉の危険に面するような状況を避けることに役立つ。
	共感	どうしたらエイズ孤児を手助けできるだろうかと、子どもたちのグループが考える。
ライフスキル5	ストレスと感情への対処	少女が、自分を性的に虐待した父親に感じている憤りへの対処の仕方を学ぶ。同じような生活環境に置かれた子どもたちが、それぞれの経験を共有しながら苦悩に対処しつつ、積極的に生きていくための目標を設定する。

出所：Hanbury and Carnegie, 2005: 31 の表をもとに筆者が作成。

(4) 健康教育の方法としての「Child-to-Child」

　これまで、健康教育の内容について、HIV／エイズを例としながら、知識、態度、スキル（とくにライフスキル）について整理してきた。それでは、このような内容をどのような方法で教育していくべきなのだろうか。知識を伝えるという点では、通常の講義が適当かもしれない。しかし、知識だけでなく、健康に生きようという態度や、ライフスキルを身につけてもらうためには、参加型の方法が望ましいと考えられる。たとえば、ゲームやロールプレーによって疑似体験することは、自分をHIV／エイズの「当事者」としてみることを可能とする。それが、子どもたちの主体的な行動変化へとつながっていくことが期待される。

　健康教育に関する参加型の方法の中でも、とくに注目されるのは「Child-to-Child（子どもから子どもへ）」である。このアプローチは、1979年の国際児童年の時期に、社会変革の媒介者（change agents）として、子どもの役割に注目した教育専門家と保健専門家の双方によって提案された。当初は、年長の子どもによる、年少の弟や妹に対するケアを改善して支援することが想定された。しかし、実際には、年少の子どもに対してだけでなく、同級生の行動変化をもたらすことがすぐに明らかになった。さらに、学校を離れて、両親や親戚、さらにはコミュニティに対しても影響力をもつことが確認された。

　「Child-to-Child」の考え方が発展した結果、「社会変革の媒介者」としての子どもは、年少の子どもへの教育だけにとどまらず、より広範にわたって教育効果をもたらすことが期待されるようになり、そのための教育アプローチが具体化していった（Child-to-Child Trust & UNICEF, 1993）。ここでの教育は、従来の教室内における健康教育とは異なるものである。「Child-to-Child」の特徴として、まず、活動の発案や企画の段階から、子どもの参加が求められる。そして、子どもたちが学んでいることと、実際に直面している問題とを関連づける。さらに、自宅やコミュニティの中で、その特定の問題の解決に取り組むよう呼びかける。そうすると、その問題に関する子どもの知識が増えるだけでなく、主体的な学習のプロセスの中で、ライフスキルが身についてくる（Hanbury and Carnegie, 2005）。

このような「Child-to-Child」による活動は、継続的なものであり、時間によって制限されるものではない。そして、学習環境の外にいる家族やコミュニティも巻き込みながら、進められていくのである。

「Child-to-Child」を実施するに当たって、6つの段階からなるモデルが提案されるようになった (Child-to-Child Trust, 2005)。つまり、第1段階は、健康問題で優先順位が高いものを一つ選び、それについてよく理解することである。次に、その問題について、いかに自分の家族やコミュニティに影響を及ぼしているかなど、さらに調べていく。そして、第3段階では、調べた結果、分かったことについて議論し、自分たちにできる行動を計画する。この場合、個人としてとれる行動でもいいし、みんなで一緒にとれる行動でも構わない。第4段階では、実際に行動に移してみる。次に、とった行動について議論を行い、それが効果的だったかどうかについて考察する。最後の第6段階では、この一連の経験から教訓を学び、次回にはもっとうまくできるようにする。

この6つの段階は、**図10-1**が示すように、学習の場である学校や保健所と、

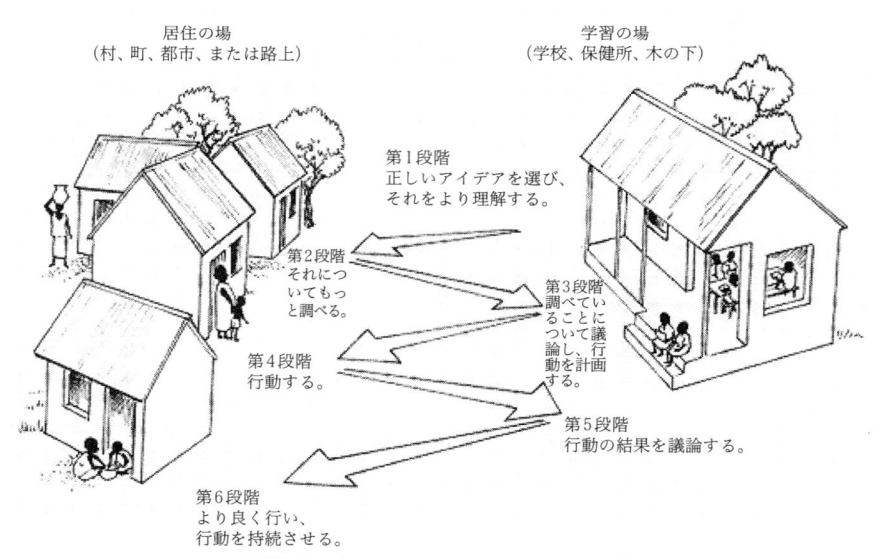

図10-1 「Child-to-Child」モデルの6段階

出所：Hanbury and Carnegie, 2005: 22 の図を引用。

第10章　EFAにおけるライフスキルの意義　245

住んでいる場所である村や町との間を行き来しながら、実際には進んでいく。これらの各段階でライフスキルが身についていくのである。たとえば、第1段階では、批判的思考、意思決定、コミュニケーション、問題解決といったライフスキル、第2段階では、コミュニケーション、批判的思考、共感のライフスキル、第3段階では、コミュニケーション、意思決定、創造的思考のライフスキルが身につく。そして、第4段階では、コミュニケーション、対人関係、問題解決のライフスキルなど、第5段階では、批判的思考やストレスへの対処のライフスキル、第6段階では、問題解決、意思決定、コミュニケーションのライフスキルといった具合である (Ibid.)。

おわりに

　国際社会が2015年までに達成しようとしている「ミレニアム開発目標」においては、国際教育の目標と国際保健の目標とが並列されている。国際教育の分野では、目標2として普遍的な初等教育、目標3としてジェンダー平等と女性の地位向上(具体的なターゲットとしては、教育における男女格差の解消)が掲げられている。これに対して、国際保健の分野としては、乳幼児死亡率の削減(目標4)、妊産婦の健康の改善(目標5)、HIV／エイズ、マラリアなどの疾病の蔓延防止(目標6)、安全な飲料水の継続的な利用(目標7のターゲット10)がある。

　しかし、「ミレニアム開発目標」の中では、国際教育と国際保健との相互の関連性については、十分に配慮されていない。そのとき、「世界教育フォーラム」で採択された「ダカール行動枠組み」が国際政策論的に有益な視点を提供してくれると言える。つまり、「ダカール行動枠組み」の戦略8、その国際的なアプローチとして複数の国際機関に立ち上げられたFRESHと、そこでの健康教育の位置づけは、グローバルなレベルにおける国際政策に共通の方向性を与えてくれる。そして、EFAの議論の中から発展してきたライフスキルが、国際教育の目標と国際保健の目標との双方をつなぐ概念として、重要な役割を果たす。

　また、HIV／エイズという教育そのものを揺るがす疾病が広がる中で、そ

の対策として、教育が重要な役割を果たし得るという理解が進んでいる。すでに、複数の国際機関によって、2004年に「HIV／エイズと教育に関するグローバル・イニシアティブ」が立ち上げられている。HIV／エイズに関して、子どもを含め、すべての人びとが知っておくべき知識としては、1989年から *Facts for Life* が普及されており、新しいものをつくるのではなく、すでに使われてきたものを十分に活用することが望まれる。

　問題は、これらのグローバルな動きを、どのようにローカルなレベルにおいて実施していくかであろう。FRESH アプローチの一貫として健康教育を進めるためには、まず、教育セクターと保健セクターとのパートナーシップを構築することが不可欠である。国レベルでは、教育省と保健省とのパートナーシップ、現場においては教員と保健医療従事者とのパートナーシップが必要とされる。各国における援助調整の枠組みの中で、教育セクターと保健セクターをうまく連携させることが重要な課題である。つまり、「HIV／エイズと教育に関するグローバル・イニシアティブ」をローカル化するための努力が求められる。

　教育の内容としては、知識、態度、スキルがあることはすでに述べた。伝えるべき知識を「標準化」したものとして *Facts for Life* がすでにあるが、これをどのように活用すべきかについて、それぞれの国において、教育セクターと保健セクターがパートナーシップを構築した上で、教育分野の専門家と保健分野の専門家が協力しながら模索していかなければならない。知識を伝えるだけではなく、その国や地域の文化に配慮しながら、健康に生きようという態度を子どもたちが身につけてくれるような教育内容が必要である。

　子どもたちの行動変化をもたらすことは難しい。HIV／エイズについての知識を伝えられても、健康を促進しようという態度がなければ、その知識が適切に使われる可能性は低い。さらに、知識と態度が備わっていても、スキルがなければ、行動変化を期待することができない。コンドームの使い方など、特定の分野ごとの実践的なスキルや技能はもちろん大切である。しかし、分野横断的なライフスキルも重要である。HIV／エイズの感染経路として性交渉が圧倒的に多く、人びとの行動変革なしには、この疾病の蔓延を防ぐこ

とができないからである。

それでは、どのような方法で、子どもにライフスキルを身につけてもらえるのか。いろいろな健康教育の方法があるが、これまでの現場での実践から、「Child-to-Child」と呼ばれる参加型の方法が有力とみられている。これを実践していくためには、現場における教員と保健医療従事者とのパートナーシップを一層、強化していく必要がある。グローバルな国際開発目標へ向けて、ローカルなレベルにおける子どものエンパワメントと、教員や保健医療従事者の能力強化のために、国際社会はこれまで以上の協力をしていくべきであろう。

※本稿は、『国際開発研究』第16巻第2号（2007年11月）で発表した論文の一部に加筆・修正したものである。また、平成18年度拠点システム構築事業「国際教育協力イニシアティブ―ライフスキル教育―」（拠点：教育協力NGOネットワーク）の研究成果の一部でもある。早稲田大学からは2007年度特定課題研究助成費(2007B-262)を受けた。

参考文献
勝間靖（2005a）「教育と健康」黒田一雄・横関祐見子編著『国際教育開発論～理論と実践』有斐閣.
─── （2005b）「子どもの生活と開発～生存と発達のプロセスにおいて」佐藤寛・青山温子編著『生活と開発』（シリーズ国際開発3巻）日本評論社.
金子明（2005）「マラリア」『小児科臨床（国際化する小児保健医療）』38号増刊号.
国連児童基金（2005）『世界子供白書2005―危機に晒される子どもたち』日本ユニセフ協会.
世界銀行, 喜多悦子・西川潤訳（1999）『経済開発とエイズ』東洋経済新報社.
若杉なおみ（2005）「エイズ」日本国際保健医療学会編『国際保健医療学』（第2版）杏林書院.
Child-to-Child Trust (2005). *Children for health: Children as partners in health promotion.* Macmillan Publishers.
Child-to-Child Trust & UNICEF (1993). *Children for health: Children as communicators of "Facts for Life."* University of London, Institute of Education.
Coombe, Carol (2000). Keeping the education system healthy: Managing the impact of HIV/AIDS on education in South Africa. *Current Issues in Comparative Education*, Vol.3, No.1.
DFID et al. (2002). *HIV/AIDS & education: A strategic approach.* UNESCO.
Global Campaign for Education (2004). *Learning to survive: How education for all would save millions of young people from HIV/AIDS.* Global Campaign for Education.

Hanbury, Clare and Carnegie, Rachel (2005). *Child-to-child approaches to HIV and AIDS: A manual for teachers, health workers and facilitators of children and young people*. Child-to-Child Trust.
Kelly, Michael J. (2000). *Planning for education in the context of HIV/AIDS*. UNESCO.
UNAIDS & UNESCO (2005). *Towards an AIDS-free generation: The global initiative on HIV/AIDS and education*. UNESCO.
UNESCO (2004). *UNESCO's strategy for HIV/AIDS prevention education*. UNESCO.
UNICEF (2004). *Girls, HIV/AIDS and education*. UNICEF.
UNICEF, UNAIDS & WHO (2002). *Young people and HIV/AIDS: Opportunity in crisis*. UNICEF, UNAIDS & WHO.
UNICEF, WHO et al. (2003). *Skills for health: Skills-based health education including life skills– An important component of a child-friendly/health-promoting school*. WHO.
UNICEF, WHO et al. (2002). *Facts for Life* (3rd edition). UNICEF.
WHO, UNESCO, UNICEF & World Bank (2000). Focusing resources on effective school health: A FRESH start to enhancing the quality and equity of education. World Education Forum, Dakar, 26-28, April.
Wingaarden, Jan and Shaeffer, Sheldon (2005). *The impact of HIV/AIDS on children and young people: Reviewing research conducted and distilling implications for the education sector in Asia*. UNESCO.
World Bank (2002). *Education and HIV/AIDS: A window of hope*. The World Bank.
World Education Forum (2000), *The Dakar Framework for Action, Education for All: Meeting our collective commitments*. World Education Forum, Dakar, 26-28, April, UNESCO.

おわりに——今後の基礎教育開発の展望

　本書では、EFA をめぐる課題について、さまざまな機関で援助実務者や研究者として関わってきた筆者たちがそれぞれの立場から論じることで、現在の開発途上国（以下、途上国）が抱える基礎教育開発の問題点を分析し、展望を打ち出すことに主眼を置いた。基礎教育開発とひと言で言ってもその範囲は広く、またアプローチも多様である。本書は強いて統一的な見解を見出すよりも、むしろ各視点から見えてくる複雑な問題群をあぶりだすことによって現状を確認し、EFA の今後を見据えるための作業の一端とすることを目指した。しかし、各章には驚くほど共通の課題がある。それらを大枠で論じるならば、次の三つの点に集約されるだろう。第一に、さまざまなアクター間のパートナーシップの課題、第二に、教育のアクセスと質向上への課題、第三に、EFA の理念と限られた資源の有効活用のジレンマである。以下にその議論を概観しておこう。

■さまざまなアクター間のパートナーシップの課題

　EFA の必要性が国際社会で再認識された「ジョムティエン会議」で幕を開けた 1990 年代は、「失われた 10 年」と言われる 1980 年代の構造調整の時代を経て、途上国のオーナーシップと援助機関、NGO や市民社会を含む広範なパートナーシップの必要性が強調された時代である。第 1 章（グローバル・ガバナンス）および第 2 章（パートナーシップ）で述べた通り、これらのパラダイムに突入し、EFA は新たなグローバル・ガバナンスのもとで達成が目指されている。1990 年から現在までにさまざまなアクターたちが合意形成と効果的な援助協調を目指してきたことは確かである。実際、EFA をめぐる議論には

1990年当時と比べ、数多くの国際機関、政府、非政府組織の参加が得られてきた。しかし、第1章で展望しているような、異なるアクターが国際社会や国内の教育セクターの主流で行われている議論への参加を可能とするような「公共空間」を形成するには、未だに多くの課題が残っている。

さまざまなアクター間のパートナーシップは、EFAをめぐるさまざまな政治的、社会的なダイナミックスの中で拡大し、制約もされている。第2章でカバーした広範な先行研究と、第5章(エチオピアの事例)、第6章(ケニアの事例)でみたアフリカ諸国のケーススタディは、この課題を具体的に検証している。EFAをめぐるパートナーシップの議論は、既存の援助の構造的、政治的、財政的文脈、援助機関間における不平等な影響力、一部に限られた市民社会や民間セクターの参加、途上国内における政治的動機などによって規定されてきた。こうした中で、教育の価値が人々に内部化しないまま、EFAが国際問題化、あるいは途上国内では政治化されていることも現実である。また、第8章(識字)および第10章(ライフスキル)で取り上げたライフスキルや識字教育などに関しては、教育以外のセクターとの連携が不可欠であり、教育分野のみならず保健、農業、金融など、他セクターの政策レベルと実務レベルとのパートナーシップが重要な課題とされる。この意味ではEFAは教育セクターの問題と言うよりも、人々を取り巻く経済的、社会的、政治的な文脈の中で捉えられなければならない。

それでは、パートナーシップの構築のために留意しなければならないことは何であろうか。第4章(インドシナ諸国の事例)から第6章の事例に示されているように、まずはEFAが国際的、国内的、地域的なさまざまな政治的要因によって影響を受けること、EFAの達成のためには、援助機関や教育以外のセクターを含むさまざまなアクターたちの全体的な能力開発が必須であるという認識を、異なるアクター間で広く共有することである。とくに、第4章でも強調されているように、途上国内の中央政府だけでなく、地方(さまざまな行政レベルやコミュニティ)と学校レベルにおける個人、組織、システムのバランスの取れた能力開発が求められる。その上で、途上国における自立発展的な教育開発を促すことにより一層の工夫が凝らされなければならな

こうした複雑な状況に対して、問われなければならないのは、「誰のための、何のためのEFAなのか」という点と「誰のどのような能力において改善が可能なのか」という点である。これらの問いへの答えを誰がどのように決めるのかは、すべての人が参加できるグローバル・ガバナンスをどのように構築できるのか、という問いと並んで今後国際社会が真剣に議論していくべき課題であろう。

■教育のアクセスと質向上への課題

　本書のほぼすべての章において言及されているのが、教育の質の問題である。EFAはもともと質の高い教育をすべての子どもたちに普及することを目標とした。ところが、多くの国々では、教育へのアクセスの拡大はしばしば教育の質の低下と引き換えになることがある。この問題は政治的、技術的な側面から引き起こされやすい。まず、政治的には、目に見えにくい質の改善よりも数値化できるアクセスの拡大が重視されやすいという問題がある。これは、ミレニアム開発目標（MDGs）に現れているように国際目標においても、政治家のマインドにおいても支持されやすい。また、技術的にも政策策定過程で、質よりもアクセスに関する測定や処方箋の方が一見容易と考えられやすいことにも拠っている。

　しかし、第5章および第6章でも示されたように、教育の質を伴わない基礎教育の拡大は、政治的には利用されることはあっても、草の根レベルでは具体的な意味を持たないことがある。なぜなら、人々は政策決定者が意図している以上に、しばしば提供される教育の質や卒業後の進路における評価に敏感に反応するからである。その結果、一度就学しても退学したり、識字能力も形成されにくく、EFAの達成をかえって遠ざけることがある。このような観点から、これまでアクセス拡大を優先するあまり見過ごされてきた教育の質が改めて見直されなければならない。教育のアクセスと質は相反するものではなく、両者が両立して初めて、持続可能なEFAが達成されることを、さまざまなアクター間で改めて認識する必要があろう。

教育の質の計量化については、第7章（教育の質）に見た通り国際機関を中心としてさまざまな研究と実践が行われてきた。しかし、計量化の改良方法の実績はあるものの、教育自体の普遍的で具体的な定義の難しさゆえに、教育の質をどのように測るかは未だ非常に困難な課題となっている。とくに数学、読解力といった既存のテスト項目以外の教育の質に関する定義や指標の形成については、国内での合意形成や測定方法の考案においてさらなる努力が求められている。第8章から第10章で論じられた識字、インクルーシブ教育、ライフスキルといった教育はまさに教育の質を考えて行く上で重要なテーマである。指向性の異なる人々にとってどのような教育が求められるのか、教育の多様性はどこまで認められるのか、という教育の質の個人的、社会的レベルでの道義的な合意を得ずに、この問題を技術的側面から改善することには限界がある。また、教育の質のデータ収集それ自体が自己目的化しないよう、データと政策をつなぐための教育行政官の能力開発や計量的手法の研究と政策のリンクについても留意する必要があろう。

■ EFAの理念と限られた資源の有効活用のジレンマ

　EFAは「すべての人」に対して質の高い教育を保証しようとするものである。しかし、第3章（教育の行財政）で述べた通り、EFAを達成するための標準的なコスト計算から言えば、財源は圧倒的に不足している。2015年までにEFAを達成するには、たとえ公共支出管理を適切に行ったとしても、援助機関などの外部からの財政支援が不可欠であり、財政的なニーズの半分以上は教員給与等の経常経費で占められている。このように途上国の多くでは、外部からの支援に頼らなければEFAを達成できない状況である。

　もう一つ重要なことは、教育のニーズと費用は人々の置かれた環境や社会、あるいは個性によって異なっているということである。この問題はEFAを達成するための政策的な選択肢をより複雑かつ困難にしている。第8章および第9章（インクルーシブ教育）で指摘されているように、ノンフォーマル識字教育やインクルーシブ教育については、教育をすべての人に提供するという理想と、限られた資源をどう有効活用するかという経済的効率性の狭間で明

確な方針や対策が確立されていない。このため、政策議題においても研究課題においても周辺化されやすい傾向にある。また、成人識字教育やインクルーシブ教育に関する方針は、個々人のニーズを無視した支配的なイデオロギーに影響されたり、政治的手段として利用されることもある。さらに、研究の歴史が浅いだけに研究手法の限界に直面することもある。

　これらの課題に対しては、既存の枠組みで対処することは困難である。教育を人権とするアプローチも、教育を投資とする経済効率アプローチも、「すべての人」を平等に扱おうとする意味では共通しているが、「それぞれの人」に耳を傾けることに関しては限界を有している。教育を「普及する」ことに主眼が置かれると、教育普及それ自体が一つの目的となり、教育の価値やニーズを誰が何のために決めるのか、誰のためのEFAなのか、という視点が忘れられやすい。途上国の中には、9割以上の子どもたちが初等教育を受けているものの、「ラスト5％」や「ラスト10％」と言われる、未就学児童への対策を講じられずに何年も経過している国がある。「ラスト10％」と言われる人たちがなぜ教育を受けられないのか、あるいは受けようとしないのか、については、「すべての人」に教育を「普及」させるというアプローチよりも、それぞれの人に耳を傾けるアプローチが必要なのではないだろうか。

　EFAが1990年に多くのアクターたちによって一つの国際目標として再認識されてからすでに17年が経った。この間に多くの国々で初等教育の就学率や識字率は上昇した。しかし、学習の継続、教育の質、EFAの目標達成可能性や財政的な持続可能性についての課題は山積している。教育は誰もが享受すべき権利であり、個人および社会的な投資でもある、というのはもはや世界中に浸透した理念であり知識である。しかし、普及の対象とされながらも教育を受けていない多くの人々にそれらが実感されるには、国内外で乗り越えなければならない政治的、社会的、経済的ハードルはあまりにも高いものがある。こうしたハードルを乗り越えていくには、さまざまなアクターが本書で示した課題に継続的に取り組む必要がある。

　1990年代以降、主要なドナー国として日本もさまざまな面から途上国に

おけるEFAの推進に貢献してきている。そのため、国際教育開発の実務面でも、研究面においても、日本人専門家たちによって多くの実績が蓄積されてきたことは確かであろう。にもかかわらず、今日の国際教育開発において最も重要なテーマであるEFAを中心に据えた研究書というものが、これまで日本では刊行されていないという状況がある。そこで、本書がささやかではあるが、そうした日本におけるEFA研究の新たな一面を切り拓き、今後のさらなる研究の深化・発展への道を開いていくことに資すれば、執筆者一同、望外の喜びである。

　最後に、厳しい昨今の出版事情にもかかわらず、本書の意義をお認めいただき、われわれをご支援くださった東信堂の下田勝司社長に、深甚なる謝意を表したい。

　　　2007年12月

　　　　　　　　　　　　　　　　　　　　　　　執筆者一同を代表して
　　　　　　　　　　　　　　　　　　　　　　　　　小川　啓一
　　　　　　　　　　　　　　　　　　　　　　　　　西村　幹子
　　　　　　　　　　　　　　　　　　　　　　　　　北村　友人

事項索引

〔あ行〕

アクセス　　　　　　　　　　180
アジスアベバ会議　　　　　　115
イデオロギー（組織の）　　　　46
インクルーシブ教育　　214, 218-221,
　　　　　　　　　　　223-228
インクルージョン　218, 221, 222, 225
インディカティブ・フレームワーク
　　　　　　　　　55, 64-69, 75
インフォーマル教育　　　　　194
エイズ孤児　　　　　　　234, 235
援助依存　　　　　　　　　　143
　――度　　　　　　　　　　113
援助機関　　　　　　　　　　 31
　――と被援助国の交換関係　　40
援助協調　　　　　　　　　　 42
援助効果に関するパリ宣言　 96, 97
援助の失敗　　　　　　　　　 38
エンパワメント　　　　　　　247
　――のための識字（LIFE）　 195
オーナーシップ　　　　　 36, 112

〔か行〕

開発アプローチ　　　　　　　228
開発援助の勃興期　　　　　　 35
開発効果　　　　　197, 198, 205, 206
格差　　　　　　　　　　　　181
学習言語　　　　　　　　　　204
学習者中心　　　　　　　　　210
学習成果　　　　　　200, 203, 206
学習到達度　　11, 161, 169, 170, 172, 176
学習ニーズ　　　　　　　　　212
学習の四つの柱　　　　　　　167
学力低下　　　　　　　　　　164
学歴社会　　　　　　　　　　149
学校運営委員会　　　　　　　152
学校間の格差　　　　　　　　181
学校間偏差　　　　　　　　　180
学校教育システムの分析プログラム
　（PASEC）　　　　　　　　164
学校資源　　　　　　　　178, 180
　――尺度　　　　　　　179, 180
学校調査票　　　　　　　　　179
学校内の格差　　　　　　　　181
学校内偏差　　　　　　　　　180
学校保健　　　　　　232, 235, 236
家事・家業（不就学・中退理由としての）
　　　　　　　　　　　　　　128
科目知識　　　　　　　　178, 180
蚊帳　　　　　　　　　　237, 238
カリキュラム　　　　　　167, 205
基礎教育　　　　　8, 79, 84, 161, 228
　――開発戦略書　　　　　　 71
基礎教育開発計画（BEDS）　67-69
基礎的学習ニーズ　　　　　　137
機能的識字　　　　　　　202, 204
　――者　　　　　　　　　　203
機能的視点　　　　　　　　　 39
規範的視点　　　　　　　　　 39
基本的人権　　　　　　　210, 228
教育・機能的アプローチ　224-228
教育行政の「政治化」　　　　126
教育計画　　　　　　　　165, 167
教育財政分析　　　　　　　　 69
教育政策　　　　　　164, 182, 185

教育生産関数分析	227
教育生産性	178
教育セクター開発計画	118
教育のインプットとアウトプット	178
教育の質	11, 120, 132, 138, 141, 142, 165, 166, 168-170, 174, 180, 182, 184, 185, 227, 228
教育の質測定のための南東部アフリカ連合→SACMEQ	
教育のためのグローバル・キャンペーン(GCE)	21, 22
教育予算	120, 178
教員組合	178
教員養成	174, 176
教師1人当たりの生徒数(PTR)	121
教授法	176, 178
グローバル・ガバナンス	9, 23
グローバル・モニタリング・レポート(GMR)	168
経常経費	66, 68-70, 74
契約理論	44
研究課題	182, 185
健康教育	232, 235-240, 242, 243, 245-247
交換関係	39, 46, 49
交換理論	39
公共教育支出管理	72
公共財政	70
公共支出トラッキング調査(PETS)	74
——分析	55, 72
構造調整	147
構造的視点	39
公平性	132
国際教育協力	34, 49
国際児童年	243
国際障害者年	217
国際障害者の10年	217
国際数学・理科傾向調査→TIMSS	
国際成人識字調査(IALS)	195
国際読解力推移調査→PIRLS	
国連エイズ合同計画(UNAIDS)	235, 240
国連識字の10年(UNLD)	195
国連ミレニアム・サミット	137
国連ミレニアム宣言	232
子どもの権利条約	217
コミュニティ	124, 127, 132, 199, 208, 209
——に基盤を置く組織(CBO)	33, 208
コラプション	33

〔さ行〕

財政ギャップ	66, 68
最貧国(LDC)	179
サラマンカ宣言	214, 218-220, 223
参加型開発	36
残存率	58
ジェンダー・パリティー指標(GPI)	81
識字(リテラシー)	148, 191, 192
——教育	137, 195, 196, 198, 206
——水準評価	201
——率	11
資源プロフィール	180
自助努力	143
——への援助	36
持続可能な開発のための教育(ESD)	171
資本経費	66, 68, 70
シミュレーション	63
——モデル	54, 71
市民社会	31, 46
社会経済格差	172
社会経済環境	178
社会経済指標	179
社会的弱者	210, 212
社会変革の媒介者	243

若年層識字率	81-83	生活技能	172
就学人口	181	政策提言	184
就学前教育	153	政策的課題	182
就学阻害要因	128, 129	政策的ギャップ	38
就学の機会費用	58	成人識字	194, 197
就学率	133	生徒の学習到達度調査→PISA	
重債務貧困国（HIPC）	113	生徒1人当たりの家計支出	127
自由民主主義理論	42	生徒1人当たりの教育支出	127
修了率	63	青年・成人基礎教育・技能習得イニシアティブ（BELOISYA）	195
授業料	110, 127		
需要過多・需要分化モデル	44	世界教育フォーラム	7, 108, 137, 219, 215, 231, 245
純就学率	62, 85, 180		
障害	214-216, 225	世界銀行のEdStats	62
障害児	215-217, 219, 224, 225, 227, 228	世界人権宣言	6, 109, 137, 217, 223
――教育	216, 217, 219-221	セクター・プログラム支援	79, 80, 91-93, 95, 100
少数民族	227		
職業技術	208	セクター財政支援	91-93, 95
触媒基金	67	セクター・ワイド・アプローチ（SWAPs）	37, 43, 48, 80, 92
初等教育	62		
――修了率	60, 61, 63	全国機能的識字プログラム（NFLP）	202
――純就学率	60, 61	全国識字キャンペーン	117, 118
――の完全普及→UPE		相関関係	175, 177, 180
――の修了率100%→UPC		相互性	34
――の無償化（FPE）	144-148, 152	組織対個人	48
初等総就学率（GER）	108, 116, 121	組織のアイデンティティ	35
所得階層別の就学率	56	組織論	39
ジョムティエン会議→万人のための教育世界会議		粗就学率	59, 60, 81, 83, 122
		〔た行〕	
自立発展性	143, 144		
人権	131	退学率	121
――アプローチ	228	対象母集団	169, 170
人権・政治的アプローチ	224-228	学年ベース――	170
新自由主義	79, 85, 86	年齢ベース――	170
――経済理論	42	大メコン川流域圏プログラム（GMS）	80, 98, 99
人的資源開発	54, 62, 70		
スクール・マッピング	58	代理的教師	176
頭脳流出	233	ダカール会議	162

事項索引　257

ダカール行動（のための）枠組み　12, 17, 71, 84, 85, 137, 141, 142, 219, 231, 236, 245
多重説明責任　45
男女格差　122, 172, 180
地域格差　122, 172
地方分権化　86, 87, 89, 97, 143
中期教育結果枠組み（MTRF）　55, 69-71
中期支出枠組み　55, 70
中途退学　129, 140, 153
調査方法
　断面的——　170
　長期的——　170
テストの枠組み　170
ドイモイ（刷新）　90, 91
統合教育　226
特殊教育　216, 217, 224, 226
読書資源尺度　179
特別支援教育　220
特別な教育ニーズ　224, 227
特別なニーズ教育　218, 219
都市部の学校　128

〔な行〕

内部効率　120, 200
　——性　56, 81, 83
農村　128, 132
農村部の学校　126, 129, 130
能力開発　96-99, 185
能力プロフィール　173
能力別クラス　184
ノンフォーマル教育　137, 191, 194, 201
ノンフォーマル識字教育　210, 212

〔は行〕

パートナーシップ　12, 28, 29, 31, 35-37, 39-41, 49, 50, 112, 196, 206, 207, 209, 211, 236, 247

——政策　47
——に向かう動機　33
——の定義　30
万人のための教育→EFA
万人のための教育世界会議（ジョムティエン会議）　7, 8, 10, 28, 108, 137, 162, 191, 218
万人のための教育に関する国際協議フォーラム　17
万人のための教育に関する国際協議フォーラムの中間会議　11
非識字率　192-194
1人当たり国民総生産（GNP）　196, 197
平等性　180
標本　169, 170
貧困削減　196, 207, 212
貧困削減戦略　109
貧困削減戦略書（PRSP）　62, 67, 70, 71, 91, 113
ファスト・トラック・イニシアティブ→EFA-FTI
仏語国教育大臣会議（CONFEMEN）　164
プノンペン・プラン　99
フラッグシップ・イニシアティブ　14
プログラム・ベースト・アプローチ（PBA）　80, 91, 92, 95
分散化　87, 89
ベース・ライン　69
便益到達分析　55, 72
偏差値　183, 184
ベンチマーク　173
包括的開発枠組み（CDF）　70
保健・栄養　205
母語　204
母子感染　234, 239
ポストリテラシー　198, 199
——継続教育プログラム（PLCE）

事項索引　259

	207, 209
ボランティアの失敗理論	44

〔ま行〕

マイクロクレジット	198, 200
マラリア	237, 238, 245
未就学	129
ミレニアム開発目標（MDGs）	8, 54, 59, 60, 63, 64, 70, 72, 79, 108, 111, 113, 118, 123, 137, 141, 161, 212, 219, 232, 245
――達成	75
民間セクター	33, 42, 47, 208–210
無資格教員	147
モニタリング評価	200, 201, 207, 211, 212

〔や行〕

優先行動プログラム（PAP）	88, 93
優先事項	182, 185
幽霊教員	74
優劣比較表	172, 173, 183

〔ら行〕

ライフスキル	198
ラッシュ測定法	173, 179, 180
ラテンアメリカにおける教育の質評価研究（LIECE）	164
リソース（資金）・ギャップ	110, 119
留年	140
――（経験）率	121, 142, 180
良質の教育	167, 168
労働移動	125
労働需要	128

〔欧字〕

BEDS →基礎教育開発計画	
Child-to-Child	243, 244, 247
EFA	5, 8, 11, 12, 20, 28, 29, 34, 37, 49, 50, 64, 71, 75, 79, 111, 118, 120, 131, 138, 161–163, 178, 180, 181, 191, 204, 210–212, 221, 228, 231
――グローバル行動計画	100
――ハイレベル・グループ会合（HLG）	12–14, 18
――目標達成	79, 80, 82, 83, 86, 91, 94, 95, 97, 98, 100
――ワーキング・グループ会合（WGEFA）	12–15, 18
『EFA グローバル・モニタリング報告書』	18, 141, 192
『EFA モニタリング報告書』	17
EFA-FTI	13, 18, 19, 54, 59, 67, 109, 111, 118, 142, 161
――インディカティブ・フレームワーク →インディカティブ・フレームワーク	
――対象国	65
ESDP	119–122
Facts for Life	238, 240, 241
FTI → EFA-FTI	
FTI 触媒基金	113
FPE →初等教育の無償化	
FRESH（効果的な学校保健への資源の集中）	236, 237, 245, 246
GCE →教育のためのグローバル・キャンペーン	
HIV／エイズ	140, 231–235, 238–246
――によるトラウマ	233
HIV／エイズと教育に関するグローバル・イニシアティブ	235, 236, 246
HLG → EFA ハイレベル・グループ会合	
MDGs →ミレニアム開発目標	
NGO(s)	7, 11, 16, 19, 22, 31, 42, 47, 208–210
――セクター	28

PAP →優先行動プログラム
PBA →プログラム・ベースト・アプローチ
PIRLS　　　　　163, 169, 171, 173, 175
PISA　　163, 169, 171-173, 175, 183, 184
PLCE →ポストリテラシー継続教育プログラム
PRSP →貧困削減戦略書
SACMEQ　　　　　　　140, 163, 164, 169-173, 175, 180-183, 185

―――の教育大臣会議　　　　　　180
SWAPs →セクター・ワイド・アプローチ
TIMSS　　　　163, 169, 171-173, 175, 184
UPC　　　　　54-56, 59, 60, 63-65, 68, 70
UPE　　　　　　60, 66, 82, 84, 108-111, 115, 116, 119, 120, 123, 124, 126, 132, 133, 138, 145, 150, 155
―――キャンペーン　　　127, 129, 130, 132

人名索引

〔あ行〕

アダムス, R・S・	167
天城勲	167
アンダーソン, L・W・	168
ウィンドハム, ダグラス・M・	38
ウォルツァー・マイケル	20
エーレンベルグ・ジョン	23
小川啓一	73

〔か行〕

ガーナー, ダニエルズ	220
ギンティス, H・	224
クーンブス, P・	166, 167
クリース, スティーブン・J	41, 42
コールマン, J・S・	178, 179

〔さ行〕

齋藤みを子	180
佐藤誠	20
サモフ, ジョエル	41
シニスカルコ, M・T・	179
シャフナー, J・A・	129
シュライカー, A	179
庄司真理子	9

〔た行〕

テイラー, M・	35

〔な行〕

野村真作	73

〔は行〕

バウダ, アイシャ	73
バロック, S・	35
ピーカー, G・F・	178, 179
ピーターズ, R・S・	165
ビービー, C・E・	165, 166, 180
ピゴッツィー, M・J・	168
フィルマー, デオン	214, 215
フォスター, M・	42, 48
ブリンカーホフ, J・M・	31, 34
フィルマー, D・	214, 215
ブルデュー, P・	224
ブルンズ, B・	66
フレイレ, パウロ	192
ベイノン, J・	178
ボウルズ, S・	224
星野俊也	10
ポッスルツウェイト, T・N・	172, 179

〔ま行〕

マカウ, B・M・	147
マックギン, ノエル, F・	41
マンディ, カレン	46, 48
メルク, L・	166
モルトン, ジーン	46, 48

〔ら行〕

リデル, クリスティン	128
リッツェン, ジョセフ・M・	38
ロス, K・N・	166, 179

組織名索引

〔あ行〕

アジア開発銀行（ADB）　　　93-95, 98

〔か行〕

カンボジア人民党　　　87
教育計画国際研究所（IIEP）　　　163, 164
教育到達度国際評価学会（IEA）　　　162, 170, 179
経済協力開発機構（OECD）　　　163, 170, 195, 196
国際労働機関（ILO）　　　216
国連開発計画（UNDP）　　　10, 15, 228, 235, 240
国連教育科学文化機関（UNESCO）　　　10, 15, 17, 19, 21, 65, 141, 163, 167, 168, 192, 195, 216, 219, 221, 223, 228, 235, 236, 240
　　——統計研究所（UIS）　　　18
国連児童基金（UNICEF）　　　10, 15, 167, 216, 228, 235
国連人口基金（UNFPA）　　　10, 15, 235, 240

〔さ行〕

スイス開発庁（SDC）　　　208
スウェーデン国際開発協力庁（Sida）　　　96
世界銀行（World Bank）　　　10, 15, 62, 93-95, 161, 164, 195, 208, 202, 221, 223, 228, 235, 236, 240
世界食糧計画（WFP）　　　235, 240
世界保健機関（WHO）　　　216, 235, 236, 240

〔た行〕

東南アジア教育大臣機構（SEAMEO）　　　100

〔ら行〕

ラオス人民革命党　　　88
ラテンアメリカ・カリブ海地域事務所（OREALC）　　　164

執筆者紹介
※執筆順。○印は編者

○**北村 友人**（きたむら ゆうと）
1972年生まれ。カリフォルニア大学ロサンゼルス校（UCLA）教育学大学院博士課程修了。Ph.D.（教育学）。国連教育科学文化機関（UNESCO）パリ本部教育局勤務を経て、現在、名古屋大学大学院国際開発研究科准教授。

　博士論文ではバングラデシュの学生運動を研究し、UNESCOではEFA事務局に勤務した。それらの経験を活かしつつ、教育学、政治学、社会学などの視点から途上国の教育開発について考えている。

主要著作:「比較教育学と開発研究の関わり」『比較教育学研究』第31号、2005年、"The Political Dimension of International Cooperation in Education: Mechanisms of Global Governance to Promote Education for All," *Education for All: Global Promises, National Challenges*, Elsevier Science Ltd., 2007、その他。

○**西村 幹子**（にしむら みきこ）
1972年生まれ。コロンビア大学ティーチャーズ・カレッジ博士課程修了。Ed.D.（教育学、国際教育開発論）。国際協力機構ジュニア専門員、グローバルリンクマネージメント株式会社研究員を経て、現在、神戸大学大学院国際協力研究科准教授。

　教育政策や改革、教育行財政制度における公平性、アフリカにおけるEFA政策の効果、学校選択制やノンフォーマル教育等の政策の評価に関心を持っている。

主要著作: "Impacts of the Universal Primary Education Policy on Educational Attainment and Private Costs in rural Uganda," （共著）*International Journal of Educational Development*, 28(2), 2008、「開発途上国における教育評価に関する理論的比較研究―国際学力調査、学校調査、世帯調査の視点」『日本評価研究』第7巻1号、2007年、その他。

○**小川 啓一**（おがわ けいいち）
1966年生まれ。米国コロンビア大学人文科学系大学院博士課程修了。Ph.D.（比較国際教育学・教育経済学）。世界銀行本部教育エコノミスト、神戸大学大学院国際協力研究科准教授（この間、ラオス国立大学経済経営学部長アドバイザー、米国コロンビア大学ティーチャーズ・カレッジ客員教授）を経て、現在、同大学院教授。

　専門分野は教育経済、教育財政、教育政策と計画。特に東南アジア、中央アジア、南部アフリカ、中東地域諸国における人的資源開発と公共政策に関する実証研究に取り組んでいる。

主要著作:「アジアの教育と経済発展」山内乾史・杉本均（編）『現代アジアの教育計画（上）第2版』学文社、2006年、「レソト王国におけるEFA達成に向けての需要サイドからの分析―家計調査に基づくミクロデータ分析から」（共著）『国民経済雑誌』第193巻、第1号、2006年、その他。

廣里 恭史（ひろさと やすし）
1958年生まれ。ピッツバーグ大学教育学大学院教育行政・政策学科博士課程修了。Ph.D.（国際開発教育学）。世界銀行、アジア開発銀行、名古屋大学大学院国際開発研究科助教授および教授を経て、現在、アジア開発銀行東南アジア局上級教育専門官。
　政治経済学的アプローチによって途上国の教育改革・開発プロセスを分析し、能力開発に基づく「自立発展的」な教育改革支援のあり方を考察している。
主要著作：「日本における教育開発研究の系譜―過去、現在、そして未来への展望」『国際開発研究』第14巻1号、2005年、「東南アジア地域における国際教育協力の現状と課題―「自立発展的」な教育改革支援へ向けて」『比較教育学研究』第31号、2005年、その他。

山田 肖子（やまだ しょうこ）
1968年生まれ。インディアナ大学大学院博士課程修了。Ph.D.（比較国際教育学、アフリカ研究）。財団プログラムオフィサー、国際開発コンサルタント、広島大学研究員、政策研究大学院大学准教授を経て、現在、名古屋大学大学院国際開発研究科准教授。
　アフリカにおける教育政策形成過程での外部からの影響と内部要因、教育に関する価値形成の社会的プロセス、教育にかかる家庭及び社会支出などの研究に取り組んでいる。
主要著作："Making Sense of The EFA From A National Context–Its Implementation, and Impact on Households In Ethiopia–," Baker, David P. and Alexander W. Wiseman (eds.), *Education for All: Global Promises, National Challenges*, Elsevier Science Ltd., 2007、「ガーナの後期中等教育にかかる家計支出―目に見える支出と見えない支出」『国際開発研究』16巻1号、2007年、その他。

澤村 信英（さわむら のぶひで）
1960年生まれ。大阪大学大学院人間科学研究科、博士（人間科学）。青年海外協力隊員（マラウイ、理数科教師）、国際協力事業団職員、広島大学教育開発国際協力研究センター／大学院国際協力研究科准教授を経て、現在、同センター／大学院教授。
　サブサハラ・アフリカ諸国の開発と教育について、フィールドワークを中心とした学校現場でのリアリティに迫る、生活観のある研究を目指している。
主要著作：『アフリカの開発と教育―人間の安全保障をめざす国際教育協力―』（編著）明石書店、2003年、『アフリカの教育開発と国際協力―政策研究とフィールドワークの統合―』明石書店、2007年、その他。

齋藤 みを子（さいとう みをこ）
1957年生まれ。オクラホマ大学大学院博士課程修了。Ph.D.（教育工学）。オクラホマ大学教育心理学部講師、ユネスコ本部教育局セクター科学工学教育課アソシエイト・エキスパートを経て、現在、ユネスコ教育計画国際研究所（UNESCO-IIEP）プログラム専門家。
　IIEPでは、教育統計、EMIS, 研究方法論、政策分析、教育の質評価などの授業を受け持ち、SACMAQプロジェクトにはその初期から参画し、途上国の教育研究担当者の能力

開発に努める。男女格差に関する研究、学校資源指標の形成などの研究の他、最近では高齢者の教育・学習機会に関する研究や持続可能な教育についての研究も進めている。
主要著作：「ベトナム小学校5年生の男女格差とEFA——2001年のベトナム調査の結果より」『国際教育協力論集』10（2）、2007年、"Construction and Application of SACMEQ School Resources: Portray of School Systems Based on the Rasch Scaling Technique," *Journal of International Cooperation in Education*, 10 (1), 2007、その他。

青木　亜矢（あおき　あや）

1971年生まれ。東京工業大学大学院社会理工学研究科博士課程修了。博士（国際教育開発）。世界銀行本部教育スペシャリストを経て、現在、ユニセフ東アジア太平洋地域事務所教育スペシャリスト。

基礎教育の格差削減、識字・ノンフォーマル教育、ジェンダーなど。現在は、人権アプローチと開発の効率性のバランス、国レベルのキャパシティ・ビルディングに関心を持っている。

主要著作：*Towards Equal Opportunities for All: Empowering Girls Through Partnerships in Education*, (ed.), Bangkok: UNICEF East Asia and Pacific Regional Office, 2007, "Assessing Learning Achievements and Development Impact: Ghana's National Functional Literacy Program," *Australian Journal of Adult Learning*, Vol.45. No.1, Canberra: Adult Learning Australia, 2005、その他。

黒田　一雄（くろだ　かずお）

1966年生まれ。コーネル大学大学院博士課程修了。Ph.D.（教育・開発社会学）。Overseas Development Council 研究員、広島大学教育開発国際協力研究センター講師・助教授、早稲田大学大学院アジア太平洋研究科助教授を経て、現在、同大学院教授。

発展途上国におけるEFA政策・高等教育改革、大学の国際協力・交流、国際機関・二国間援助機関の国際教育政策・戦略、政策評価などを研究。

主要著作：『国際移動と社会変容』（共著）岩波書店、2007年、『国際教育開発論——理論と実践』（共編著）有斐閣、2005年、その他。

勝間　靖（かつま　やすし）

1963年生まれ。ウィスコンシン大学マディソン校博士課程修了。Ph.D.（開発学）。国連児童基金、早稲田大学大学院アジア太平洋研究科准教授を経て、現在、同大学院教授。

「人間の安全保障」と人権、社会開発への人権アプローチなど。最近では、教育と健康、国連と企業とのパートナーシップに関心を持っている。

主要著作：『グローバル化と社会的「弱者」』（共編著）早稲田大学出版部、2006年、「［子どもの権利］と新たな国際秩序の模索」『国際政治』149号、有斐閣、2007年、その他。

Rethinking International Educational Development:
Towards Education for All in Developing Countries

国際教育開発の再検討──途上国の基礎教育普及に向けて──

2008年4月25日　　初　版第1刷発行　　　　　　　　　〔検印省略〕
定価はカバーに表示してあります。

　　　　　小川啓一
編著者Ⓒ西村幹子／発行者　下田勝司　　装幀　田宮俊和　　　印刷・製本／中央精版印刷
　　　　　北村友人

東京都文京区向丘1-20-6　　郵便振替00110-6-37828　　　　　　発　行　所
〒 113-0023　　TEL (03) 3818-5521　　FAX (03) 3818-5514　　株式会社　東 信 堂
Published by TOSHINDO PUBLISHING CO., LTD.
1-20-6, Mukougaoka, Bunkyo-ku, Tokyo, 113-0023 Japan
E-mail : tk203444@fsinet.or.jp　http://www.toshindo-pub.com

ISBN978-4-88713-824-7　　C3037　　Ⓒ K.Ogawa, M.Nishimura, Y.Kitamura

東信堂

比較教育学——越境のレッスン	馬越徹	三六〇〇円
比較・国際教育学（補正版）	石附実編	三五〇〇円
比較教育学——伝統・挑戦・新しいパラダイムを求めて	馬越徹・大塚豊監訳 M・ブレイ編	三八〇〇円
世界の外国人学校	末藤美津子他編著	三八〇〇円
世界の外国語教育政策——日本の外国語教育の再構築にむけて	大谷泰照編著	六五七一円
ヨーロッパの学校における市民的社会性教育の発展——フランス・ドイツ・イギリス	林・末藤・藤井・新井編著	三八〇〇円
世界のシティズンシップ教育——グローバル時代の国民／市民形成	嶺井明子編著	二八〇〇円
市民性教育の研究——日本とタイの比較	平田利文編著	四二〇〇円
アメリカのバイリンガル教育——新しい社会の構築をめざして	末藤美津子	三三〇〇円
アメリカの才能教育——多様なニーズに応える特別支援	松村暢隆	二五〇〇円
多様社会カナダの「国語」教育（カナダの教育3）	関口礼子・浪田克之介編著	三八〇〇円
ドイツの教育のすべて	マックス・プランク教育研究・所研究者グループ編 天野・木戸・長島監訳	一〇〇〇〇円
国際教育開発の再検討——途上国の基礎教育普及に向けて	小川啓一・西村幹子・北村友人編著	二四〇〇円
中国大学入試研究——変貌する国家の人材選抜	大塚豊編	三六〇〇円
大学財政——世界の経験と中国の選択	呂煒編著 成瀬龍夫監訳	三四〇〇円
中国の民営高等教育機関——社会ニーズとの対応	鮑威	四六〇〇円
「改革・開放」下中国教育の動態	阿部洋編著	五四〇〇円
中国の職業教育拡大政策——背景・実現過程・帰結——江蘇省の場合を中心に	劉文君	五〇四八円
中国の後期中等教育の拡大と経済発展パターン——江蘇省と広東省の比較	呉琦来	三八二七円
中国の高等教育拡大と教育機会の変容	王傑	三九〇〇円
バングラデシュ農村の初等教育制度受容——国民統合・文化・教育協力	日下部達哉	三六〇〇円
タイにおける教育発展——国民統合・文化・教育協力	村田翼夫	五六〇〇円
マレーシアにおける国際教育関係——教育へのグローバル・インパクト	杉本均	五七〇〇円

〒113-0023 東京都文京区向丘1-20-6
TEL 03-3818-5521 FAX03-3818-5514 振替 00110-6-37828
Email tk203444@fsinet.or.jp URL:http://www.toshindo-pub.com/

※定価：表示価格（本体）＋税

東信堂

ミッション・スクールと戦争——立教学院のディレンマ	前田一男編	五八〇〇円
教育の平等と正義	老田喜男編	三三〇〇円
大学教育の改革と教育学	大桃敏行・中村雅子・後藤武俊編	三三〇〇円
ドイツ教育思想の源流——教育哲学入門	小笠原道雄・坂越正樹・ラッハウハ・ノイマン監訳	二六〇〇円
フェルディナン・ビュイッソンの教育思想——第三共和政初期教育改革史研究の一環として	平野智美・佐藤直之・上野正道訳著	二八〇〇円
経験の意味世界をひらく——教育にとって経験とは何か	尾上雅信	三八〇〇円
洞察＝想像力——知の解放とポストモダンの教育	市村・早川・松浦・広石編	三八〇〇円
文化変容のなかの子ども——経験・関係・他者・性	市村尚久・早川操監訳	三八〇〇円
教育の共生体へ——ボディ・エデュケーショナルの思想圏	田中智志編	三五〇〇円
人格形成概念の誕生——近代アメリカの教育概念史	田中智志	三六〇〇円
進路形成に対する「在り方生き方指導」の功罪——高校進路指導の社会学	望月由起	三六〇〇円
「学校協議会」の教育効果——「開かれた学校づくり」のエスノグラフィー	平田淳	五六〇〇円
学校発カリキュラム——日本版「エッセンシャル・クエスション」の構築	小田勝己編	二五〇〇円
再生産論を読む——ブルデュー、ボールズ＝ギンティス、ウィリスの再生産論	橋本健二	三三〇〇円
階級・ジェンダー・再生産——現代資本主義社会の存続メカニズム	小内透	三三〇〇円
教育と不平等の社会理論——再生産論をこえて	小内透	三三〇〇円
教育と人権	岡野治子・乙訓稔監訳編	二二〇〇円
オフィシャル・ノレッジ批判	野崎・井口・M・W・小暮・池田監訳著	三八〇〇円
新版 昭和教育史——天皇制と教育の史的展開——保守復権の時代における民主主義教育	久保義三	一八〇〇円
地上の迷宮と心の楽園〔コメニウスセレクション〕	J・コメニウス 藤田輝夫訳	三六〇〇円

〒113-0023　東京都文京区向丘1-20-6
TEL 03-3818-5521　FAX03-3818-5514　振替 00110-6-37828
Email tk203444@fsinet.or.jp　URL:http://www.toshindo-pub.com/
※定価：表示価格（本体）＋税

東信堂

大学再生への具体像―現代大学の新次元	潮木守一	二五〇〇円
フンボルト理念の終焉？―現代大学の新次元	潮木守一	二五〇〇円
いくさの響きを聞きながら―横須賀そしてベルリン	潮木守一	二五〇〇円
国立大学・法人化の行方	天野郁夫	三六〇〇円
大学のイノベーション―自立と格差のはざまで	坂本和一	二六〇〇円
経営学と企業改革から学んだこと		
30年後を展望する中規模大学―マネジメント・学習支援・連携	市川太一	二五〇〇円
大学行政論Ⅰ	川本八郎編	二三〇〇円
大学行政論Ⅱ	伊藤昇編	二三〇〇円
―もうひとつの教養教育 職員による大学行政政策論集	近森節子編	二三〇〇円
政策立案の「技法」―職員による大学行政政策論集	伊藤昇編	二五〇〇円
大学の管理運営改革―日本の行方と諸外国の動向	江原武一編	三六〇〇円
教員養成大学の誕生―弘前大学教育学部の挑戦	遠藤孝夫編著 福島裕敏編著	三二〇〇円
改めて「大学制度とは何か」を問う	舘昭	一〇〇〇円
原点に立ち返っての大学改革	舘昭	一〇〇〇円
戦後日本産業界の大学教育要求	飯吉弘子著	五四〇〇円
現代アメリカの教育論―経済団体の教育言説と現代の教養論	宇佐見忠雄	二三八一円
―その実像と変革の軌跡 アメリカのコミュニティ・カレッジ		
アメリカ連邦政府による大学生経済支援政策	犬塚典子	三八〇〇円
戦後オーストラリアの高等教育改革研究	杉本和弘	五八〇〇円
大学教育とジェンダー―ジェンダーはアメリカの大学をどう変革したか	ホーン川嶋瑤子	三六〇〇円
アメリカの女性大学：危機の構造	坂本辰朗	二四〇〇円
（講座「21世紀の大学・高等教育を考える」）		
大学改革の現在〔第1巻〕	有本章編著	三二〇〇円
大学評価の展開〔第2巻〕	山野井敦徳編著 清水一彦編著	三二〇〇円
学士課程教育の改革〔第3巻〕	絹川正吉編著 舘昭編著	三二〇〇円
大学院の改革〔第4巻〕	江原武一編著 馬越徹編著	三二〇〇円

〒113-0023　東京都文京区向丘1-20-6
TEL 03-3818-5521　FAX 03-3818-5514　振替 00110-6-37828
Email tk203444@fsinet.or.jp　URL:http://www.toshindo-pub.com/

※定価：表示価格（本体）＋税

東信堂

人間の安全保障——世界危機への挑戦	佐藤誠編	三八〇〇円
政治学入門——日本政治の新しい夜明けはいつ来るか	安藤次男編	一八〇〇円
政治の品位	内田満	二〇〇〇円
帝国の国際政治学——冷戦後の国際システムとアメリカ	内田満	四七〇〇円
解説 赤十字の基本原則——人道機関の理念と行動規範	J・ピクテ 井上忠男訳	一〇〇〇円
医師・看護師の有事行動マニュアル——医療関係者の役割と権利義務	井上忠男	二二〇〇円
国際NGOが世界を変える——地球市民社会の黎明	毛利勝彦編著	二〇〇〇円
国連と地球市民社会の新しい地平	功刀達朗・毛利勝彦編著	三四〇〇円
公共政策の分析視角	功刀達朗・孟達朗編著	三四〇〇円
実践 ザ・ローカル・マニフェスト	大木啓介編著	三四〇〇円
ポリティカル・パルス：現場からの日本政治診断	松沢成文	一二三八円
時代を動かす政治のことば——尾崎行雄から小泉純一郎まで	大久保好男	二〇〇〇円
椎名素夫回顧録 不羈不奔	読売新聞政治部編	一八〇〇円
大杉榮の思想形成と「個人主義」	盛岡支局編	一五〇〇円
〈現代臨床政治学シリーズ〉リーダーシップの政治学	飛矢崎雅也	二九〇〇円
アジアと日本の未来秩序	下條芳明	二〇〇〇円
象徴君主制憲法の20世紀的展開	伊藤重行	一八〇〇円
〈現代臨床政治学叢書・岡野加穂留監修〉村山政権とデモクラシーの危機	石井貫太郎	一六〇〇円
比較政治学とデモクラシーの限界	岡本一美編著	四二〇〇円
政治思想とデモクラシーの検証	岡野加穂留編著 大六野耕作編著	四二〇〇円
シリーズ〈制度のメカニズム〉	岡野加穂留・伊藤重行編著	三八〇〇円
アメリカ連邦最高裁判所	大越康夫	一八〇〇円
衆議院——そのシステムとメカニズム	向大野新治	一八〇〇円
WTOとFTA——日本の制度上の問題点	高瀬保	一八〇〇円
フランスの政治制度	大山礼子	一八〇〇円

〒113-0023　東京都文京区向丘1-20-6
TEL 03-3818-5521　FAX 03-3818-5514　振替 00110-6-37828
Email tk203444@fsinet.or.jp　URL:http://www.toshindo-pub.com/
※定価：表示価格（本体）＋税

東信堂

《未来を拓く人文・社会科学シリーズ》〈全14冊〉

科学技術ガバナンス	城山英明編	一八〇〇円
ボトムアップな人間関係―心理・教育・福祉・環境・社会の12の現場から	サトウタツヤ編	一六〇〇円
高齢社会を生きる―老いる人/看取るシステム	清水哲郎編	一八〇〇円
家族のデザイン	小長谷有紀編	一八〇〇円
水をめぐるガバナンス	蔵治光一郎編	一八〇〇円
生活者がつくる市場社会	久米郁夫編	一八〇〇円
グローバル・ガバナンスの最前線	遠藤乾編	二二〇〇円
資源を見る眼―現場からの分配論	佐藤仁編	二〇〇〇円
これからの教養教育	葛西康徳・鈴木佳秀編	二〇〇〇円
「対テロ戦争」の時代の平和構築	黒木英充編	続刊
紛争現場からの平和構築―国際刑事司法の役割と課題て	石山英明・遠藤勇治編	二八〇〇円
公共政策の分析視角	大木啓介編	三四〇〇円
共生社会とマイノリティの支援	寺田貴美代	三六〇〇円
医療倫理と合意形成―治療・ケアの現場での意思決定	吉武久美子	三二〇〇円
改革進むオーストラリアの高齢者ケア	木下康仁	二四〇〇円
認知症家族介護を生きる―新しい認知症ケア時代の臨床社会学	井口高志	四二〇〇円
保健・医療・福祉・教育・実践 地球時代を生きる感性―EU知識人による日本への示唆	山手茂/園田恭一/米林喜男編 A・チェザーナ 代表沼田裕之 訳者	二八〇〇円 / 二四〇〇円

〒113-0023 東京都文京区向丘1-20-6
TEL 03-3818-5521 FAX 03-3818-5514 振替 00110-6-37828
Email tk203444@fsinet.or.jp URL:http://www.toshindo-pub.com/

※定価：表示価格（本体）＋税